性暴力の理解と治療教育

Who am I and why am I in treatment?
a guided workbook for clients in
evaluation and beginning treatment
by Robert Freeman-Longo, M.R.C. &
Laren Bays, N.D.

藤岡淳子

Junko Fujioka

誠信書房

はじめに

ほぼ四半世紀前、筆者が少年鑑別所で非行少年のアセスメント（査定）を始めたばかりのころ、男性上司や先輩たちから教えられた性非行に関する理解は、以下のようであった。「男性は性的衝動を抑えられない。性非行少年は衝動の統制力が弱く、むらむらっときて（被害者に）飛びつく。彼は、これから男になるためにさまざまな性を試みているのだから、その試みを乗り越えられるよう援助してやる必要がある」。筆者は一応女性なので、「よくわからないけどそんなものなのかなあ」と思っていた。

それからおよそ十年後、青年を収容する刑務所（おおむね二十〜二十六歳）に勤務し、性犯罪者たちのグループワークを担当せざるを得なくなり、どうも教えられてきたことと、「目前に見る性犯罪者たち」がぴったり重ならない。しかし日本語の文献では求めているものがまったく見つからないという現実から、先達を求めて、性犯罪とその治療に関する英語の文献を読むようになった。当時、それらは筆者にとって「目からうろこ」状態であった。

すなわち、おおむね以下のようなことが書いてあった。「性犯罪は、性的欲求や衝動にのみよるものではない。それは支配や優越、強さの主張といったさまざまな欲求から行われる。性犯罪は、けっして衝動的に行われるものではなく、自己の欲求を充足させるため、合目的的に、いわば計画的に行われる。少年の性犯罪はけっして一過的な性の試みとして行われるものではなく、性犯罪行動の変化にターゲットを絞った特別な治療をしないかぎり、何度も繰り返される非常に習癖性の高い行動である。しかし、性犯罪者の査定と治療には特別な困難が伴い、したがって特別な訓練が必要とされる」（Perry & Orchard, 1992）。これらの主張は、目前の性犯罪者たちを理解する枠組みとしてとても有益であると思えた。「やっぱそうよねえ」というところである。彼らの話を聞くかぎり、口では「衝動的、これ一回しかやっていません」と述べるものの、実際には、少年期から性暴力行動が徐々にエスカレートし、かつ周到に、露見しないように行動しているのが明らかであったからである。

「変化」や「成長」は、たんに量的に漸増するものではなく、ある時期に飛躍的、断絶的な、質的変化・成長が訪れるという考え方がある。筆者が教えられてきた「理解」を否定する形で主張がなされているので、おそらく英語圏でも、筆者が教えられてきたような「理解」が、それ以前は主流であったのであろう。しかし、この三十〜四十年ほどの間に、米国では、社会的にそれ以前とは質的に異なる変化が生じ、その変化は犯罪学や心理学、ひいては性犯罪行動の理解、査定、治療にも及んでいる。その背景としてはさまざまな要因が考えられるが、性犯罪の理解と治療に限って言えば、前者については、被害者支援運動とフェミニズム運動の影響があり（藤岡、二〇〇四）、後者については、従前の医学モデルや精神分析技法から離れた、主として認知行動的アプローチをとる心理療法家およびケースワーカーらによる、性犯罪者の治療実践の積み重ねがあると考えられる。しかし、残念なことに、日本においては、この新たな理解の枠組みと治療方法の実践とが、いまだ十分に認知されていない。その一方で、米国社会に訪れた社会の変化は、多かれ少なかれ日本社会にも訪れている。日本においても、ようやく被害者支援の動きが社会的に認知されるようになり、両性の平等と機会均等も法的には補償されるようになっている。

少年刑務所で初めて性犯罪受刑者たちのグループワークに携わってからの約十年間、本務の一部として、あるいはそのかたわら、少年鑑別所での査定、少年院での治療教育、外来での成人性暴力者の治療教育と、幾分か焦点と治療の枠組みを変えつつ、ぼちぼちと性犯罪者たちの査定と治療の試みを続けてきた。当時は、そんなことをやるのは「変わり者」と思われているのではないかなあと邪推したくなるような、「性犯罪の治療」への周囲の態度であったが、この一年ほどでかなり風向きが変わってきたと感じる。

それはやはり、いくつかの性犯罪、特に子どもが被害者となる性犯罪が報道され、「加害者の人権」以上に被害者の人権と社会防衛に、強い関心が一般に抱かれるようになったからであろう。特に、奈良の小学生女児誘拐殺害事件を契機に、米国における「ミーガン法」への関心が高まり、性犯罪受刑者の出所情報が刑務所から警察へ提供されるようになった。同時に、監獄法の改正と行刑処遇改善の動きが重なって、刑務所内における性犯罪者をはじめとする犯罪行動変化のための矯正教育プログラムの開発と実践が、目指されるようになっている。

こうした時代の流れを受け、多くの報道機関から性犯罪治療に関しての意見を求められるようになった。報道を目にした、性犯罪で逮捕された人のご家族から相談の電話等を受けるようになり、児童相談所や児童自立支援施設の職員、あるいは矯正・保護の関係者といった方々から、性非行少年の査定と治療教育に関する助言を求められるようになるにつれ、基本的な理解の枠組みを共有するために、この十年間に文献と経験によって学んだ性暴力の理解、査定、治療に関わる知見をまとめ、公にしたいと思うようになった。三年ほど前から「書きたい」という気持ちはあり、折々雑誌等に書き散らしてきたが、治療経験は現在進行形のものであって、「ああ、そうだったのか……」「これはこう考えたほう（やったほう）が適切だったな」と思い続けているような状態であるので、まとめることができずにいた。しかし、この状況ではいつまでたっても進行形で、終わりはあり得ないということにも気づいた。もとより、筆者の経験と知見とは非常に限られたものであり、現時点で、ご意見、ご叱正をいただいて、今後の技能の向上に生かさせていただいたほうが得策であると思うようになった。

本書の構成は、性暴力の「理解」から始め、査定、治療教育について述べ、最後に治療事例を掲載する。臨床や教育の現場での実践に参考になるよう、できるだけ具体的でわかりやすい記載を心がけた。事例1については、少年院内での治療事例であり、現在連絡がとれないため、掲載の承諾を得る方法がなかった。したがって、事実に関しては省略可能なところはできるだけ記載を控え、かつ大幅に変更し、個人が特定されないように配慮した。事例2については、外来での成人の事例であり、本人に原稿を読んでもらったうえ、掲載の同意を得ることができた。しかし、もちろん関係者に影響を及ぼす可能性が高いような個人情報は省いてある。本書は、書き下ろしであるが、すでにところどころ他書に記述した部分が再度入れられている。筆者が考えを形成していくうえで、踏んだ道順を飛ばすと自分でわけがわからなくなる恐れが強いので、ご存知の方には恐縮であるが、あえて一から順に記述した。ご容赦いただければ幸いである。

本書の主たるターゲットは、「性暴力」であるが、実際には、単に性暴力の治療教育は、性暴力のみならず、その他の「犯罪行動」変化のためのヒントも、数多く含まれていると考えている。北米において「犯罪行動」変化のための働きかけの嚆矢《こうし》となったのが、薬物依存の治療であり、それに影響を受けながら性暴力の治療が進展してきたという経緯がある。そこでは、大多数の犯罪行動を、何か重大な精神障害や脳機能障害によるものとは理解せず、ある状況に対し、自分は悩まずに人を悩ますという対処方法をとるようになり（多くの場合、ある意味、やむにやまれずという経過がある）、それが自動的な行動-認知-感情のサイクルとなっているものとしてとらえる。別の言い方をすれば、「犯罪行動」は、その人の生き方に深く組み込まれている。それがその人の生き方に、より早期から、より深く組み込まれていればいるほど、その変化は容易なものではなくなる。「スタートダッシュで出遅れる。行けば行くほど離される」。これは「人格障害」の概念や治療とも関係してこよう。

実際に、多くの非行少年や犯罪者たちと関わってくると、彼らは、理解不能な存在というよりも、むしろ思春期や子ども時代に乗り越えておくべき情緒的、社会的課題につまづいたままでいる人びとであるという印象を持つ。したがって、犯罪行動の変化をもたらすものは、「育てなおし」あるいは特別な「(心理）教育」ともいうべきもので、相応の時間とエネルギーを要し、単に薬を飲めばよいといった魔法のような解決法はない。精神分析的アプローチも性暴力の「理解」には有用であるが、治療効果は、少なくとも現在のところ、認知行動的アプローチに比べて統計的に有意に低いことが示されている（Andrews & Bonta, 1998)。「行動」で表す非行少年・犯罪者に対しては、やはり「行動」から入ることが適切であるだろう（藤岡、二〇〇三)。

ともあれ、薬物依存、性暴力の治療実践のなかから、暴力行動変化のための多くの有効な方法が開発されてきた。その背景には、より大きな臨床実践の進展があると思われる。治療者‐患者の二者関係における、転移や逆転移を使って「治療」を行うのではなく、自ら進んで治療を求めるのではない人びとへの、変化への動機づけの方法を含めて、認知行動アプローチを使って犯罪行動のサイクルに介入し、本人が別の対処方法を持つことを支援すること、変化した望ましい行動を本人がどのように維持し、周囲がそれを支えるかといった、本人の力や動機を生かす、システムに介入することを重視する治療教育のモデルに関しては、より広く「行動変化」のための働きかけに活用できると考えている。それをどのように展開していくかは、今後の課題となってこよう。

本書は、厚生労働科学研究費補助金こころの科学研究事業「児童思春期精神医療・保健・福祉の介入対象としての行為障害の診断及び治療・援助に関する研究」（主任研究員：齊藤万比古）班のうちの、分担研究「性非行少年の査定・治療について――関係性の視点から」として、平成十六年度から三年間の予定で補助金を受けている研究に多くを拠っている。本書の論考および記載については、同分担研究班の研究協力者であり、矯正時代の仲間たちである今村洋子先生、寺村堅志さん、橋本牧子さん、そして今村有子さん、毛利真弓さんとの議論に負うところが大きい。ここに記して深謝する。末尾になるが、誠信書房の松山由理子さんならびに中澤美穂さんには、いつものとおりさまざまな点において、執筆のためのご助力をいただいた。

本書が、性暴力行動変化のための参考になり、世の中から性暴力が低減して、被害者も加害者も、より自由で生き生きとした生活を送れるようになることに、少しでも寄与できたとしたら望外の喜びである。

二〇〇六年　桜の季節

大阪大学大学院　藤岡淳子

目　次

第3章　性暴力行動の変化に焦点を当てた治療教育……97

第Ⅰ部　性暴力の理解、評価、治療教育

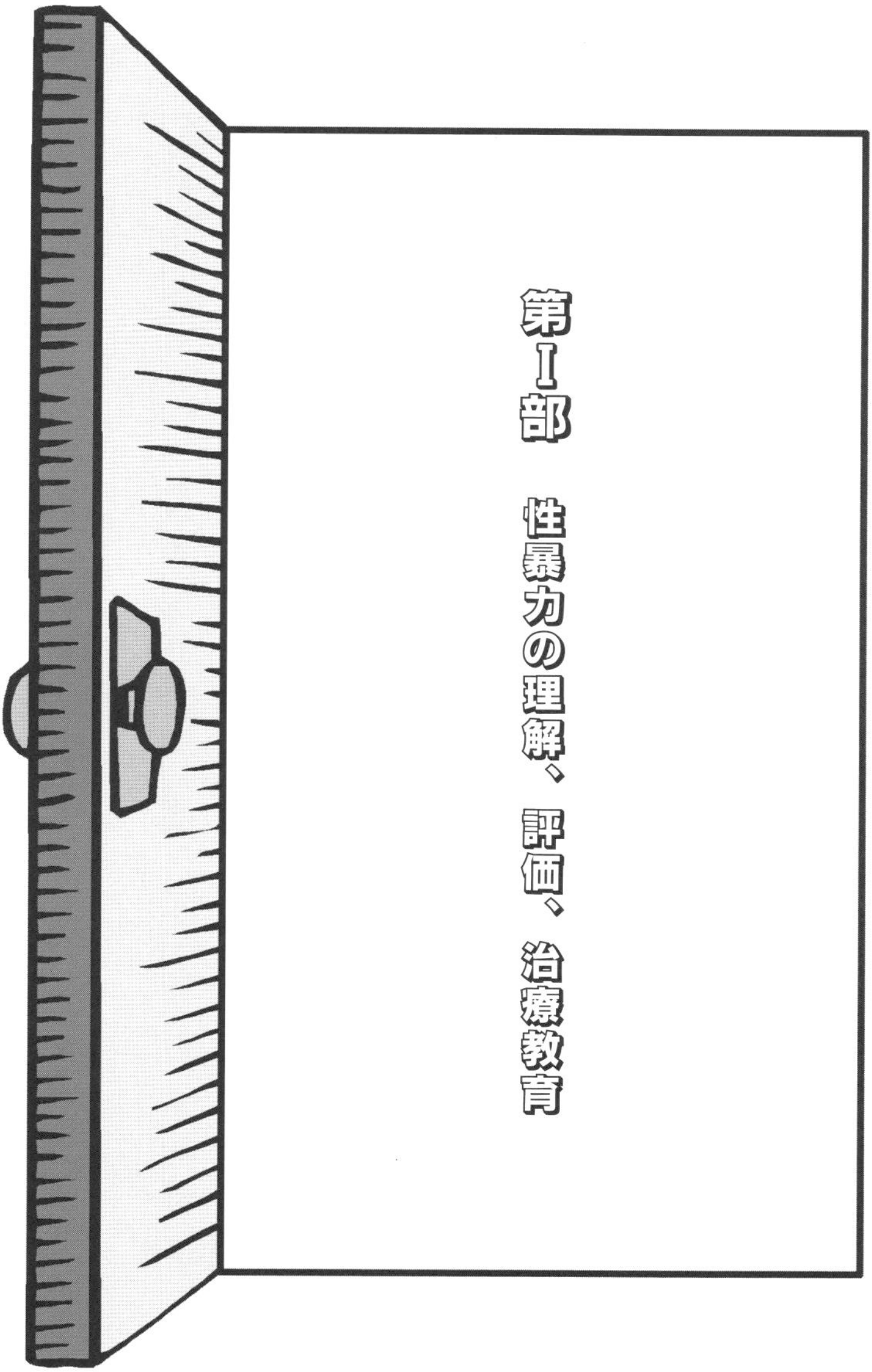

第1章　性暴力の理解

1　性暴力とは

A　性暴力に関わるさまざまな用語

問題とされる性行動に関しては、性暴力、性犯罪、性非行、性逸脱行動、性依存症など、さまざまな言葉が使われる。それぞれがある程度互換的に、重なる部分を持ちながら、非自覚的に、あるいは混乱されたまま使用されており、そのことが性暴力に対する適切な理解を妨げていると思われる。したがって、はじめにこれらの言葉の異同と本書での用い方を考えておきたい。

a　性犯罪とは

「性犯罪」というと、定義は比較的簡単なように思われる。すなわち、刑法第一七七条（強姦）「暴行又は脅迫を用いて十三歳以上の女子を姦淫した者は、強姦の罪とし、三年以上の有期懲役に処する。十三歳未満の女子を姦淫した者も、同様とする」、同法第一七六条（強制わいせつ）「十三歳以上の男女に対し、暴行又は脅迫を用いてわいせつな行為をした者は、六月以上十年以下の懲役に処する。十三歳未満の男女に対し、わいせつな行為をした者も、同様とする」といった、法律に規定された罪を犯せば犯罪であるという定義である。

ところが、性犯罪に限らず、犯罪を法律的にのみ定義すると、いくつかの大切なことを見落としてしまう危険性がある。一つは、「犯罪」は、法律違反行為があったことが露見し、その行為者として逮捕され、有罪となったときに初めて確定する、ということから生じる問題である。「法律違反」があっても、見つからなければ「犯罪」とはならない。そして、現代の日本社会で、「被疑者」が検挙される割合は、犯罪行為があったと認知されたうちの、刑法犯全体で四一・三％、強姦で六三・五％、強制わいせつで三八・八％である（法務省法務総合研究所、二〇〇四）。刑法犯全体でも性犯罪でも、検挙されない「犯罪者」は多い。さらに性犯罪においては、そもそも被害を受けたと訴え出る人の割合（被害申告率）が一四・八％と低くなっていて（法務省法務総合研究所、二〇〇四）、性犯罪があったことさえ認知されずに終わる可能性が高い。すなわち、いわゆる暗数、表に出ない数が非常に多い。検挙された性犯罪（者）は、「性犯罪」の限られたごく一部であり、それのみを対象として考察することは、「性犯罪（者）」の実像を見誤らせかねない。何らかの理由で、失敗した（逮捕された）性犯罪者だけを見ているにすぎないことになりうるからである。

もう一つの問題は、犯罪の法律的定義も時代と文化によって異なる可能性があるということである。たとえば、妻や子どもを殴ること、つきまとうことは、「配偶者からの暴力の防止及び被害者の保護に関する法律」や、「児童虐待の防止等に関する法律」ができるまでは、「犯罪」にはならなかった可能性が高い。道路交通法に規定されて以来、シートベルトを締めないことは法律違反であり、犯罪の法律的定義に従えば、「犯罪」である。逆に、旧刑法によれば「犯罪」であった「不倫」（姦通罪）は、現代社会では比較的ありふれたものになっているといってよいかもしれない。また、異なる文化では、同じ行為でも「犯罪」として法律に規定されていることもある。現代でも「不倫」が法的に厳しく処罰される国家も存在する。

では、法律があるから「犯罪」があるのだろうか。法律がなければ犯罪もないということであろうか。ニューマン（Newman, 1976）は、異なる文化的・社会的背景を有すると思われる六カ国（米国・ニューヨーク、イタリア・サルジニア島、イラン、インド、インドネシア、旧ユーゴスラヴィア）で、「以下の行為は法律で禁止されるべきか」という調査を行った。それらの行為とは、「強盗」（他者から五十ドルを強奪し、被害者は怪我をして入院する）、「横領」（政府の基金を私的に流用する）、「近親姦」（ある男性が成人である実の娘と性関係をもつ）、「大気汚染」（工場の支配人が、工場から大気汚染のガスを排出し続けるのを放置する）、「薬物使用」（ヘロイン等の薬物を使用する）、である。「強盗」に関しては、米国とイタリアで一〇〇％禁止されるべきであるとされ、最も肯定率が低かったのは、インドの九七・三％であった。「横領」に関しては、イタリアの一〇〇％から米国の九二・三％の肯定率であり、非常に高い確率で、世界のどの文化でも一致して法律で禁止するべきであると見なされた。他方、「近親姦」になると、イランの九八・一％から米国の七一％、「大気汚染」では、インドの九八・八％からユーゴスラヴィアの九二・八％、「薬物使用」では、インドネシアの九三・三％からインドの七四・九％と多少のばらつきが見られるようになり、「妊娠中絶」「同性愛」「デモ行為」「危険な状態にいる人を助けないこと」に関しては、さらに意見が分かれた。

時代や文化を越えて、法律的に禁止されるべきであるという「罪」も、確かにあるようである。それらは、殺人、暴力、窃盗等、ハンムラビ法典やモーゼの十戒、大宝律令の時代から「犯罪」と見なされるものであり、「自分がやられて（被害者になって）嫌なことは、人にもやってはいけない」という黄金律であり、社会が存続するためには必要なルールと見なされるものであろう。

他方、「薬物乱用」や「近親姦」「妊娠中絶」「同性愛」等に関しては、意見が分かれる。たとえば、「薬物乱用」に関しては、狭い意味では自分にのみ影響を及ぼすもので、しかも飲酒（アルコール）や喫煙（ニコチン）は、本質的には物質乱用でありながら、成人には使用が法的にも認められている。当該物質の健康被害の深刻さに関しては、たとえばマリファナなどはそれほど甚大ではないという意見もあって、法的に規制することへの異論があるのかもしれない。いずれにせよ、当該行為の是非については、文化的・時代的な多様性がある程度認められる。「妊娠中絶」や「同性愛」に関しては、米国では、それが政治的立場となるほどに議論が分かれていることは周知であろう。

ある行為が法律的に禁止されるか否かに関して議論がありうる場合、ある条件を満たした人には「犯罪」ではないが、満たさない人に対しては法的規制を行うという対応策がありうる。たとえば、飲酒・喫煙は成人では違法ではないが、未成年では違法となる。これは、英語では、status offense（ステイタス・オフェンス：日本の少年法ではおおむね「ぐ犯」にあたる。ぐ犯とは将来罪を犯すおそれがあるという意味であり、status offense とはややニュアンスを異にすることに注意を要する）と呼ばれ、status（身分、地位）によっては法律で禁止されるという意味である。成人か少年かという身分での区別は可能であろうが、これが人種や社会階層による区別となれば、現代民主主義国家にとっては憲法違反となろう。しかし、身分によって犯罪となるか否かは、古代ギリシャで市民であるか否か、奴隷解放前の米国で白人であるか否かで、実際に区別されていた。こうなると、法律を作成し、その遵守を求める公的機関が民主的に運営されているか否かは、法的に犯罪を規定することの可否に直接的に影響してくることになる。たとえば絶対君主制国家で「朕は国家なり」という体制であれば、権力者が自分に都合のいいように法律を制定するということになりかねない。「遠い昔のこと」あるいは「どこかよその国のこと」と思われるかもしれないが、実際にいわゆる民主主義国家であっても、「権力者の犯罪」にはなかなか司直の手が及ばず、社会的・経済的に恵まれない階層が、より法律による処罰の対象になっているという現実はあるのかもしれない。

長々と「犯罪」の時代的・文化的異同を述べたが、それというのも「性行動」は、こうした時代的・文化的多様性が特に大きい領域であるからである。変化の時代にあっては、性行動に関する個人的価値観の違いも非常に大きなものとなりうる。いずれにせよ，本書では原則として，法律違反として規定され，公的な司法手続きにのった行為を「性犯罪」と呼ぶ。「性犯罪」は，その定義からして，刑事司法の分野で使われることが多い。

b　性非行とは

それでは，「性非行」はどうであろう。「性非行」の場合，基本的には年齢に関係なく，法律違反ではないが，「道徳的」「慣習的」に望ましくない性行動が，性非行と呼ばれる。しかし，一般的には，行為者が未成年である場合，法律違反である行為も含めて，つまり成人であれば「性犯罪」と呼ばれる行為も含めて，「性非行」と呼ばれることが多い。同時に，既述のように，成人であれば問題とならない行動でも，少年であれば「道徳的」「慣習的」に問題行動とされ，「性非行」と呼ばれる可能性が出てくる。たとえば，成人であればまったく問題のないセックス，妊娠・出産が，十代の少年少女が行為者である場合，「性非行」と呼ばれることがありうる。「性非行」は，少年司法や児童教護，教育の分野，あるいは一般の人びとに使われることが多い。

木原ほか（二〇〇〇）の調査によれば，十代でセックスを経験した人の割合は，十八〜二十四歳の若者において，男女ともに七割を超えている。この数字は年代が高くなるほど低下し，かつ男女の差が大きくなり，五十五歳以上では，男性の約四人に一人，女性の約十人に一人となる。最近の調査（小林，二〇〇五）では，高校生の性の体験率は，男子で三〇％，女子では四〇％となっている。十代での性体験に対する許容度は，世代間で大きく異なることが推察される。そもそも「許容」度という言葉を使っていること自体が，筆者の年齢を反映しているのかもしれない。

筆者の世代では，高校生でセックスをしている女子生徒はかなりの少数派で，それだけで「非行少女」と呼ばれてもおかしくはなかった。しかし，現代の女子高校生の四割，十代男女の七割がセックスを体験しているとなれば，親の世代がどう考えようと，彼女たちにとっては「非行」でもなんでもなく，ごく普通，一般的なことと、とらえられていることは想像にかたくない。十代でセックスしただけで「非行」だなんて、「頭古いんじゃなーい」と言われかねない。つまり、既述のように、「性非行」は、道徳や慣習が時代によって大きく変化している領域であり、判断が分かれる領域でありうる。

十代の妊娠・出産にしても、そのことによって、たとえば高校を中退し、両親と言い争ったあげくに家出し、年長の「素行不良の男性」のアパートで同棲を始めれば、少年法第三条一項三号の虞犯要件、「保護者の正当な監督に服しない。正当な理由がなく家庭に寄り附かない。犯罪性のある人若しくは不道徳な人と交際する。自己又は他人の徳性を害する行為をした」として、家庭裁判所の審判に付される可能性がある。つまり「非行」となる。他方、たとえば保護者の同意を得て性行為の相手と結婚し、学業なり、主婦・母親としての生活をきちんと送っているとなれば、「非行」とは呼ばれがたいであろう。

結婚といえば、婚姻関係外での性関係や、妊娠・出産はいかがであろうか。近年は、婚姻外の性関係や、婚姻前の妊娠・出産、いわゆる「できちゃった婚」に関しても、世間の非難は一般的に言ってずいぶん低減しているように思われる。これらも性行為以上に、その他の生活領域での行動が、それらが性非行として糾弾されるか否かに関係してくるように思われる。すなわち、「性非行」は、行為者の立場や状況によって大きく影響される行為である。

本書では、行為者が未成年であり、それが成人であれば規制の対象とならない行為によって道徳的、慣習的に非難される場合、「性非行」と呼ぶ。たとえ行為者が少年であっても、それが成人であれば「性犯罪」にあたる場合は、性犯罪と呼ぶ。

C　性逸脱行動および性依存症とは

「性逸脱行動」はどうであろうか。たとえば、人に迷惑をかけず、異性の服装をしたり、物に性的興奮を覚えたり、成人同士が同意のうえで同性とのセックスを行うという性行動を示す場合である。ちなみに性逸脱としては一般的に、性対象の逸脱と性自認の逸脱に分けて考えることが多い。性対象の逸脱としては、同年代の異性以外に性衝動を持つこと、性自認の逸脱とは、生物学的な性別ではない性に属すると自認することである。いずれも多数派ではないという意味では「逸脱」であろうが、そこに何らかの「病理」を想定する考え方もあれば、しない考え方もある。

米国精神医学会による精神障害の診断基準、いわゆるＤＳＭ-Ⅳでは、これらの性癖は、「性嗜好障害」（パラフィリア）に分類され、露出症、フェティシズム、窃触症、小児性愛、性的マゾヒズム、性的サディズム、服装倒錯的フェティシズム、窃視症、その他特定不能の性嗜好障害といった下位分類が列挙されている（American Psychiatric Association, 1994）。同性愛は、以前のバージョンでは記載されていたが、現在では、はずされている。また「強姦」は、後述する「性暴力」の観点からすれば逸脱した性行動であるとも考えうるが、このリストには入っていない。あまりに「一般的」すぎて「逸脱」とは認めにくいのであろうか。「犯罪」のみならず、ある行為が「精神障害」と見なされるか否かに関しても、「社会」がそれをどう見るかということが大きく関係してくることがわかる。

現在のところ、これらの性嗜好障害は、そのことによって本人が悩み、社会生活に支障を来していれば治療の対象とするというあたりが、公的対応の落としどころとなっていると考えてよいであろう。しかし、現実的には、露出症や窃触症、窃視症、特に小児性愛などは、行動化して露見し逮捕されれば、「犯罪」として糾弾される行為である。行為者が最初の露見時に精神医療の対象となるか、司法の対象になるかによって、その後の対応が分かれていく可能性も高い。暴力の程度が比較的軽い場合には、はじめに精神医療の対象となっていればその後もそうであり続け、はじめに司法の対象になれば、比較的軽い犯罪行為でも累犯加重によって非常に重い刑罰を科される可能性が出てくる。その分かれ道は、行為者の置かれた社会・経済的状況によるという印象をぬぐえない。

また、一般的にいえば、こうした行動はなかなか「人には言えない」。つまり、公表することによって何らかの害を受ける危険性の高い性行動であろう。「言えない」ことによって、生活に何らかの望ましくない影響を与える可能性もある。いずれにせよ「性逸脱行動」は、「多数派」あるいは「標準」（ノーマル）からのずれを重視した概念であり、精神医学分野および社会学の分野で使われることが多い。

「性依存症」という言葉は、背景に「依存症」の理論があり、人間関係依存（共依存）のなかのセックスあるいは恋愛への嗜癖として、性行動上の問題を位置づける。背景には、家族病理あるいは機能障害のある家族で生育し、そのことによって物質依存（アルコール、ニコチン、薬物、食べ物など）、行為依存（買い物、ギャンブル、仕事、暴力等）、人間関係依存（恋愛、セックス等）が生じていると仮定している（カーンズ、二〇〇四；吉岡・高畠、二〇〇一）。行為依存としての暴力と、人間関係依存としての恋愛やセックスへののめり込みが併存して、性犯罪を行うこともあるが、「性依存症」の基本は、恋愛やセックスがないと人生が空っぽのような感じがして、次々セックスの相手を変えたり、自慰行為にふけって、関わった人と自分とを傷つけているということにある。「性依存症」は、依存症の研究および治療の分野で使用される。いわゆる「自助グループ」が活用されていることも、この分野の大きな特徴である。

B　性暴力とは

性問題行動に関係するさまざまな用語を検討してきたが、本書の主たるターゲットは、「性暴力」行動である。つまり、一見すると「性」が問題になるが、それ以上に「性」を手段とした「暴力」であるという本質が問われる行動である。「性非行」や「性逸脱行動」、「性依存」と呼ばれる行動であろうとも、基本的に「個人の（性的）自由」としてとらえることが可能な、十代後半の同意に基づくセックス、成人同士の同意に基づく同性愛行為、

表１－１　性的自由と性暴力行動

性暴力とは見なしにくい性問題行動	どちらとも見なしうる性問題行動	性暴力行動
十代の性行為、成人同士の同意に基づく同性愛行為、服装倒錯、ほか	売春、買春、不倫、ほか	子どもを対象とする性行為、強制わいせつ、強姦、セクハラ、性器露出、ちかん、窃視、ほか

服装倒錯等の行動は、ここでは別の問題になる。逆に、たとえその暴力性が比較的軽微であると考えられていても、たとえば性的なからかい、性器露出、わいせつ電話など、他者に危害を加えるものに関しては、「強姦」「強制わいせつ」「小児わいせつ」「快楽殺人」と根本的には同様の暴力としての本質を有するものと見なす。つまり「性犯罪」として法律で規定されているものは、ほとんどすべて性暴力と見なされるが、加えて、露見しなくとも、あるいは司法手続きに乗らない「性犯罪」も、性暴力として認知したほうが、より適切に対処することが可能になるということである。

表１‐１では便宜上、断絶したカテゴリーとして示したが、ある性問題行動が性暴力であるかどうかは断絶したカテゴリーではなく、連続体として考えたほうが適切である。たとえば、売買春は、性行為を金銭で換算する行為であり、一見「同意」に基づいているかのように見えることもあるが、現実には「性暴力」であると筆者は考えている。とはいうものの、既述のように、性行動に関しては文化的価値観の違いが大きいだけに、加害者の問題性や行為事実よりも、それに対する人びとの反応のほうが大きな影響力を持つことがありうる。白、黒、灰色と意見が分かれうるのである。筆者が「白」とした十代後半の同意に基づくセックス、成人の同意に基づく同性愛といった行動に関しても、おそらくは「灰色」あるいは「黒」と考える人びともいるであろう。性暴力や性犯罪対応への時代的変化は、社会の変化を反映しているのである。

個人的、文化的価値観が異なるだけではなく、性行動にはもう一つ厄介な問題がある。それは、ある特定の性行動の可否について、統一的見解が得にくいということである。セックスそのものは、ほとんどの人が行う行為であり、それ自体はむしろ肯定的なものである。その同じ性行為が時と場合、関係性によってはまったく否定的なものとなるのである。また、セクシュアル・ハラスメントを思い浮かべれば容易に想像できると思われるが、同じ行動でも行為者と受け手の主観が大いに異なったり、また個別的状況や関係性によって、同様の行為であっても、許されたり訴えられたりすることがありうる。つまり行動を記述するだけでは、「性暴力」の定義は不十分である。被害者・加害者ともに自身を被害者・加害者として認識していれば、それにどのように対処するかということが次の問題となる。しかし、被害者・加害者ともに自身をそのように認識していなければ、「問題」として対処される可能性は低いであろう。売買春などに関しては、当事者たちは、「同意」に基づく行為であり、自身を被害者・加害者としてとらえていない可能性も高い。性暴力においては、加害者と被害者双方がそれぞれそれを加害者および被害者として認識している場合もあれば、加害者にはその認識がなく、被害者にはその認識がある場合、加害者には認識があるが、被害者には認識がない場合、双方ともにその認識がない場合の四通りがありうる。以前は双方ともにその認識がなかった時代から、現代は「被害者」が「被害」を認識し、それを「正したい」と考えるようになったのに比して、加害者が「加害」を認識する程度が依然として低いままであることから、さまざまな軋轢が生じているとも考えられる。近年、被害者の認識と加害者の認識、そして社会の認識のずれが表面化してきているのであろう。とはいうものの、たとえ被害者、加害者、あるいは社会の認識がどうであろうと、自他に対して害があることには変わりがない行為は、性暴力として明確に認識し、対処していくことが現在必要なことであると筆者は考えている。日本においても、男女平等の権利が保障され、「性」の自由が個人の自由の一部として尊重される時代になりつつあることが、性暴力への社会的対応に関する変化のきざしを支えていると考えられる。個人の自由と権利とを尊重する民主主義国家において望まれる性暴力の定義は、どのようなものであろうか。

現在、欧米では、性暴力の行動記述的定義に替えて、同意の有無、対等性の有無、強要性の有無を性暴力か否かの判断の基準として用いることが多い。つまり、性暴力とは、「他者の意思に反して性行為を強要すること」であると定義される。この定義は、考慮に値するものと考える。この定義に従えば、男性・女性ともに被害者にも加害者にもなりうることになる。

同意は、単に「はい」と言ったということではなく、①年齢、成熟、発達レベル、経験に基づいて、提示されたこと（何らかの性行為）が何であるかを理解していること、②提示されたことへの反応について社会的な標準を知っていること、③生じうる結果や他の選択肢を認識していること、④同意するのもしないのも同様に尊重されるという前提があること、⑤自発的決定であること、⑥精神的／知的な能力があること、のすべての基準を満たしていなければならない（Ryan & Lane, 1997）。したがって、子どもに対する性行為は、すべて性暴力と見なされる。

対等性は、身体的・知的・感情的発達の差や、受動性と積極性、パワーと支配、権威といったものによって評価される。成人と子どもであれば、対等性を欠くことは比較的明らかであるが、たとえば少年同士で年齢も近い場合、二人の関係性を慎重に評価する必要が生じてくる。どちらかが年長であったとしても、年長の者が必ず優位にあるとは限らない。自己イメージが低い少年の場合、関係性のなかで低い位置に自らを置いてしまい、被害にあう危険性が高くなるということもありうる。

強要性は、対等性とも関係してくるが、優位に立つ者がその立場を利用して、被害者の選択の自由を否定することである。また、関係性のなかでの二次的な利益と損失という形での強要もありうる。ある行為をすることを受け入れれば何かの利益を与える、あるいは受け入れなければ何らかの不利益を与えるということである。もちろんもっと明白な暴力の脅しや暴力もありうる。これら三つの性暴力の基準に関しては、性暴力被害の連続体のところでさらに詳しく述べる。

2　性暴力の実態

社会の変化に従い、性暴力に関する理解の枠組みが変化し、性暴力の実態に関する研究が進むにつれ、性暴力に関する原因論と治療論も変化しつつある。ここでは英語圏における性暴力に関する最近の研究（Andrews & Bonta, 1998；Barbaree et al., 1993；Correctional Service of Canada, 1990；Perry & Orchard, 1992；Ryan & Lane, 1997）と筆者の司法臨床現場での経験に基づいて、性暴力の実態に関する現在の知見をまとめてみたい。

A　性暴力の動機

性暴力は、性を通じての暴力であり、性的欲求によってのみ行われるのではない。支配や優越、復讐や依存などのさまざまな欲求によって行われる。

性暴力加害者がしばしば行う「言い訳」「合理化」の一つに、「性的欲求を我慢できなくて、（被害者を見て）ついむらむらっときてやってしまいました」というものがある。つまり、「計画性はなく、自分も統制不能な性的欲求の犠牲者として困っているんです」というニュアンスを、かもし出そうとしているのであろうか。下手をすると、むらっとこさせたのは被害者のせいだという印象を与えたいという、言外の意味さえあるかもしれない。

まず問題となるのは、「性的欲求による」という部分である。性暴力というと、あたかも性的欲求が唯一の犯行動機であるかのように見なされることが、あまりに多いという印象がある。性的欲求というものが扱いにくく、かつ他の人びとと体験や情報を共有しにくく、人間を密かに突き動かす欲求と認識されているゆえであるかもしれない。性犯罪者に対し、警察官などの性犯罪の捜査と検挙のプロフェッショナルでさえ、性犯罪者の「妻（彼女）がセックスに応じてくれなかったから性的欲求がたまり、性的欲求をコントロールできなくなって性犯罪に至った」といった合理化、他罰化を真に受け、「しっかり面倒みてやらなければ」などと、見当はずれどころか悪影響を及ぼす意見を加害者の配偶者や恋人にすることがある。これは、加害者に自己の責任を軽く見させ、かつ配偶者や恋人に百害あって一利なしの罪悪感や責任感を抱かせることになる。はっきり言って、加害者の「思うつぼ」である。

現実には、配偶者や彼女とのお互いに配慮を要する同意に基づくセックスと、性暴力とは、行動上は似ていても、どのような欲求に基づくかという心理的な意味ではまったく別物である。実際、配偶者や彼女との性行為を継続したうえで、他の人びとに対し性暴力を振い続けている者は大勢いる。アルコール依存者はのどが渇いたから酒を飲むのではない。嫌なことを忘れたい、あるいは楽しい気分になりたい、駄目な自分を忘れたい、人に対して言いたいことを言えるようになりたい、リラックスしたい等々さまざまな動機が背景にはある。万引きをするのは、必ずしもその商品が欲しいけどお金がないからというわけでもない。スリルを味わいたい、万引きのスキルを自慢したい、有能だと感じることができる、大人の鼻をあかせる、親を困らせたい、誰かの言いなりや思い通りにはなりたくない等々、ここでもさまざまな動機がありうる。飲酒や万引きに関しては比較的容易に推察される「多様な動機」が、こと性暴力になると、「性的欲求」というただ一つの欲求で説明されがちであるのは、それ自体興味深い現象である。

性暴力は、性的欲求によるというよりは、攻撃、支配、優越、男性性の誇示、接触、依存などのさまざまな欲求を、性という手段、行動を通じて自己中心的に充足させようとする「暴力」であるという本質を、明確に認識する必要がある。そこでは、他の種類の暴力あるいは虐待同様に、被害者の欲求や感情は無視され、踏みにじられる。被害者は、加害者が自分の欲求や感情を充足するために使われるモノとして扱われるのである。たとえば、ある性犯罪少年は、特定の彼女もいて定職もあり、それまで大きな非行もなかったが、遊び仲間に誘われて輪姦行為に加わり、それを繰り返していた。彼によれば、「強姦（輪姦）は、彼女とのセックスとはまったく違った。泣き叫ぶ被害者の衣服をはぎとり、殴りつけてセックスをするといった、ビデオで見たような、自分が思っていたような『強姦』ともまったく違った。実際には、ホテルの部屋に連れ込んで仲間三人で取り囲んだだけで、被害者はまったくおとなしくなった。進んで服を脱ぎ、言われなくても『恥ずかしい』姿態をとり、こちらの機嫌をうかがって何でもした。ハーレムの王様になったようで、自分が強くなったようで、とても気持ちよかった」と述べている。

幼児や子どもを対象とする性暴力者に対し、なぜ子どもに性的欲求を感じるのかわからないという感想が寄せられることがあるが、これは、性的欲求によって性暴力が行われるという前提に基づいている。実際には、加害者が求めているのは性的欲求の充足ではなく、むしろ優越や支配の感覚、接触の欲求、あるいは尊敬や愛情を得たいという欲求であることさえある。同世代の女性には「拒否される」恐れが強く、接近できないとすれば、性を買うか、拒否できない、あるいは拒否を無視して性行為を行える子どもを対象とするということもありうる。

成人を対象とする強姦犯は、怒りや支配、優越が前面に出ることが多く、子どもを対象とする強制わいせつ犯では、不安や依存、接触欲求が前面に出ることが多くて、接している感じはかなり異なり、また主となる性暴力の動機も多少異なる傾向があるように思われるが、自己の欲求を充足するために他者の性的自由と人としての尊厳を踏みにじることを厭わないという、性暴力の本質においては共通している。また、輪姦犯では、加害者たる男性集団での立場の強化や優越といった動機が前面に出ることが多く、単独の強姦犯や子どもわいせつ犯とは異なるという主張がしばしばなされるが、彼らにおいても性暴力への態度という共通項は認められる。

B　合目的的行動としての性暴力

それでは、「衝動的でコントロール不能」という主張はいかがであろうか。性暴力が多発する思春期年齢以降で、衝動的でコントロール不能な欲求充足行動が生じたとしたら、狭義の精神障害が強く疑われ、精神科治療、特に薬物治療による衝動の外的コントロールが必要になる。そうなると本当の意味での「病気」であり、責任能力もない、もしくは著しく限定されている。しかし、実際には、ほとんどの性暴力者は、警察官の前で被害者に性暴力を振うことはない。性暴力者は、意図的に被害者と加害状況とを選ぶ。つまり、多くの性暴力は、彼らにとっては自身の欲求を充足させるという目的に沿った、合目的的行動なのである。

しばしば性犯罪者に対して、「なぜこの人を被害者として選択したのか。好みのタイプだったのか」といった質問がなされる。たしかに、被害者の性別、年齢、外見等で多少の共通項が見られる場合もある。しかし、被害者選択に最も重要なのは、加害を遂行できるかどうか、その後露見し逮捕される危険性が高そうか低そうか、ということである。「うまくやれそうか」が何より選択の基準になる。「衝動的にやってしまった」と述べている加害者が、実際には、「計画的」であることは非常によくあることである。といっても、この「計画」は、いつ、どこで、誰を、どうやってといった厳密なものではなく、ふと「頭をよぎる」という感じで、「獲物」を探しに適切な場所へおもむき、探すともなく探しているのである。「狩り」をするときに、「いつ、どこで、何を」という綿密な計画を立てることは非合理であり、不適切である。「狩り」をしようと思い、「獲物」のいそうな場所におもむき、持てる技能をフル稼働させて、「狩り」に専念するのである。彼らは自身の「狩場」を持っている。うまくいくこともあればいかないこともある。対象となるような人が現れない場合もあるし、偶然人が通りかかって、一旦は犯行を断念することもないではない。しかし多くの場合、性暴力行動を完遂しようとする彼らの意志の強さと粘り強さ、努力は驚くべきものがある。捲土重来、次の機会を待つのである。

あるいは、状況を待つばかりでなく、自身に都合のよい状況を作り出していくことにも努力を惜しまない。単に「待つ」だけではなく、確実に「獲物」がいて、犯行が遂行できそうな状況を作っていくのである。たとえば、目星をつけた被害者の後をつけ、一人暮らしであることを確認すると、その窓の下で灯りが消えるまで何時間でも待つ。その間にコンビニで、手袋やマスク、紐といった道具を調達し、さらに寝静まるのを待って侵入を試みる。ある性犯罪少年は、比較的単純に通りがかった被害者を襲うという性犯罪で少年院に入院し、退院後再犯を行った。今度の手口は、被害者が一人であることを確認のうえ、ガス検査員を装って訪問し、犯行に及ぶというさらに悪質化したものであった。少年院で「被害者の視点を取り入れた教育」を受けた際、そうした手口で襲われた被害者の手記を読み、模倣して実行したと言う。彼らは手口を工夫し、「失敗から学び」、徐々に犯行のスキルを向上させる。それほどの努力や忍耐ができるなら、もっと他のことに使えばよいのであるが。いずれにせよ、性暴力行動を十分に理解しないと、それを変化させるという働きかけは効を奏さないばかりか、かえって社会や治療者の意図とは逆の結果を生じさせることがある。

幼児や子どもを被害者とする場合、性加害行為は、それこそ「赤子の手をひねる」ように簡単である。子どもは、身体的、知的に、思春期以降の性加害者より圧倒的に弱い立場に立つ。そのうえ多くの場合、「大人の言うことを聞く」ようにしつけられている。さらに子どもを性暴力の対象とする加害者は、「言うことをききそうな子」「起きたことを他の人には話しそうにない子」を見抜くのが極めてうまい。あるいは子どもが一人きりになって、言われたとおりにするほかない状況を作り出していくのが極めて上手である。声をかけ、「仲良く」なり、「邪魔」の入らない場所へと連れ込むのである。ちなみに、年少者を加害者もいれば、そうでない者もいる。ある程度一定範囲の年齢層をターゲットとすることが多いが、年少者だけを対象とする加害対象とする場合、ある程度一定範囲の年齢層をターゲットとすることが多いが、

異性のみを対象とする者もいれば、両性を対象とする者、同性のみを対象とする者とさまざまであるのと同様である。ある年齢までは、同年齢者を恋愛あるいは性行為の対象としていた者が、途中から対象が低年齢化してい

くことも多い。いずれにせよ，性暴力は，「むらむらっときて飛びついた」などという衝動的なものではない。

C　性暴力の開始時期と習慣性

小学生あるいは中学生などが性犯罪を行った場合，彼らが性的に早熟かというと必ずしもそうではない。加害少年が，精通や陰毛などの第二次性徴が現れていないなど，身体的・性的に未成熟な場合，犯罪行為が性的攻撃であっても，「これは性非行（こういう主張をする人は，性犯罪ではなく性非行という言葉を使う）ではない。彼はまだ性的に成熟していないから」といった言い方がなされることがある。これも誤解である。既述のように性暴力は，性的欲求にのみよるものではなく，むしろ他者との関係性や自己評価の問題を表す行動であるからである。性暴力行動が表れてくるのは，子どもを被害者とする場合，早ければ，前思春期，九〜十歳ころである。成人を被害者とする場合はもう少し開始年齢が遅くなり，早くて十五､六歳ころからである。暴力を振うのに必要な体力等の問題があるものと思われる。もちろんこれは一つの目安であり，厳密なものではない。

ちなみに，高齢になって性欲求が低下すれば，性暴力行動も停止するという見方もあるが，これも性暴力が性欲求にのみ基づいていると見なすことから生じる誤解である。身体的暴力を思う存分振うような犯行形態は，体力的に困難になりうるが，孫娘や女児への性暴力は十分に生じうる。カナダ連邦矯正局における性犯罪者の最高齢は，九十二歳と聞いた。日本の刑務所では，それほど高齢の性犯罪者を見聞したことはないが，おそらく司法によって裁かれないだけで，現実には高齢者でも性暴力加害は生じていると筆者は考えている。祖父による近親姦被害の話は，それほど珍しいことではない。高齢になっても性行為を行うということが，「まだ若い，まだ元気」であるということを自他に示す手段ともなりうるのかもしれない。

少年の性暴力は，「子どものいたずら」「大人の男になるための性の試み」であり，大人になり「一人前の男」になればやらなくなると言われてきた。本当にそうであろうか。小学校高学年の男児が，自転車で追い抜きざま女児の胸に触るという行動を繰り返し、児童自立支援施設に入所した。彼は非常におとなしく、親に抑え込まれているようで自己主張もできなかったため、「育てなおし」に力を注ぎ、自信と自己主張する力を身につけさせるよう働きかけがなされた。働きかけは効を奏し、彼は明るく元気になって家に帰った。しばらくして彼は、「元気に」自転車で隣の町に出かけ、再び同様の行為を繰り返すようになった。

もちろん、思春期には性の試みは行われる。しかし、「性の試み」とは、同世代との「同意」のうえでの性行動である。そして、その「同意」の中味については慎重に考慮する必要がある。同意を欠く、幼い子どもや弱い者を被害者とする性暴力行動については、「子どものいたずら」として簡単に見過ごすわけにはいかない。

成人の性犯罪者の約半数は、少年期に性犯罪を開始し、性的攻撃の程度やパターンが悪質化している。もちろんすべての性暴力少年がその暴力性を悪化させ、成人の性暴力者になるわけではないが、少年の性暴力行動は極めて習慣性が強く、それに気づいて介入と治療とを受けさせないと、再犯を行う危険性が高いと言わざるを得ない。性暴力に限らず、暴力は、自己中心的に、即座に欲求を充足させるという意味では、極めてパワーのある手段である。少年期に性暴力を行うようになるには、本人にとっては、性暴力によってのみ充足できると感じられている欲求が存在し、性暴力を振うことによって得られた欲求充足の体験が、その手段を捨て去ることを極めて困難にさせる。そして、攻撃性の強度と頻度は、適切な介入を受けなければ、そこからの満足を求めて次第に増悪することは理解可能であろう。また、性暴力というある意味簡便で効果的な手段を覚えてしまうと、他の社会的に適切な欲求充足手段を努力して獲得することがおろそかにされてしまい、ますます性暴力という手段に頼らざるを得なくなってくる。その意味では、性暴力は、薬物依存等と同様の「嗜癖化」という機制を有する。性暴力行動に「依存」し、初めは少量で得られていた満足が当初の刺激では徐々に得られなくなり（耐性）、求める刺激と行動がエスカレートしてくるのである。そうなってくると、確かにある意味では、「統制不能」といえるのかもしれない。しかし、この統制不能は、責任能力がないとか限定されているという意味ではない。彼の意識は清明である。ただし、後述するように、思考や認知はかなり歪んでくる。自らに都合のよいように現実を曲げて見るようになり、社会的に見るとその判断は極めて不適切になる。

性暴力の場合、習慣化を防ぐのに都合の悪い条件が山積している。まず性に関係する行動は、オープンに話しにくいという文化がある。まして性暴力ともなれば、加害者のみならず、被害者も性暴力体験について語らないことが、他の暴力や犯罪以上に多い。性暴力が露見して言い逃れようがなくなったとき、ほとんどの性暴力加害者は、「これが初めてです」と述べるが、匿名性を幾重にも担保し、司法ではなく精神医療の枠組みで行った調査では、一人の性犯罪者は生涯に三百八十人の被害者を出すと試算されている。ここでいう性犯罪は、「露出」や「わいせつ電話」等の比較的攻撃性の低い犯罪も含んでいて、また大勢の被害者が発生するたぐいのものではあるが、既述のように性暴力の習慣性は高く、露見して適切な介入を受けなければ、性暴力行動は徐々にエスカレートして、多くの被害者を出していくことになる。

性暴力加害者は、残念ながらというべきか、当然のことながらというべきか、自らを悔い改めることはなかなか期待できない。自らの性暴力行動に内心葛藤を抱いている者もいるにはいるが、それでも逮捕され、行ったことの責任をとることのハードルはあまりに高い。もし逮捕されたとしても、全力を尽くして言い逃れようとする。言い逃れが不可能になり犯行を認めたとしても、性暴力行動の合理化、言い訳を熱心に行い、しかもそれが合理化であり言い訳であることに本人は気づかない。彼らの認知は歪んでいるのである。当然、露見してしまった犯行以外の犯行は隠す。たとえば、捜査段階で数件の性犯罪を認めた性犯罪者に対し、嘘発見器（ポリグラフ）にかけることを告げ、「これが正直に申告する最後の機会であり、この機会を逃して、嘘発見器で発見された事件については罪が重くなる」ことを示唆すると、「実は他にもあります」と数件自供する。嘘発見器にかけた後、結果がどうであれ、「嘘をついていると出た」と告げると、「申し訳ありません。実は他にもあります」とさらに出てくるという具合である。

筆者としては、性暴力加害者たちの「悪質さ」を示そうとして、彼らが進んでは「正直に話さない」ということを述べたわけではない。現行の応報的司法の枠組みでは、加罰対象となるような犯罪行為を隠すこと、隠せる可能性があれば隠すという行動は、ある意味自然なことであり、もしそうした状況に置かれれば、ごく一般的な人びともそのように行動するのではないかと考える。加害者の立場になってみれば、露見直後は、保身と状況対応で精一杯で、被害者のことや自らの責任といったことには思いが至らないのが現実である。むしろ、隠しおおせる見込みが乏しいと思われる状況になったとき、言ったほうが得だと思うようになったとき、状況の変化に応じて行動を変化させることができることは、彼らが「計算できる」、自己の利害については合理的に判断できる、したがって働きかけの可能性があることを示していると考える。

性犯罪者といえば、見るからに「変態」とすぐわかる「変な人」、「気持ち悪い人」を想像するかもしれないが、実際にはそうではない。刑務所や少年院で性犯罪者たちのグループワークを実施すると、参加者たちがよく口にするのが、「みんな普通の人で驚いた。自分以外は皆変態かと思っていた」という感想である。もちろん性暴力加害者は多様である。知的に高い者もいれば低い者もいる。何らかの精神障害を併発している者もいる。出身家庭の経済的、文化的背景もさまざまである。性暴力以外の犯罪性も高い者もいれば、その他の犯罪性は低い者もいる。就業生活を維持している者、いない者、妻子を持つ者も持たない者もいる。矯正施設内では、礼儀正しく、職員の指示に従い、争いも起こさず、決まりも守り、つまりまったく問題なく生活でき、むしろ職業訓練や教育活動に熱心に取り組んで、何らかの資格等をとって出所していく者も多い。それだけに「問題」が見えにくい。そして、出所後、同様の性犯罪を行うことも多い。性暴力加害者には、性暴力行動の変化にターゲットを置いた介入と治療教育とが不可欠なのである。

その前提として、性暴力を知り、特定の加害者の性暴力行動を的確に評価（アセスメント）することが重要になる。アセスメントと治療教育の実際については、次章以降で詳述する。

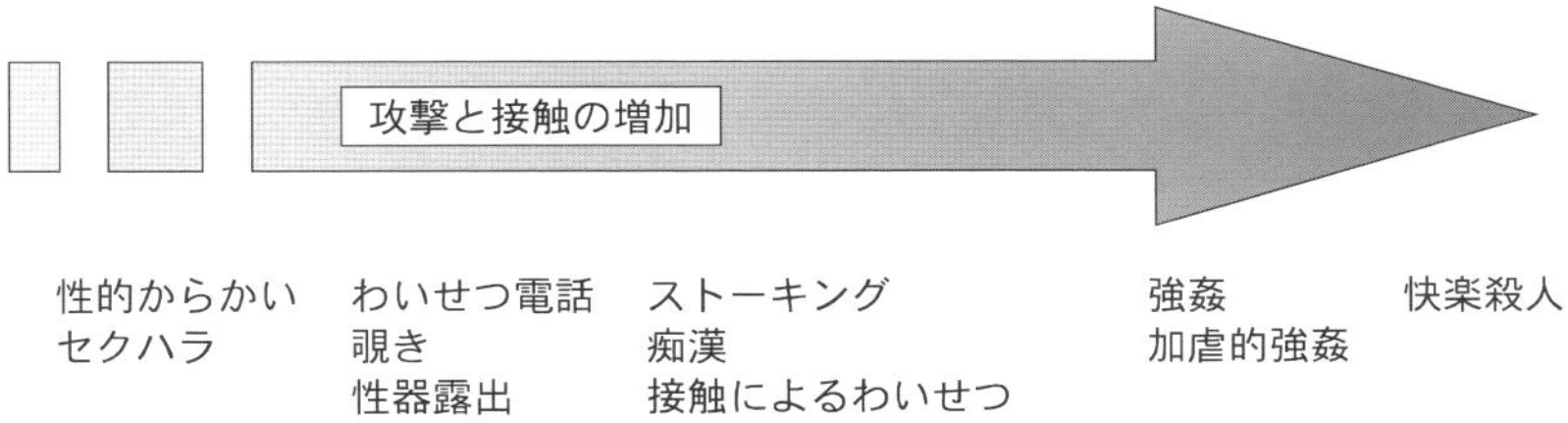

図1-1　性暴力加害の連続体（Ross，1994）

D　性暴力加害の連続体と性暴力行動変化の可能性

性犯罪を行った人びとも、行わない人びととそれほど変わらない面も多いのであるが、「性犯罪」というとほとんどの人にとっては、どこか別の世界の出来事と思われるのは無理もない。身近に性犯罪者はおいそれとはいないし、いたとすれば、「そんな人には見えなかった。ちゃんと挨拶するし、勤勉でよい人だった」と逮捕当初は驚いても、「裏の顔」である本性が見えなかっただけで、やはりそういう人だったのだと「納得」していく。そして、マスコミで、残酷な快楽殺人事件が報道されるたびに、「性犯罪者」の「モンスター」としてのイメージはできあがっていく。

たしかに、法律によって裁かれ、有罪判決を受けることはそれほど一般的なことではないし、ごく一部の快楽殺人者たちは社会にとって危険な存在である。また、司法概念としての性犯罪は、黒か白か、有罪か無罪か、1か0かのデジタルであり、有罪と認定された性犯罪者を「自分たちとはまったく違う存在」と見なすことを容易にさせる。性暴力を行う者は、自分とはまったく異なる存在であると認知していたほうが、心穏やかでもありうる。しかし、それは現実を見誤らせ、対処を誤らせる危険性が大きい。

図1-1に示されるように、「性暴力の連続体」は、性暴力は実際には断絶したカテゴリーではなく、日常それほど珍しくないような「性的からかい」や、間接的接触による「覗き」「下着盗」「わいせつ電話」「性器露出」、直接的接触による「痴

漢」「強制わいせつ」、そして攻撃性が増大する「強姦」、その極致にある「快楽殺人」は、その攻撃性の強度と被害者との接触の度合いによって量的には異なるが、性暴力としての本質は共有しているとする考え方である。であるからこそ、性暴力加害行動は、その攻撃性の程度においてエスカレートする傾向があると考えられる。もちろん、量の違いは質の違いにもなりうるが、性暴力を「普通」からまったく断絶したものとは考えにくい。攻撃や与える危害の大きさによって社会の対応は異なる必要があるが、性暴力行動変化のための働きかけを考慮する際には、司法概念としての性犯罪ではなく、臨床概念としての性暴力の連続体を念頭に置くことが重要になる。

性暴力はエスカレートする危険性があると述べたが、それでも全員が極めて高い攻撃性を示すというわけでもない。また、まことしやかに「性犯罪者は一生治らない」「治療は不可能である」と、一般の人びとや一部の専門家さえ口にする。たしかに性暴力は習慣性の強い行動傾向であり、変化は容易ではない。しかし、こうした「モンスター」「更生不能」という「ひとくくり」は、あまりに雑駁である。不適切なたとえではあるが、「ガン」は容易な病ではなく、死に至る危険性も高い「怖い」病気である。「ガン」と聞いただけで、「死」は逃れられないようなイメージを抱いている人もいまだに多いようだ。しかし、実際には、現在では「ガン」=死ではない。ガン細胞の種類等によっては、さまざまな治療方法があり、十年後の生存率が九〇%を越える場合もある。早期に発見され、適切な治療を受けることができれば、その確率がさらに高まる。また、たとえ生存率が二〇%であったとしても、二〇%は生存者がいるのであり、治療に向けて本人も努力し、医師や周囲の者も援助を惜しまないであろう。実は性犯罪も同様である。変化は困難であり、容易ならざる課題であることは否定しないが、さまざまな治療的介入の方法が開発されており、そうした働きかけを行うことによって、北米では再犯率を一〇〜三〇%程度低下させることができると評価されている。

今必要なことは、性暴力の攻撃性の高さや、再犯罪の危険因子と保護因子、変化の可能性等を的確に査定し、適切な治療および介入を提供していくことではあるまいか。たとえ、三割でも再犯を低減させることができれば、それだけ、被害者を減らすことができる。加害者と社会にとっても意味のあることであろう。

3　性暴力被害とは

性暴力を的確に理解するには、性被害を理解することが不可欠である。性暴力加害者の治療教育を行う一方で、性被害の実態を知り、性被害者の話を聞くことは、それほど容易なことではない。ときには、自身の拠って立つ軸が大きくぶれてしまい、知らなかったほうがよかったと思うこともある。それは被害者の支援を行おうとする者にとっても同様であろう。片側からだけの情報に拠っているほうが矛盾や葛藤を体験することなく、一貫した態度をとることが容易になるであろう。しかし、性暴力加害者の治療教育に関わろうとする者にとっては、性被害の実態と性被害者について知ることは不可欠である。それによってのみ、より適切な治療的介入を実践することが可能になると言っても過言ではない。性被害に関しては他にも多くの情報源があり（ガートナー、二〇〇五：ハーマン、一九九九：法務省法務総合研究所、二〇〇四：板谷、二〇〇〇：小西、一九九七：小西、二〇〇一：森田、一九九二：野坂、二〇〇五：吉田、二〇〇一）、それらを参照してほしいが、本書においても、性暴力加害を扱ううえで理解しておくべき点を中心に、簡単に触れる。

A　性暴力被害の実態

性暴力を含め、女性に対する暴力が白日の下にさらされ社会問題と認められるようになったのは、それほど昔のことではない。せいぜいここ三十年間ほどのことである。それまでは、犯罪学においては、すべてのデータは男性中心に集められ、理論は男性の犯罪を説明するために展開される一方、女性の犯罪行動ははずれ値として除外されてきた。被害者学においても、その始まりにおいては、犯罪行為における被害者の役割や特徴が探求され、被害者の特性に犯罪被害の責めが帰せられる傾向があった。そこでは、以下のような事実と異なる「神話」がまことしやかにささやかれていた。「神話」と「事実」をいくつか考えてみよう。

a　被害者が抵抗すれば、性被害を避けることができる

言外に、「被害者が抵抗しなかったから悪い」（あるいは性行為に同意した）というニュアンスがある。しかし、性暴力加害者は暴力あるいは暴力の脅しを巧みに使う。凶器や身体的暴力を用いれば女性が抵抗することは不可能に近いし、実際に暴力を振わずとも、ちょっとした言動で被害者の抵抗を不能にさせることは、加害者にとってはたやすい。たとえば、夜間、暗闇で、他の人のいない場所で、後ろから「おい」と声をかければ、それだけで被害者は「凍りついてしまい」、無力な状態に置かれてしまう。「おい」という一言は、身体暴力は振っていないし、「脅して」さえない。加害者が自他に対して、乱暴なことはしていないと合理化をすることは容易である。この手口で性犯罪を行っていた青年が、他の暴走族との対立抗争中に、自分が暗闇で「おい」と声をかけられ、恐怖で凍りついて初めて被害者の「恐怖」がわかった気がしたと述べていた。男性でも同様の状況で「凍りつく」のである。性暴力加害は習慣性が強く、繰り返しながら手口を洗練し、目的を達成するスキルを磨いていく。いわばプロの猟師に狙われた素人の被害者は、ひとたまりもない。暴力と支配に長けた者は、眉を一つ動かすだけで、被害者の力を奪うことができるのである。

b　若い女性、きれいな人、服装が派手など、特定のタイプの女性だけが被害にあう

筆者の経験の限りでは、十代の性犯罪者の被害者は六十歳代の女性であった。カナダ連邦矯正局の被害者の最高齢は、八十六歳と聞いた。詳細は別に記した（藤岡、二〇〇二）ので省略するが、筆者自身すでにおばさんに

なってから、性被害にあいそうになったことがある。きれいではなく、化粧もしておらず、ジーパンとセーターというカジュアルな服装であった。なるほど、誰でも狙われるのだと得心した。端的に言えば、「より弱そうに見える者」「やれそうな状況にいる者」が狙われる。当然のことながら、けっして「被害者の落ち度」などではない。強盗の被害者が「立派な服を着ていたから」などとは言われないのに、性暴力の被害者が、「短いスカートをはいていたから」などと言われるとしたら、それは奇妙なことであり、それ自体が二次被害をもたらす「暴力」であろう。

「より弱い者（弱そうに見える者）」が狙われるので、現実には男児や少年の被害者も多い。本書では正面からは取り上げないが、性犯罪少年のグループワークでは、彼ら自身の性被害体験を聞くことは、それほど珍しいことではない。その場合、加害者は男性であることも多いが、年長あるいは何らかの意味でよりパワーの強い女性（たち）であることもある。たとえば、ある少年院で実施した性犯罪者のグループワークでは、五名のメンバー中、三名が性被害体験を語った。女児に対する強制わいせつ行為を行ったある少年は、幼少時に「お兄ちゃん」に物陰に連れ込まれて男性器をなめさせられ、顔射されたという被害体験がある。少年院に入って、生い立ちに関する作文を課題として与えられ、小学校入学前後のことが霧にかかったように「思い出せず」、一生懸命考えているうちにその被害体験を「思い出した」というのである。「事実」を確認することはできず、「偽りの記憶」を疑うことも可能ではあるが、そうした被害事実があったとしても不思議ではない。女子中学生に対する強制わいせつ行為を行った少年は、中学生のころ同級の女生徒たちにいじめられ、机をベランダに放り出され、男性器に対する「からかい」を受け続けた。彼が怒って追いかけると、女生徒たちは女子トイレに逃げ込み、あきらめきれない彼が女子トイレの前をうろうろしていると、「先生、○○くんが女子トイレ覗くんです」と訴えられ、彼は先生に叱られ、また「へんた〜い」とはやしたてられる。輪姦で入院していた少年は、中学生時、女子の先輩二人に酒を飲まされ、強姦されて、「誰かに話したら、私たちが強姦されたと訴える。みな私たちの言うことを信じるだろう」と口止めされた。彼はこのことを誰にも言えず、かつ男性器を刺激されて勃起してしまった自分を情けなく思っていた。男性の性被害は、女性以上に「人には言えない」ことや、男性としての同一性を傷つけることで、深刻な衝撃を与えることになりうる。

c　性被害を受けたら誰かに話すだろう

性犯罪は非常に暗数の多い犯罪であり、正確な数字を出すことは難しいが、警察への通報率は十数%程度であろうと試算されている。また周囲の人びとに話すことも少ない。「たいしたことではないと言われてしまいそう」「話してもどうにもならない」「信じてもらえない」「かえって非難される」「恥ずかしい」などが言わない理由としては挙げられており、いわゆる「二次被害」の影響が大きい。

d　女性は強姦されることを空想する

いるかもしれない。ただし、大事なのは、空想は空想する人が状況を支配できるということである。現実の性被害においては、被害者は加害者に支配される。

e　女性は「『嫌よ、嫌よ』も好きのうち」である

これもあるかもしれない。しかし、加害者は、被害者の言動を自分に都合のよいように「見誤る」人たちである。また、「ノー」を「イエス」に変えさせるべく圧力をかける。「ノー」は「ノー」と考えたほうがよい。

B　性暴力被害の連続体

男性の視点からのみ構築された犯罪学や被害者学に多くの疑問を投げかけたのは、一九六〇年代の米国におい

て発展した女性学的犯罪学および被害者学である。彼女たちは多くの「自明」に挑戦した。「なぜ犯罪者のほとんどは男性であるのか」「そしてそのことに、なぜこれまで誰も着目しなかったのか」という疑問から始まり、伝統的犯罪学における、調査を主たる研究方法とする、実証主義の一見「客観的」な方法論を批判し、他方、DVやレイプの被害者、あるいは女性犯罪者に対する草の根的支援の実践体験から、加害者と被害者の生活経験に焦点を当て、これまで「見えなくされていた」多くの暴力被害の実態を明らかにしていった（Rafter & Heidensohn, 1995）。

スタンコ（Stanko, 1985）によれば、「暴力被害は、女性にとっては、ごく普通の体験」である。「ほとんどの社会でほとんどの時代、女性であることは、男性によって身体的・性的に暴力を受けることとである。知らない男性に気をつけろとは言われるが、知っている男性に気をつけろとは言われない。しかし、実際に女性が暴力被害を受けるのは、身近な男性からでもあり、日常生活で暴力は普通に生じている。すべての女性にとって、男性からの暴力被害を受けることは現実的な危険であり、暴力とその脅しによって、女性は自由と自律性とを奪われている」と彼女は述べる。米国および英国の調査では、女性の約六割が何らかの性被害を受けたことがあり、そのうち強姦（既遂）の被害率は一五・四％である（男性も四・四％あるが）。

日本ではどうであろうか。日本でも主として大学生を対象に、一九九〇年代にいくつかの性被害実態調査が行われた。それらの調査はおおむね同様の結果を示しており、女子大学生の過半数（五、六割）が、「無理やりお尻、胸、背中など体を触られた」被害にあったことがあり、強姦（既遂）も二％弱の被害経験率を示している。公的統計による性被害率は、性被害の定義が狭いことおよび通報率が低いことから、平成十五年の強姦で、女性十万人あたり三・八人（〇・〇〇三八％）と低くなっているが（法務省法務総合研究所、二〇〇四）、欧米の調査にならい「意に反した性行為」と定義し、本人の申告による調査では、欧米に近い性被害体験率が示されている。強姦の体験率が欧米に比してかなり低くなっているが、強姦の多くを占める「デートレイプ」が、日本ではまだ認識されていなかったためではないかと考えられている（小西、一九九七）。

高校生を対象とした、より最近の野坂（二〇〇五）の調査では、何らかの性暴力被害を受けたことがあるのは、女子の六三％、男子の二九％に及び、女子では最も多かった被害が、「無理やり体を触られたり、抱きつかれた」で三七％であり、強姦の被害率は、五・三％であった。欧米でも日本でも過半数の女性が性暴力被害にあい、また男性の被害者も珍しくはないことが実証されてきている。それでもなお、性暴力被害に関する「事実」を否定し、それ以上考えようともしないとしたら、それは「被害が見えなくされている」からであるかもしれない。

たとえば、男性の性器露出は、日本でも女性の四割前後が被害体験のある比較的「ありふれた」性暴力であるが、伝統的な犯罪学では比較的暴力性が低いと見なされ、加害者はおとなしく気弱で、それ以上は何もできない「かわいそうな」人びとと見なされ、放置されがちであった。しかし、暴力の程度が比較的軽い性暴力から暴力が次第にエスカレートしていくことが、「性暴力加害の連続体」として明らかになっている。また、「比較的暴力性が軽い」とはいうものの、女性に与える影響として、「被害者は、加害男性が次にやろうとしていることを恐れ、死の恐怖を抱くことがありうる」ことを、被害者のインタビュー調査からマクニール（二〇〇一）は見出した。彼女によれば、ある女性は三回「性器露出」の被害を受けていた。一度は、昼間友人と街を歩いている際に、前方から歩いてきた男性が性器を露出していた。そのときの彼女の体験は、「ショック」ではあるが友人たちとそのショックを語り合うこともできた。ところが二度目の被害では、真夜中一人で、人気のない逃げ道のない一本道を歩いているとき、前方から屈強な男性が露出した性器を触り、ニヤニヤしながら彼女の顔を見据えて歩いてきた。そのとき被害者が感じたのは、「通り過ぎる瞬間飛びかかられ、強姦され、殺される」という「死の恐怖」であった。三度目は、夕方一人で街を歩いている際、民家の軒先に老人が座り込み、男性器を露出してマスターベーションをしていた。そのとき彼女が感じたのは、近くの精神病院の患者さんかもしれない、気

図1-2　性暴力被害の連続体（ケリー，2001）

の毒に、という「同情」である。一人の女性の同じ「露出被害」でも、その体験は、置かれた状況によって非常に異なる。犯行が、他に人がいるところで、昼間行われ、加害者が弱々しく見える場合は、被害者は加害者の行為を「滑稽」と感じる余裕を持つこともありうるが、夜間、人気のない場所で、男性加害者が自慰をしたり、ニヤニヤと顔や身体を見るなど女性を怖がらせることで性的興奮を得ようとしている場合には、「露出の次には飛びかかられ」、さらにはレイプや殺される恐怖を感じても不思議ではない。被害体験には現実的な危険性の評価、つまり「暴力の脅し」が影響しているのである。確かに女性は、自覚している以上に暴力とその脅しに対して恐れを感じ、「自衛」する必要を感じているのかもしれない。夜道を一人で歩かないこと、歩く際には早足でまっすぐ前を見て、きちんとした服装でさっそうと歩くこと、単独でのハイキングやヒッチハイクなどとんでもない、そういった「常識」である。男性は性犯罪者に間違われないために、夜道で女性の後ろを歩くこと、電車で女性に密接すること、エレベーターで女性と二人きりになることといった「些細な」自由の制限にさえ不満を述べるのに、女性は、自由に対する制限を受け入れ、その結果、制限を受け入れている自分を一種劣った存在と見なしていくと、マクニール（二〇〇一）は、考えている。

ケリー（二〇〇一）は、異性間の性行為からレイプまでを、「男性が女性を支配するためにさまざまな虐待、強制、力を用いる」という共通の性質を有する、容易には分けられない一連の事柄として女性が体験していることを、インタビュー調査から見出し、「性暴力被害の連続体」（図1-2）と名づけた。彼女によれば、異性間の性行為の経験は合意かレイプかではなく、圧力、脅し、強制、力ずくの連続体であり、非常に多くの女性が、「ノーというのに罪悪感を感じる」ことや、「するよりしないほうが、さらに悪い結果をもたらす」という理由で、性行為を行っている。たとえば、少女がボーイフレンドに性行為をしようという「圧力」をかけられ、彼女自身は本当はしたくなかったとしても、「彼が望み、それで喜ぶならそれが私にとっても喜び」と考え、あるいは「しないと彼を失うかもしれない」と恐れ、あるいは「みんなしてるし、早くしちゃったほうがよい。彼を好きだし」と考え、性行為に「同意」することはありうる。あるいは、妻が夫からの性行為を拒否すると、「誰のおかげで食べられると思っているんだ。性行為は妻の役目だ。果たさないなら生活費は入れない」と脅され、あるいは一晩中機嫌が悪く怒っている。だとすればほんの少し「我慢」して性行為に応じれば、応じないより「よい結果」になると思い、性行為に応じるといったことはありうることであろう。さらに暴力の程度が大きくなれば、「力ずく」となる。「圧力」と「力ずく」では一見異なるように見えるかもしれないが、自身の感情や欲求ではなく、相手の男性の感情や欲求によってのみ性行為を行っているという点では共通している。暴力をこうした「自由への侵害」ととらえるなら、ほぼ一〇〇%の女性は、何らかの性暴力を一度は体験していると言われても首肯できよう。性暴力被害を快楽殺人や強姦の被害といった激しい身体暴力を伴う、かつ法によって裁かれた犯罪被害としてのみ考えていると、「性暴力被害の連続体」が看過され、見えなくなりがちであるのかもしれない。

4　関係性の病としての性暴力――感情‐認知‐行動の悪循環

「性暴力」は対人関係において問題となる「行動」である。したがって、この問題に適切に対処するためには、二つのことを念頭に置く必要がある。一つは、「関係」において生じる問題であるので、個人の内界だけを対象とするアプローチでは把握しきれないということである。精神医学や心理学的理解だけでは不十分であり、そこに「社会」や「文化」という視点が不可欠になる。二つには、「行動」と、それを支えている認知、感情そして自己と他者の問題を取り上げていくことが効果的であるということである。

A　性犯罪少年における発達障害と愛着障害

近年、性非行少年やいわゆる「いきなり型」の重大犯罪を起こした少年に対し、アスペルガーや広汎性発達障害という診断名が、精神鑑定等でつけられることが多い。「疑い」まで入れると、それまでほかにこれといった非行歴が表に出ておらず、知能は普通域にあってそこそこ勉強もでき、家庭にもこれといった「問題」が見られない、つまり「よくわからない」非行には、ほとんどこの精神障害名がつけられているような印象さえ受ける。発達障害という病名が一般化する以前は、精神分裂病（統合失調症）の疑いあるいは前駆症状の可能性、あるいは人格障害としての精神分裂気質といった診断名がしばしばつけられていた。両者に共通するのは、感情の動かなさ・平板さ、対人関係の不適切さ、運動機能の不器用さといった傾向が顕著に見られることである。そして、「発達障害」には生得的な脳機能上の障害が前提とされている。

しかし、責任能力の有無といった鑑定を行うことだけが目的であるのならばともかく、性暴力行動の変化に向けて働きかけを行うことを目的とするのであれば、「発達障害ゆえに性犯罪が生じました。発達障害の治療が必要です」では終わらないことは確かであろう。まず問題となるのは、発達障害を有する者が、必ずしも犯罪行動を行うわけではないことである。独特の認知様式、感情の乏しさ、そこから生じる対人関係と自己評価の問題から社会不適応が生じやすくなり、結果として犯罪行動に陥るということはありうる仮説ではあろう。発達障害があっても、家族や学校などのサポートを適切に得られれば、適応に問題が生じることが少なく、したがって犯罪行動も生じないということは考えうる。暴力非行の危険因子と保護因子に関する研究では、出生時の脳機能障害が認められること、あるいはいわゆる「難しい子ども」（育てにくい子ども）であることは、その後の暴力犯罪の危険因子であるが、同時に家族の養育機能が良好である場合はそれが保護因子として働き、その後の犯罪行動の発現は抑えられている（Loeber & Farrington, 1998）。

より具体的に、どのような要因、心的機能、価値観・態度が性暴力を振るうか振るわないかを分けるのであろう。もし、発達障害が克服されれば、性暴力もそれに伴って自動的に消失すると見なしてよいのであろうか。性暴力傾向が比較的早期に発見され、攻撃性も比較的低く、本人が暴力行為を認めて、責任を負う態度を示しており、家族等周囲の支援も十分に期待できるという好条件がそろえば、発達障害の治療＝性暴力行動の収束ということもあるかもしれない。しかし、それらの好条件が整わない場合、性犯罪を行った者に発達障害が認められたとしても、それは治療教育を行う際に発達障害の治療も行うべきであるということを示しているだけであり、「性暴力行動」そのものの変化への働きかけもまた、別の次元として行われるべきであると筆者は考えている。

発達障害の中核群は確実に存在するし、それらの原因の解明や療育方法の発展が、最終的には性暴力やその他さまざまな非行・犯罪の理解や治療教育方法の展開にもつながるであろうと期待される。しかし、何か非行・犯罪を起こした後で、本人の過去をさかのぼり、そのうえ幼児期までのはっきりした発達障害の特徴を見ることもなく、性格上・行動上の特徴からのみ診断すると、性犯罪者に「発達障害」の過剰診断が生じる危険性があると筆者は危惧している。しかも、現状では残念ながら、「発達障害」の診断をつけることによって、性暴力に対する治療教育的働きかけがおろそかにされる危険性が高くなる。「発達障害の治療（のみ）が必要である」あるいは下手をすると、「発達障害だから仕方ない」という主張にさえつながりかねない。

逆に、発達障害の診断を受けていない性犯罪者たちと接していると、ほぼ全員に発達障害の特徴に類似した「独特の認知様式、感情の乏しさ、そこから生じる対人関係と自己評価の問題」が四点セットのように認められる。彼らは全員、未診断の隠れた発達障害者たちなのであろうか。この四点セットは、発達障害のある者に限らず、愛着障害のある者にも生じる傾向である。愛着障害というとすぐに「虐待」を連想する臨床家も多いであろう。事実、性非行と被虐待体験、特に性虐待あるいは性被害との関連は多くの研究者たちの関心をひき、両者には中程度の相関関係があるが、すべての性犯罪者に被虐待体験があるわけではなく、もちろん被虐待体験者がすべて虐待者になるわけではない、むしろならない者のほうが多いとされている。

もう一つ注意するべきは、性暴力者たちの「愛着障害」は、いわゆる派手な身体的虐待や性的虐待とは異なり、もっと微妙なものであることが多いという印象があることである。特に性暴力以外の犯罪傾向が比較的低い者たちは、衣食住には困らず、ある意味ではむしろ「大事に」育てられ、殴られたりひどい目に合わされたりはしていない者も多いようだ。だからといって、本人自身が情緒的な安定感や満足感、生きている実感を得ていたかというと、そうではないところに難しさがあるように思える。

発達障害からくる四点セットと愛着障害からくる四点セットは、残念ながらなかなか区別がつかない。しかも性暴力行動を起こすに至った場合、両者は並存していることも多い。もともと発達障害があって、家族の守りが弱く、そのうえ「いじめ」にもあって、ますます「感情・思考・自己評価・対人関係」のあり方が性暴力に向いてくるといった流れがあるように思われる。いずれにせよ、思春期における精神障害の確定診断には困難さが伴うが、はたしてある特定の少年の四点セットが、発達障害に起因するのか、愛着障害に起因するのか、あるいは両者が混在しているのか、治療経過を見ないと確定できないという印象が筆者には強い。

現時点では、性犯罪者の治療教育を行う際は、何が原因かということより、現象としての性暴力行動、それを支えている認知の歪み、その背景にある感情交流の困難さ、そしてそこから生じる自己概念と対人関係の不適切さに焦点を当てていくことが、まず必要であると筆者は考えている。詳しくは第3章に述べるが、この四点を中心として性暴力行動変化に焦点を当てた基本プランに、その人の特性に応じた方法、たとえば知的障害がある人、発達障害がある人、他の犯罪性も高い人等のニーズに応じたメニューを加えて、個々の治療教育プランを作成することが適切であると考えている。

B　性暴力者のタイプと治療教育プラン

性暴力者を類型化して、それに応じた治療教育プログラムを充てるという考え方も可能である。類型化にはさまざまな分類基準が可能で、たとえば、性暴力行為の種類によって、「強姦」「子どもわいせつ」「輪姦」といった分け方をするのもわかりやすいかもしれない。たしかに、強姦犯と子どもわいせつ犯とでは、接した際に受ける印象が大きく異なることが多い。強姦犯はマッチョで怒りが前面に出ているか、あるいは社交的でそつがないという印象を与えることが多いが、子どもわいせつ犯は、おとなしく、気弱な感じで、不安が前に出ていることが多い。「輪姦」ともなれば、「仲間内の序列が重要な要因で、単独の性犯罪者とは分けて考えるべきである」という主張さえある。とはいうものの、相手の感情や欲求を無視し、自身の感情や欲求にのみ基づいて「性暴力」を振うという意味では共通項が見られ、治療教育を考える際には、行為の種類という分類基準はさして有効ではないと筆者は考えている。もちろんグループを作って性暴力に対する働きかけを行う場合、行為の種類によってグループを作成するという可能性はある。できるだけ似たタイプのメンバーを集めるほうが、初期のグループ作りという点では一利ある。ただし、初期のグループ作りさえうまくできれば、より類似点が少なく、しかし「性暴力」の共通項を有している異なる犯行形態のメンバーから成るグループのほうが、よりさまざまな視点が提供されて、より実りが大きいということもありうる。

治療教育を考える際には、類型化というよりは、「性暴力の機制」を念頭に置くとより有益であるように思える。筆者の限られた臨床経験に基づく仮のものにすぎないが、性暴力行動の変化に焦点を当てた基本プランに加えて、どのようなメニューを追加するべきか、あるいは基本プランのどのような点を強調するべきかを考える際に、以下の四つのタイプを念頭に置くことが多い。一つは、性暴力のみならず他の犯罪性も高い者たちである。彼らは、一般の犯罪者たちと共通の向犯罪的価値観、生活態度を有し、盗みや傷害もすれば強姦もするといった人たちである。彼らの矯正は極めて困難で，現状では伝統的な拘禁の枠組みのなかで，性暴力に対する「矯正教育」を行うことが適切であろう。彼らに対しては，基本プランに加え，一般の犯罪性に対する働きかけが不可欠になる。二つめは，その他の犯罪性は比較的低く，生活観・価値観はおおむね一般的であるが，性暴力だけは続いているというタイプである。背景に，愛着障害に基づく「関係性」の障害と，性暴力行動への嗜癖が認められることが多い。攻撃性が比較的低い場合は一般社会や保護観察中の者に，比較的高い場合は少年院や少年刑務所，刑務所でよく見られる。本書の主たるターゲットはこのタイプである。三つめは，発達障害，知的障害を前提に治療教育を行うことが重要な者である。より低年齢の対象者を扱う児童相談所や児童自立支援施設で，目にすることが多いという印象がある。この場合，基本プログラムに加えて，発達障害，知的障害に対する療育が重要になる。現在の欧米における性犯罪者治療教育プログラムは，成人の性犯罪者向けのプログラムをほとんど検討することなく性犯罪少年にも適応しているが，より年少であればあるほど，「発達障害」の視点が重要になってくると言えるであろう。最後に，狭義の精神障害があり，現実検討と衝動の自己統制に問題を抱える人たちがいる。この人たちには，精神病院あるいは司法精神病院での治療が優先され，そこに性暴力行動変化への働きかけが追加されることが適切であろう。もちろんこれらのタイプは断絶したものではなく，個別の治療教育プランを考える際の一つの目安である。

C　性暴力行動を支える認知と感情のサイクル，そして自己評価と対人関係

こうした言葉の使い方は一般的ではなく，無用な誤解を生じさせる危険性があるが，筆者としては，性暴力を含む非行・犯罪行動は，広い意味での「発達上のつまづき」であると考えている。その基盤に生得的，生物学的要素がどのくらいの重みを持っているかは別にして，彼らの認知，感情，自己評価，対人関係の持ち方は，標準と呼ばれる多数派の人びととまったく異なった異常なものというよりは，むしろ，より「幼く」「未成熟」なも

のであるという考え方である。大脳生理学的基盤を持つ発達障害を有していたとしても、その個人が性暴力行動を行うに至るには、それなりの「認知、感情、自己評価、対人関係の持ち方」のセットがあり、それは「生い立ち」のなかで、彼が体験する「関係性」のなかで体得していくものであると考えている。人との関係性を支えるものは、その関係をもつ個人であり、性暴力を「一般の性的満足とは異なる、性を通じての暴力」として理解するのであれば、その原因が何であれ、そこには自己と他者という関係性の問題があることが推察できる。大河原（二〇〇四）は、「怒りをコントロールできない子」の感情の発達について述べているが、性暴力行動のみならず、「暴力行動」が続く人たちには、この感情と関係性の発達の問題が根底にあると考える。

以下は特定の事例ではなく、「ありそうな」事例である。性犯罪少年たちは、驚くほどよく似ている。たとえば、十代後半で、他に非行行動は表面化しておらず、比較的勉強ができ、「普通の」家族がいて、特に問題はないと思われていた少年が、ある日「性非行」で逮捕されて周囲が驚く。はじめは「やっていない」と否認していたが、じっくり取り調べられて「観念」したのか、「やってきたこと」を話し出す。そうすると、発覚した事件の数カ月前あるいはそれ以前から、深夜徘徊、下着泥棒、覗き、盗撮等の行動が続いており、インターネットやアニメ、ビデオといったメディアを介して性的刺激を求め、マスターベーションにふけっており、彼の生活と頭の中は「セックス」でいっぱいであったことが判明する（行動）。逮捕された彼は後悔しているようで、被害者に「申し訳ないことをした」と謝罪の言葉を述べるが、言葉にするかしないかは別にして、「被害者はいやがっていなかった」と本気で考えている（認知）。彼の生活をより詳細に見てみると、敷かれたレールからはこれまであまりはみ出ることはなく、あまり反抗することもなく、言われたとおりに「勉強」しており、親は「無理に勉強させていた」とは感じていない。彼自身「無理に勉強させられていた」とはあまり感じていない。ストレスもあまり感じていない。ストレスも感じていないが生きている実感も乏しい。生活の幅や経験も非常に限られている。「頭でっかち」で、素直で率直な感情表現はほとんど見られない（感情）。こういう人といてもあまり楽しくないためか、友達はほとんどいない。「彼女」はいることもある。男友達より女友達といるほうが気楽なようだ。日頃はあまり自己主張はしない。しかし、ときどき他からは理解できないところで、突然一方的な自己主張をし、それが通らないと非常に不満を持つ。それぞれの主張を調整し、どこか適切なところで妥協するということは苦手なようだ（対人関係）。自己評価は、「僕はすごい」と「まったく駄目」の間で反転する。日頃は「けっこうやれる」と思っていて、得意な分野では、はりきる。しかし、苦手なことは徹底して避け、やってみようとさえしない。避けきれず、あるいは予期せず失敗するとへこんでしまい、しかしへこんでいることを人に悟られるのはプライドが許さない。一人で自分の思い通りになるファンタジー、多くは性的ファンタジーと自慰による興奮に逃げ、それにふける（自己評価）。

保護者は、多くの場合「まとも」で、被害者への謝罪や被害弁償を口にする。衣食住には困っていない。しかし「何らかの理由」で、幼いころから子どもの自由な感情表現、特に怒りや不安、さびしさといった否定的な感情の表現や自己主張は抑えている。たとえば、家庭内にあまり表面化はしない冷たい不和・葛藤があり、子どもはそれ以上「冷たさ」を増強しないよう、「わがままを言わない」、「よい子でいる」。あるいは、家族に「失業」、「病気」などの大きな困難が降りかかっていて、子どもは、親が大変なことがわかるので「よい子でいる」。親はそうした子どもを「問題ない」と見る。親子間でも「気持ちのやり取り」や、お互いの欲求や都合の調整はあまり行われていないように思われることが多い。生身でぶつかり合うことは親子とも苦手のようだ。ありのままに表現しても受け入れられないという感じがあって子どもは表現しなくなり、表現しないことによって親はますます気づかなくなり、それによって子どもはますます気持ちを表現しなくなる。特に父親が、冷たく拒否的であるか、無関心である、あるいは存在が薄いと子どもには感じられていることが多い。そのことが男性としての自信のなさにもつながっている。男性として、女性と対等で協力的な関係をいかに持つかというモデルの存在は、極めて重要であると感じる。

とはいうものの、親としては、かわいがっていないというわけではなく、逆に子どもの欲求をそのまま通してしまっていることも多いように思える。ある意味で過保護で、子どもにあまり「手を汚させない」、「自分で自分の尻拭いをさせない」。子どもは、生活能力や生活実感に乏しく、自分の視点からしかものを見ることが難しい「ぼくちゃん」のままで、身体だけ大きくなる。こうした彼らにとって、「勉強」していればよいのは楽である。やることが決まっているし、教科書や参考書はあるし、勉強していれば他の厄介なことをやらない言い訳になって、しかも「認められる」。彼らがつまづくのは、競争し、葛藤する同性仲間集団との関係であり、自分の思い通りにならない「(否定的)感情」や「欲求」である。親や自分の敷いた路線どおりに進んでいるうちはよいが、遅かれ早かれ、「失敗」はやってくる。「失敗」のない人生などあり得ないが、彼らは失敗したときに、そこから生じる否定的感情や否定的自己評価を持ちこたえられず、かといって気持ちを通わす友人関係や親子関係も乏しく、ますます孤立して、自分に都合のよい独善的な思考を発展させ、メディアの助けを貸りて秘かに性的ファンタジーにふけり、ついには性暴力行動を起こす。その行動化がうまくいっているときは（捕まらないときは）、どきどき、わくわくして、初めて「生きている実感」や手ごたえを体験していることが多い。「まずい」とは思っても、やめられないゆえんである。

ただし、逮捕されれば、一転して以前以上の「みじめさ」に陥る。そのときが「働きかけ」の好機である。とはいうものの、性暴力行動化による「うまくいった（自分のみじめさや問題に目を向けずにすんで力がみなぎる感じを持つことができた）」経験が多ければ多いほど、たとえ失敗して施設に収容されようと、少し嫌なことがあればすぐに以前使っていた「気晴らし」に逃げ込む癖がついている。人間の頭の中は他人には見えないので、意に沿わない状況、ストレスの高い状況では、性的ファンタジーを頭に浮かべて現実をやり過ごしたり、犯行を思い出してトイレでマスターベーションをするといった対処を続ける。こうした「逃げ」の方法についても、本人にそれと自覚させ、本人自身の努力によって性暴力行動を変化させていくよう動機づけ、方向づけを行っていくことが不可欠なのである。

もちろん、外から見ても家族や生育状況に恵まれていない性犯罪者も多い。社会経済的に恵まれていないとか、保護者に遺棄・放任されたり、虐待されたり、不安定な家族関係のなかで生育しているような場合である。そのうえ、身体的、知的な資質にも恵まれず、早い時期からずっと「うまくいかない」感じを強め続ける場合、性暴力行動以外の犯罪傾向が高い可能性も大きくなってくる。あるいは周囲からの最後の支えをなくした、あるいはうまくいかないことが重なりこの先何をやっても無駄と絶望した場合には、自暴自棄になり、その人のそれまでの攻撃性を超えた重大な攻撃行動を起こす危険性も高まる。感情‐認知‐行動の悪循環が回っている場合、彼らは人からの援助や暖かさは文字通り「見えない」、「聞こえない」状態になってる。何をされても、されなくても他からの軽蔑や敵意、あるいはよくて無関心のみを認め、それまでの人は信用できない、自分ばかりが割りを食っているという、深くなじんだ、ゆがんだ考えを強化していくのである。その果てに「攻撃行動」が出現する。

性暴力者と身体暴力者とは重なることも多いが、性暴力という手段を使う人は、たとえ外から見ると冷酷非道な犯行でも、あるいは「ゆがんでいる」としか言えない感情や思考でも、本人としては自覚するしないにかかわらず、心のどこかに、（性暴力の対象が女性である場合）特に女性への甘えと、依存、接触欲求を残しており、男性同士の「切っていく」関係になじめない人が多いという印象がある。身体的に、男性同士の身体暴力では分が悪いということも多い。一見「マッチョ」な強姦犯でさえ、不適切な表現であろうが、実際には「女々しい」という印象を筆者は持っている。母や祖母、叔母あるいは女教師といった存在に、わずかでも「やさしくしてもらった」思いがあり、しかし、対等な男性として女性と関わるのではなく、現実にはあり得ない過大な甘えが満たされることを期待する。本人は身体だけ大きくて駄々っ子の赤ん坊のように、無力で無責任である。主体的に問題や課題に取り組むとか、責任を持ってやり遂げるといったことはできないので一人前と認められないのだが、本人は自分のやり方を変えようと努力するより、失敗を裁き、厳しく評価、叱責する男性を恐怖し、忌避することが多い。

文化的に、男性が自らの男らしさを傷つけずに他人と接触できるのは、性行為の際のみである。女性との性行為であれば、場合によっては自らの「男らしさ」を示すことさえ可能である。性暴力行動はやはり男性に多い。生物学的な要因も基盤にあろうが、加えて文化・社会的要因も無視できないであろう。男の子が家族の保護および支配から徐々に抜け出し、同性同年齢集団のなかでの競争や切磋琢磨のなかで主体性を身につけ、女性と対等な信頼関係を築いて、自他への責任を果たす行動をとれるようになるのは、多くの人が実行していることであるとはいえ、さまざまな困難もありうる。「親はなくとも子は育つ」と言うが、それは他の家族や学校の先生、雇用主、地域社会の人びとが親に代わって育ててくれたのであろう。簡単で、自然に育つように見えて、責任ある行動をとれるようになるには、幼少期からの適切な「教育」や支援、見守ることが必要なのであろう。

個々の性暴力者には、性格、知能、家族・生育状況、その他において、それぞれのニュアンスの違いがある。しかし、思春期以降における性暴力行動を一旦（逮捕等によって）抑えこみ、じっくりその背景にある考え方を聞いていくと、性暴力を合理化する認知の歪みが必ず認められ、さらにその奥には、前思春期までに積み重ねられてきた感情の抑圧あるいは麻痺の問題と、ゼロか百かで不安定に反転する自己評価と、調整が苦手で一方的になりがちな対人関係の問題が潜んでいる。自分の気持ちや考えをありのままに表現したり認められる体験が少なかったし、相手のそれを聞くことも難しい。相手の欲求や感情を認めると、それはイコール自分の感情や欲求を否定されることにつながる感じがして、十分に聞くことができないのであろう。

詳細は第3章に述べるが、本書においては、性暴力行動を「性を通じての対人暴力」としてとらえ、それはそうなりやすい、なりにくいという器質的および気質的個別要因は認められるものの、基本的には幼少時期以来の対人関係その他の経験による感情-思考-行動の連鎖としてとらえ、他者と気持ちや考えをやり取りする力を育成し、自己評価を現実的な範囲で安定させ、対等で信頼に基づく対人関係を持つ力を伸長させると同時に、「性暴力行動」に至る一人ひとりの連鎖を認識することによって脱学習し、新たな対処方法を習得することを主眼としている。その意味で、医学的あるいは心理療法における治療とは異なり、本人の持てる力の育成を支援する「治療教育」であると考えている。

第2章　性暴力のアセスメント

性暴力の治療教育は、アセスメント（評価）から始まるといっても過言ではない。現在の日本では、性暴力の治療教育そのものがあまり一般的ではなく、法務省の機関で、確定した受刑者あるいは保護観察中の者に対し、ようやく行われはじめたところである。特別な受け皿がなかったので、特別なアセスメントもなかったというところであろうか。性犯罪者や性非行少年を比較的多く扱う法務省関連の専門家においてさえ、性犯罪者に対する特別なアセスメントのスキルや尺度が周知されるようになってきたのは最近のことである。ましてや一般の臨床や教育場面においては、たとえ性暴力が大きな問題となる場面であっても、一般的な性格や精神疾患の有無に関する評価で終わっていることがほとんどである。もちろん、性暴力に対する治療教育を行うためのアセスメントにおいても、一般臨床のアセスメント手法は基本として不可欠であるが、加えて、逸脱した性的興奮のパターン、性行動や対人関係における認知の歪み、不適切な性行動のあり方や程度を評価し、再犯の危険性と治療教育についての意見を提出するための、いくつかの特別な留意点とスキルが必要となる（Perry & Orchard, 1992）。

本章においては、性暴力に対する治療教育を実施するための、主として公的機関におけるアセスメントの方法について詳述する。この場合は、アセスメント担当者と治療教育担当者とは別であり、治療教育に先立つ一定期間をアセスメントに充てることができる場合を想定している。

1　性暴力のアセスメントにおける一般的注意

一般の心理臨床アセスメントに比して、性暴力アセスメントに共通する特徴としては、以下の三点がある。①ほとんどの場合、被評価者は自発的に評価を受けているのではなく、何らかの強制力や圧力によって余儀なく受けさせられているのであり、しかもその評価の結果が、自分の先行きに重大な影響を及ぼしうることを知っている。②アセスメントを行う者には二重の責任（被評価者に対する責任、および被害者・社会に対する責任）がある。③秘密保持に特別な限界が存在する(Ackerman, 1999；Hoge & Andrews, 1996)。

A　対象者の非自発性

司法臨床や児童相談所などの公的機関において、性暴力を行ったがゆえにアセスメントを受ける者は、自発的にアセスメントを受けているわけではないことを、評価者は念頭に置く必要がある。一般の臨床場面においてさえ、特に性問題行動について自発的に評価を受けようとする者は、ほとんどいないと考えておいたほうが現実に近い。一見正直に話す者もいるが、基本的には正直に話さないほうが自然である。時々、話さないこと、嘘をつかれたこと、隠し立てされていたことに無力感や苛立ちを体験し、そのことによって本人に対する全体的評価を極端に低下させてしまうような初心の評価者を見かけるが、その場合は、被評価者を非難する前に、自身の評価者としてのあり方を振り返ったほうがよい。たとえば、自分は年齢や体重を聞かれて、少しサバを読んだことはなかっただろうか。誰にでも言いたくないこと、よく見せたい気持ちは当然ある。性暴力のアセスメントにおいては、むしろ、なぜ話すのかに注目したほうがよいくらいである（すでに露見しているから、話したほうが軽い処分で済むと考えている、悪いことをしたと思っていないので隠す必要も感じない等）。

彼らは、アセスメントを受ける状況にさせた、すでに露見した性暴力行動についても話したがらないし、ましてや、まだばれてない他の性暴力については、一層話さないと考えることが適切である。本人の言うことを鵜呑みにしてはいけない。こうした態度に対して、「クライエントを信頼しなくては臨床とは言えない」と反感を感じる評価者もいるかもしれないが、言いたくないことは言わないという自由を含めて、本人を理解しようとする態度が重要であると考えている。そのうえで、的確な治療教育や対応につなげることを可能にする、より正確な事実や状態の評価を目指すことになる。

事実を正直に話すことが自身にとっても最善であるし、また見たくない事実を見る辛さを支えてくれるという信頼感を、評価者に対して本人が持てるようになってくると、より的確な評価が可能になると思われる。とはいうものの、いつでも必ずこうしたことが可能というわけでもないので、嘘や隠し立てがある場合には、どの部分を本人が認めていないかを押さえていく作業が大切になる。そのために重要なことは、アセスメント担当者は、本人の話していることのみに情報源を頼ることなく、司法機関等からの行為事実に関する情報（被害者からの情報を含む）、心理テストの結果、家族や教師など身近な第三者情報などの他の情報源の情報と照らし合わせて、本件性暴力および逮捕はされていないものの実際には行われた性暴力行動に関する情報を、可能な限り集めることが不可欠である。そして、本人からの情報と客観的な他の情報とがどれくらい、どのように食い違っているかが、見落としてはならない重要な情報となる。

B　二重の責任

性暴力のアセスメントは、社会防衛と本人の必要性に関する二重の責任がある。一般の臨床では対象者の福利を最優先で考えてよいが、性暴力は、被害者と社会に対して大変な危険を及ぼす。したがって社会防衛の視点を欠かすことはできないと筆者は考えている。治療教育は、再犯の危険性を最小限にする方向で行われるべきである。性暴力のなかには他の一般的な犯罪性は低く，また家庭生活や職業（学業）生活も少なくとも表面上は適応的であることも多いが，特にその性暴力の攻撃性（小児わいせつ，強姦等）が高い場合，再び被害者が出ることを防ぐことをまず念頭に置いて，治療教育のプランを立てる必要があろう。

C　秘密保持の限界

性暴力に関するアセスメントを公的機関の者が行う場合，対象者の秘密保持には自ずと一般心理臨床とは異なる限界がある。アセスメント担当者は，治療教育機関，社会援助機関，その他の公的機関と情報を交換する。被評価者に対しては，秘密保持の限界についてあらかじめ教えておく必要がある。アセスメント担当者は，面接で得た情報を関係機関に伝達すること，話したくないことは話す必要がないこと，話すときには嘘をついてはいけないこと，しかし話したほうが本人にとって有益であることを，本人にオリエンテーションする必要がある。

これは，全然話さなくなったらどうしようという心配からためらいを感じさせるかもしれないが，関係づけおよび限界設定の視点からは不可欠であり，むしろアセスメントを行うのには有効である。どちらにせよ，嘘をつく者は嘘をつくし，話さない者は話さない。率直に誠実に限界を設定することが，アセスメントに有効な関係を促進する。またアセスメントを行う際に，面接一本に頼り過ぎないということも意味する。

なおこうした特殊な技能や注意点は，受容および傾聴といった一般心理臨床の基盤のうえにある。アセスメントが被評価者との「騙し合い」や「張り合い」になってはならないし，「尻尾をつかむこと」が自己目的化してはいけない。大切なことは再暴力を防ぐことであり，それによって本人と社会に役立つよう，アセスメント担当者としての役割を果たすことである。すなわち，アセスメントを通して，本人の自己変革努力への動機づけと方向づけをすることが目標となる。その目標達成のために，被評価者の思考の誤りを認識し，操作されず，事実を明らかにし，本人自身に問題に気づかせ，本人とアセスメント担当者との間である程度合意した変化への目標を持つことができ、その変化の目標に向かって共同して作業する基盤を作ることが必須なのである。時には、本人の言っていることと、他の情報源からの情報（特に被害者）との食い違いを本人に返して、その矛盾について話し合うこともありうるが、そのための直面化の技能は、実際にはかなりの経験を必要とする。直面化というと、「厳しい」、「緊張」した場面を思い浮かべるかもしれないが、良い方向に転回していく場合は、むしろユーモラスで、ソフトな、「直面化」と感じない「直面化」であることが多い。被評価者と騙し合い、張り合うことは、すでに相手の土俵に取り込まれていることであり、逆転移が生じている可能性が高いので、スーパービジョンを受ける必要がある。大切なのは、ゆとりとユーモア、工夫と創造である。

2　アセスメントの手順

アセスメントの手順は、一般臨床の手順とそれほど違いはないし、また、さまざまなものがありうるが、公的機関で行われる場合には、おおむね以下のような手順が標準として提供される。

（1）　他の情報源からの情報を得る
（2）　アセスメントの全体的構成を立てる
（3）　面接する
（4）　心理テスト、身体所見等の客観的情報を収集する
（5）　家庭に関する情報を収集する（両親・配偶者との面接等）
（6）　収集した情報の分析
（7）　報告書の作成

A　他の情報源からの情報を得る

できれば本人に面接する前に、本人および性暴力行為に関するすべての情報を入手することが望ましい。少なくとも最初の評価の段階では、特に審判前である場合など、本人は事実を隠すよう動機づけられていることが多く、また本人は気づいていないが認知が主観的に歪曲されているので、十分な情報源とはならない。むしろ、矛盾する情報を本人に返していくことによって、その否認や最小化を扱っていくことができる。本人の言っていることを他の情報源からの情報と突き合わせる作業は、アセスメントを通じて最後まで続ける必要がある。

まず性暴力行為の客観的事実は、最低限押さえる必要がある。警察調書や検事調書は通常入手不可能であるが、アセスメント担当者の属する機関の性質によっては、閲覧可能な場合がある。可能性が少しでもあるのであれば、閲覧するべく必要な手を打つことを強く勧める。そうした行政的手だては、直接のアセスメント担当者ではなく、当該機関の監督者の役割であるので、閲覧の手続きが組織としてできていない場合は、上司に働きかけることが必要になってくる。調書における被害者の供述と取調べ時の本人の供述は、その性暴力行為に関するアセスメント時の本人の説明を裏付けたり、反論するための有効な情報源である。

調書以外では、被害者の話を直接聞くことも非常に有益であるが、アセスメント担当者が、被害者と直接接触したりその話を聞く機会は、あまりないのが実情であろう。もし、機会があればそれを生かすべきである。また、直接当該事件の被害者ではなくとも、日頃から被害者の手記を読んだり、性被害体験に関する話などを聞いておくことが不可欠である。当初は、被害者の話と加害者の話を両方聞くことは査定者の立ち位置をぐらつかせ、業務遂行の妨げになるような感じさえすることがありうるが、双方の現実を現実として、自分なりの立ち位置を決めていくことが、専門家としてより質の高い業務を遂行していくうえで不可欠であると筆者は考えている。自分自身の価値観を整理し、立ち位置を明確にできるまでの間は、スーパービジョンを受けたり仲間と体験を分かち合うことが望ましい。

その他の情報源としては、関係他機関からの情報、保護者や雇用主、学校教師との面接、過去の公的記録、病歴照会書等がありうる。これらの情報によって、本人の過去の経験や、人格、家庭および生活環境等に関する有用な情報を得ることができる。直接性暴力のパターンを扱っているわけではない情報も、処分や治療教育方法の立案に役立つ。

アセスメントは、比較的限定された期間で行う必要があるので、十分な情報を得るには時間が不足していることもある。また特に他機関からの情報等は、アセスメント担当者が入手できないこともある。しかし、情報不足を言い訳にしないよう可能な限り情報収集の努力を行い、また収集できた情報で可能な限り的確なアセスメントを行うことが望まれる。

性暴力行為に関する外からの情報がない場合、アセスメント担当者は、本人から得た情報によらねばならない。本人に変化への動機づけが多少ともある場合には、ていねいに動機づけと信頼関係作りを行いつつ、可能な限り正直な情報を得ていくことがよいが、変化への動機づけがまったくない場合、むしろ隠すことに全精力が注がれている場合には、正確な情報を得ることは非常に困難である。とはいうものの、それでもアセスメントを行わなければならない場合もありうる。こうした場合は、面接の際、本人に対して挑戦的な態度を取ることが有効なこともある。できれば二人組になって担当し、少なくとも一方は、強力に圧力をかけることによって、本人の隠していた面をあらわにすることが可能になる。こうした「取調べ」のような手法は「臨床的ではない」として、大きな抵抗感を感じることがありうるが、真実に迫るための気合と工夫は重要である。とはいえ、できるだけ早く、できるだけ多く、外からの適切な情報を入手するべく力を注いで、堀を埋めていくことと併用することが有効であろう。

B　アセスメントの全体的構成を立てる

アセスメントの全体的構成は、他の心理アセスメントと同様である。

・**初回面接**　最初の面接で、本件、他の性暴力、および他の性暴力行動・犯罪・逸脱行動について尋ねる（一時間から一時間半程度）。個別テストを行うかどうか、何を行うかを決める。

・**心理テスト**　一般的な心理テストバッテリーは、知能検査、自記式人格目録、文章完成法、描画テストといったところであろう。これらは集団実施が可能である。個別テストを行うなら、初回面接の次の面接をテストに充てる。ロールシャッハ・テスト、TATの組み合わせは有効であると考える。テストを行うのに必要な時間は、テストの種類と数によって変化する。

・**リスク・アセスメント・ツール**　一般の心理検査に加えて、性暴力行動の再犯危険性に関する尺度を入れることが望ましい。日本ではまだ標準化された尺度がないので、欧米の尺度を翻訳したものを試用している状況である。少年用のJ-SOAP-IIに関しては、後述する。成人用としては、法務省では、カナダ矯正局が作成した固定リスクに関するStatic 99、可変リスクに関するStable 2000、および現時点で急激に生じているリスクを評価するAcuteを試用している。

・**家族に関する情報の収集**　被評価者が少年である場合、保護者と面接して情報を得るとともに、今後の対応策について話し合うことが不可欠である。成人の場合でも、配偶者、家族等からの情報を得るとともに、今後の対応策について話し合い、協力体制を作ることが極めて重要である。

・**再面接**　上述の情報を手に、性暴力に関する情報以外の本人の生活における他の領域（たとえば、就労状況や配偶者との関係、学校生活や仲間との関係）を話し合うために、必要に応じて一、二回面接する。

・**リスク・アセスメント**　すべての情報を総合して、再犯罪の危険性を評価するとともに、危険性を低減させるために変化させることができる治療教育のターゲットや、働きかけの方法を絞り込み、本人に適した治療教育プランを立てる。

C 面 接

面接にも限界はあるが、最も有効なアセスメント手段であることに変わりはない。面接には目的が三つある。①情報の収集、②治療教育への方向づけ、③信頼関係の確立である。

「性暴力」は、診断カテゴリーではなく、行動である。したがって、性暴力をアセスメントするには、性暴力行為を慎重にアセスメントするだけではなく、その行為を本人の現在のライフスタイル、特に家庭状況や社会生活状況との関係においてアセスメントする必要があることは、言うまでもない。同時に、性嗜好障害、発達障害等の精神障害診断の可能性も慎重に検討する。

a 情報の収集

アセスメント担当者は、被評価者の生活に関するすべての側面を評価する必要がある。それは、感情、認知、行動、知能、社会的関係、家族関係、社会への関わり、薬物乱用（飲酒・喫煙を含む）、性暴力行動・犯罪歴、攻撃的な行動歴、（性的、身体的）被虐待歴、被害体験、性的行動、性的ファンタジー、性暴力パターン、過去の治療教育歴、再犯の危険性である。面接に先立って、本人の自記式による情報の収集も手がかりとして有用であることが多い。参考までに、表2-1に、自記式評価の書式を掲載する。各評価者の必要性や所属機関の実情に即して類似のものを作成することが可能であろう。

多種多様な情報をもれなく効率的に収集するには、構造化面接が有効である。それによって、完全な情報収集および面接中にアセスメント担当者が主導権を確立することが容易になる。

性暴力者は、否認、虚言、最小化、合理化等により、面接における主導権を維持しようとすることが一般的である。アセスメント担当者は、自分が面接の主導権を持っていること、話題をそらそうとする被評価者の試みは、面接を自分に有利なように運ぼうとしているのだと知っていることを、本人にわからせることが必要な場合もある。他の情報源からの情報や構造化された面接を用いることによって、焦点を合わせ続け、必要な情報を収集することが可能になる。

アセスメント担当者は、一般心理臨床における傾聴や受容等の面接技法に加えて、直面化や対決の技法に長けている必要がある。被評価者の防衛を打ち破り、事実を認識し、それを本人自身と社会防衛のために役立たせるためには、司法制度の枠組みや社会的枠組みを活用し、本人の不安を引き起こすことも有用である。アセスメント担当者は、被評価者に、嘘やごまかしの効かない人、耳を傾けるに値する人として認識される必要がある。

面接は、その目的や秘密保持の限界を説明し、アセスメント担当者の役割を説明することから始める。これらは、アセスメント担当者が、①性暴力のアセスメントの専門家であって簡単には操作されず、②今後の処遇に影響を与えると同時に、③再び被害者が出ることを防ぐことを優先する、というメッセージである。アセスメント担当者は、自信に満ちた姿を演出することも大切である。

これらの目的をもれなく効率的に達成するために、ペリーとオーチャード（Perry & Orchard, 1992）は、以下のような構造面接を提案している。

【面接のオリエンテーション】

「私は○○の職員で、あなたの担当です。私の仕事は、あなたの性暴力行動についてあなたの話を聞き、どうしてこういう性暴力行動が起き、これからどうすればよいのか考えて、××に報告をすることです。それを受けて、処分（処遇）が決定されます。

あなたは、すでに今回の性暴力行動を認めています。私は警察や裁判所（関係機関）からの情報を持っていま

表２－１　性暴力少年用「私の歴史」

A　就学前（０～６歳）

1．どこに住んでいましたか。お父さん、お母さんはどんな仕事をしていましたか。その仕事に対してあなたはどう感じていましたか。
2．誰があなたの名前をつけましたか。なぜその名前が選ばれたのですか。
3．一番小さいときの記憶はどんなものですか。それを思い出すときどう感じますか。
4．あなたの家で、子どもであるということはどんな感じですか。あなたにとって特別なのは誰でしたか。あなたのことを一番可愛がってくれたのは誰ですか。
5．育った家にいた他の子どもたちの名前と、誕生日を教えてください。
 (1)　彼らとは仲良しでしたか。
 (2)　家庭でのあなたの立場はどうでしたか。
 (3)　両親は子どもたちをどのように扱いましたか。
6．あなたをしつけたのは誰ですか。
 (1)　どのようにしつけましたか。
 (2)　なぜそのようにしつけたのですか。
 (3)　そうしたしつけについて、あなたはどう感じていましたか。
7．家族で誰か具合の悪い人はいましたか。亡くなった人はいましたか。
8．家族はどのようにお互いへの感情を示しましたか。
 (1)　怒り？
 (2)　親しみ？
 (3)　愛情？
 (4)　恐れ？
9．お父さんとお母さんの仲はどうでしたか。どんなことで喧嘩していましたか。どうやって喧嘩していましたか。両親の関係が当時、そして今あなたにどんな影響を与えていますか。

B　小中学校時代（６～15歳）

1．学校へ行きはじめたとき、どう感じましたか。学校の何が好きで、何が嫌いでした。
2．学校の友達は誰でしたか。彼らと何をしましたか。小学生のころは、他の子どもたちと何をして遊びましたか。
3．先生はあなたをどう扱いましたか。
4．学校の勉強は好きでしたか。難しい科目がありましたか。それは何ですか。
5．お父さんお母さんは、あなたの学校生活に何を期待していましたか。良い成績をとることですか。スポーツでがんばることですか、それとも何か他のことですか。
6．小中学生時に家庭の状況で何か変わったことはありましたか。引っ越したり、転校したことは？　誰か亡くなりましたか。経済的な変化は？
7．中学校で学校に対する感じ方は変わりましたか。成績は変わりましたか。
8．中学校では友達はどんな人たちでしたか。彼らとどんなことをしていましたか。
9．中学校時には、将来にどんな夢や目標を持っていましたか。

（表2-1　続き）

C　性の発達

1．小さいころ、両親から性について何を教えられましたか。
2．マスターベーションを始めたのはいくつのときですか。両親はマスターベーションについてどう言っていましたか。あなたはマスターベーションすることについてどう感じていましたか。
3．家族との性的接触はありましたか。誰と、いつ頃ですか。
4．子どものころ初めて性を意識した経験は、いくつの頃、どのような経験でしたか。その経験についてどう感じましたか。
5．10代になって身体が変わりはじめたとき、どう感じましたか。
6．性についてどのくらいしばしば考えていますか。
7．初めてデートしたのはいくつのときですか。
8．初めての性体験はいつですか。相手はどんな人ですか。
9．男は女に対してどんなふうに振る舞うことを期待されていると思いますか。
10．女は男に対してどんなふうに振る舞うことを期待されていると思いますか。
11．性的にばかにされたり脅かされたことがありますか。いつ頃どうやって？
12．お父さんの女性関係はどのようなものですか。それについてどう思いますか。
13．お母さんの男性関係はどのようなものですか。それについてどう思いますか。
14．どのくらい性経験がありますか。どんな時どうしてセックスするのですか。
15．どのくらいマスターベーションしますか。マスターベーションするとき、普通どんなことを考えたり、想像したりしていますか。
16．マスターベーションするとき、他にどんなことを考えたり、想像したりしていますか。

D　性暴力について

1．最近の性暴力を起こさせた状況はどのようなものですか。あなたの生活状況は、どのようなものでしたか。あなたはそれについてどう感じていましたか。
2．性暴力を起こす引き金となったと思われる特別な出来事はありましたか。それはどんなものですか。
3．被害者に何を言い、何をしましたか。そのとき被害者に対してどう感じましたか。
4．暴力のあと被害者と自分自身について何を感じましたか。被害者になんて言いましたか。
5．他にどんな性暴力がありますか。それはどのくらい続いていますか。

E　治療教育について

1．今までにあなた自身や家族が心理的治療（カウンセリングなど）を受けたことがありますか。あるとすれば、どんな問題で治療を受けたのですか。
2．自分の何かを変えたいと思いますか。思うとすれば何を、どう変えたいですか。
3．どうすればそれが変わると思いますか。
4．それを変えるためにあなたは何をしますか。
5．それを変えるために誰かが手伝えることはありますか。誰が、何を手伝えると思いますか。

すが、あなた自身の話も聞きたいのです。どうしても話せないことはそう言ってください。話すときには嘘をつかないように。正直になることが、あなたにとって一番良い結果となるでしょう。何か質問はありますか」

質問に答え、面接を開始する。必要であれば二人で面接し、交互に質問をする。

面接の目的を説明した後、直ちに今回の性暴力行動について話を始める。本人に対し、彼の性暴力行動に関する情報を持っていること、そして彼が話した内容とこれらの記録を比べることを言っておく。以前は、「性に関する話はしにくいので、まず家庭や学校その他のことから話を始め、ラポールをつけてから性暴力のことを聞く」ということが言われていたが、それは単に本人の不安をエスカレートさせ、またアセスメント担当者が性暴力について聞こうとしないという印象を与えるようだ。また経験が浅いと、自分自身の心地悪さのために、性暴力について話し合うことを遅らせることがある。アセスメントを受けるに至ったのが性暴力行動ゆえであるならば、それをおろそかにはしないという姿勢で臨むためにも、面接は以下の構造面接によって、性暴力に関するアセスメントから行うことが適切であると考える。

【性暴力、被害体験、および性的関心に関する質問】

《性暴力》

（1）今回の性暴力行動について教えてください。

（2）今回の性暴力行動以外の性暴力について教えてください（見つかっていない性暴力も含む）。

（3）それぞれの性暴力で、被害者に何をしたのか、具対的に詳しく話してください。

（4）本人の話とその他の情報の食い違いがあれば指摘する（具体的で、特定化した質問をすること。たとえば「彼女に自分のペニスを手で触らせたのか、口で触らせたのか」）。

（5）各性暴力行動の前、最中、後における感情、思考、行為に関する情報を得る。質問例は以下のようである。

（a）性暴力行動の前、最中、後に、どう感じたか（「性的に興奮していたか、怒ってたのか、悲しかったか、他には？」）

（b）性暴力行動の前、最中、後に、何を考えていたか。

（c）この被害者を選んだのはなぜか。

（d）性暴力行動をする状況をどうやって作ったのか。

（e）悪いことをしているのではないということを自分に納得させようとしたか。自分に何て言ったのか。

（f）その性暴力行動をしようと決めた後、自分の行動にどんな言い訳をしたか。

（g）性暴力行動の前には、被害者に対してどんな性行為をしようと考えていたのか。

（h）どうして考えたこと全部をやらなかったのか。あるいはどうして考えていた以上にやってしまったのか。

（i）身体暴力を伴わない性暴力行動の場合――被害者を傷つけようと思ったか。どうしてそうしなかったのか（攻撃的なファンタジーを調べる）。

（j）身体暴力を伴う性暴力行動の場合――被害者を殺そうと思ったか。どうしてそうしなかったのか（攻撃的なファンタジーを調べる）。

（k）どうしてその性暴力を終わりにしたのか。

（l）やる前から性的に興奮していたか。暴力の最中に勃起したか。

（m）やっている最中かその後で、射精したか。

（n）その後何をしたか。

（o）その性暴力行動をやった後で自分に何て言ったのか。

（p）その性暴力行動の直後、翌日、逮捕された時、どう感じたか。

（q）性暴力行動をやって結局どうなったか。

（r）その性暴力行動の最中、被害者はどう感じたと思うか。どうしてそう思ったのか。被害者は何て言っていたのか。

（s）その性暴力行動の後、被害者に何て言ったのか。あるいは何をしたか。

（t）被害者に黙らせるように何か言ったか。「誰にも言うな」とか「もし言ったら、ただじゃおかないぞ」とか言う人もいるけど、あなたはどうだったか。

（u）もうこれ以上性暴力行動しないようにと思って、何かしたか。

（v）他に、どんな性暴力をやったことがあるか。

（w）あなたが同じことを繰り返すのはなぜだと思うか。

（x）あなたの性暴力行動に対して家族はどう反応したか。（両親と同胞、あるいは配偶者に関する情報を得る）。

（6）あなたがやったことで、どうして他の人たちは慌てたのだと思うか。

（7）あなたのやったことが、悪いことなのはなぜだと思うか。

ポイントは、性暴力のパターンを探究することにある。本人に自分の性暴力を説明するよう求めることから始める。たとえ見つかっていない性暴力行動でも、各性暴力行動について詳細に説明するようはっきりと求める。本人が説明を始めたら、アセスメント担当者は、具体的にさせる質問（たとえば、「具体的には何をしたのか。彼女に自分のペニスを触らせたのは手か、口か。」）を用いて、さらなる話を導く。被評価者がどのような特殊な性行為を行ったかを確認する必要がある。性暴力者は、歪めた情報を最小限にしか言わない傾向があり、彼が性暴力行動の説明をする間、うまく質問しなければならない。

いったん被評価者から性暴力行動に関する事実と矛盾しない供述を得たら、その暴行の最中における本人の思考と感情を聞くことに進む。これらの質問の目的は、被評価者の被害者への共感能力、自分の感情への気づきの程度、暴力場面での攻撃性のレベル、そして性暴力行動についての誤った思考を評価することである。

次に被害者や性暴力行動場面を選択した理由を含め、性暴力行動実行前の被評価者の思考や感情を調べる。性暴力行動の最中に性的興奮が最高潮に達したときの思考や、ファンタジーを知ることが重要なので、アセスメント担当者は、これらの領域を慎重に探究する必要がある。

被評価者がどのように自分の行為を合理化し、正当化するかを確認するために、性暴力行動後の行動、思考、感情を探究する。性暴力は、もう二度としないと自分に言い聞かせることが一般的である。

性暴力は純粋な性行動ではなく、力と支配の欲求をも満たす。アセスメント担当者は、性的満足が性暴力行動の唯一の動機だという考えに惑わされてはいけない。被評価者の行動、思考、そして性的ファンタジーにおける攻撃の程度を探らなければならない。

行動に関する情報をすべて収集した後は、被評価者の被害者への態度をアセスメントすることが重要である。被害者への共感の発達は、再犯に対する大きな防波堤の一つとなる。被害者への共感能力の指標としては以下のことが目安となる。①被害者のせいにする程度（たとえば、「彼女が僕を誘惑した」「彼女が望んだ」「彼女に頼まれた」「彼女は喜んでいた」）、②被害者を描写するのに下品な言葉を使う（たとえば、やらせ屋、好き者、ブス、公衆便所）、③被害者に対する性暴力の短期的、長期的影響に関する理解の不足（たとえば、「彼女は気にしてない」「彼女は、まだ僕と口を聞いている」）。

この段階までで、以下の領域においてアセスメントができている。

（i）　性暴力行動の責任をどの程度認めているか
（ii）　被害者への共感の程度
（iii）　性暴力行動のパターン（たとえば、被害者の選択、性暴力行動の計画）

(iv) 攻撃の水準（行動と性的ファンタジー）
(v) 性暴力行動の酷さや頻度のエスカレートの程度
(vi) 否認、最小化、そして合理化の程度
(vii) 逸脱した価値観と思考
(viii) 気分
(ix) 知的能力

《被害体験》

(8) 家族や家族以外の誰かに触られて嫌だったことが今までにあったか（その少年が触られた場所に関して、特定化する質問をする）。
(9) 何か悪いことをしたときや、あるいはしなかったときでも、誰かがあなたを殴ったりしたことがこれまでにあったか。誰に。どうなったか。

面接のこの時点で、焦点は被評価者自身の被害体験に移る。加害の責任を強調するために、性暴力をひととおり調査した後で、本人自身の被害体験を調査する。

研究調査結果からも、臨床経験からも、身体的、感情的、そして性的な被害を含めて虐待の意味を広げる必要があると考える。アセスメント担当者は、性暴力加害者の過去に関して徹底的な調査を行う必要がある。性暴力加害者はしばしば、虐待されてきたことを話したがらないし、本当は虐待である体験を虐待とわかっていないこともある。アセスメント担当者は、被評価者に対して何が虐待かについて多くの例を示す必要がある。被虐待体験は、被評価者の性暴力行為の一因となっているかもしれないが、自らが行った性暴力行動に対して責任があるということは、本人に対して、明らかにしておかなければならない。

《性的関心》

(10) 性行為についてどういうふうに知ったか。

(11) マスターベーションを始めたのは何歳のときか。今はどのくらいの頻度でやっているか。

(12) 初めての性体験はいつか。

(13) 性的ファンタジーの内容について聞く。性暴力とファンタジーとの関係を調べる。たとえば、もし被評価者が、子どもとの性行為をしたと認めたものの、マスターベーションをするのは同年代以上の女性に関するファンタジーだけだと述べたら、「変ですね。あなたは成人女性の性的ファンタジーでマスターベーションすると言うけど、性行為の相手は子どもなんですね」と言い、本人の反応を見る。

(14) マスターベーションをするときや性的に興奮したとき、どんな性的ファンタジーを使っているのか。

(15) マスターベーションをすることについてどう感じるか。

(16) あなたの他の性体験について教えてください。

(17) 性的に興奮したときには、何をするか。

(18) 将来、性的欲求をどうやって満たすつもりか。

(19) 性暴力行動を止めるために何をするつもりか。

次に被評価者の性に関する知識と経験を調査することにより、本人の性的関心に焦点を合わせる。基本的な性知識（たとえば、マスターベーション）、性関係への態度、逸脱した性的価値観（たとえば、自分より力の弱い者なら誰にでも性行為を要求してよい）、性欲を喚起する刺激（たとえば、アダルトサイト、コミック、ポルノグラフィー）、性的ファンタジー、そして実際の性体験（たとえば、最初の性体験）を調べる。この情報により、逸脱した性的興奮のパターンについていくらか知ることができる。

アセスメント担当者は、被評価者の自殺願望のサインも注意深く監視しなければならない。評価の時点で自身が被害体験を受けてから間がないため、自殺の危険性が高い加害者もいることもありうる。もし、アセスメント担当者が、被評価者が自殺を考えているというサインを観察したら、すぐに上司等と相談し、被評価者がそれらの衝動を実行に移すのを防ぐために手を打たなければならない。

残されたアセスメント領域は、社会的機能に焦点を当てることである。すなわち、家族、仲間との関係、余暇活動、学校、就労生活、そして薬物乱用とその他の暴力行動である。これらの情報によって、予後、処分、そして治療教育計画の立案に必要な、被評価者の生活に関する長所と弱点が全体的に俯瞰できる。

【社会関係に関する質問（少年の場合を例示）】

（1）暇なとき、何している？
（2）親友は誰？　なぜ彼／彼女は親友なの？
（3）友達と集まって遊ぶ？
（4）集まって何して遊ぶの？
（5）しょっちゅう集まっているの？
（6）集まろうって誰が決めるの？
（7）友達は何歳？
（8）女の子との仲はどう？
（9）年下の子どもとの仲はどう？
（10）両親はあなたの友達についてどのように感じている？
（11）あなたが友達を家に連れてくることを両親は認めてくれる？
（12）よく喧嘩する？　どうして喧嘩になるの？　どのくらいの割合で起こるの？
（13）怒ったときは、どういうふうに表現する？

（14）他の少年にいじめられる？
（15）同世代の子どもとの関係はどう？

【一般的な質問（少年の場合を例示）】

（1）他の暴力行動で警察のお世話になったことが今までにある？（暴力行動歴）
（2）あなたのアルコール、タバコ、違法な薬物の乱用について教えて（使用量と頻度についてきちんと質問をする）
（3）最近二年間の学校生活はどう？　成績は？　先生との関係は？　学校に関連した問題はある？
（4）両親との関係はどう？（実父母、義父母、親の内縁者）
（5）家族のなかで一番親しいのは誰？
（6）家族のなかで誰が一番厳しい？
（7）しつけ方はどんなふう？

b　治療教育への方向づけ

治療教育への方向づけを、この後開始する。被評価者に以下のことを教える。

（1）性暴力は、アルコール依存のように一生の問題である。
（2）性暴力は、被害者に対して、その時もそしておそらく一生ひどい悪影響を及ぼす。
（3）逮捕されて、自分の性暴力をなんとかしなければならなくなったことは幸運である。
（4）捕まった後で、あるいはやってしまった後で、もうやらないと皆思う。でも実際には、性暴力のための治療教育を受けないと性暴力のパターンは続く。

（5）性暴力者の得意な防衛機制（否認、最小化、虚言）を説明する。そうすることによって少年のアセスメント担当者をはぐらかす試み（たとえば、話題を変える）を言い当て、主導権を握る。
（6）突然「むらむらっときて飛びついた」といくら本人が言っても、性暴力は決して衝動的な行動ではない。
（7）治療教育の中心は、自分の性暴力行動の原因と再犯をする危険がある環境を理解すること、および彼が変えなければならない思考パターンや行動を特定することである。

c　信頼関係の確立

アセスメントの間、被評価者と信頼関係を確立するよう努力することは大切である。信頼関係を発展させるためには以下のような方法があろう。①援助の申し出をする、②性暴力行為自体と、人間としての本人とを区別する（本人に対し彼が性暴力者であることを説明するが、性暴力と関係ない良い特徴にも光を当てる）、③面接が不安を引き起こすことを認めつつ、質問を続ける、④被評価者が自分の性暴力行動を明らかにしたときは敬意を表する。

d　性暴力者との面接における注意事項

性暴力者と面接する際に、犯しやすい失敗は、主として以下の三つが考えられる。

【1　アセスメント担当者が面接の主導権を失い、被評価者が主導権を握ることを許してしまう】

主導権を握ると、被評価者は自分の性暴力行動を話し合うことを避ける。主導権を失う原因はたくさんあるであろう。①加害者に対する恐れ、②面接に先立つ、犯行についての正確で、裏付けとなる情報が不足している、③性的な、または性暴力に特有の問題について話し合うことへの不快感、④加害者に対する敵意、⑤加害者に対する同情、⑥自信の欠如、または面接を行うための訓練の不足などである。たとえば、被評価者の暴力を用いた強姦についての話と面接中の彼の行動によって、女性のセラピストが最初の面接で脅されてしまうことがあった。その被評価者は、面接者を脅すようなさまざまな非言語的な方法（たとえば、強姦について話すとき面接者をじろじろ見る）を使って主導権を握った。そうなると面接者は不安になって、その面接を早々に終わらせてしまうといったことが起こりうる。

【2　アセスメント担当者がより詳細な調査をしようとせずに、答えを持っていると思い込んでしまう】

性暴力者は、アセスメント担当者が促しても最小限の情報しか与えないことが多いので、その場合は、諦めたり遠慮したりすることなく、同じ質問を繰り返す必要がある。「忘れた」「思い出せない」「彼女には一回触っただけだ」などといった答えを、受け入れてはならない。アセスメント担当者のなかにある多くの要因が、決めつけの一助となる（たとえば、訓練不足、被評価者の答え方に関する欲求不満等）。

アセスメント担当者は、継続的に被評価者の応答と、応答の仕方を検討し、それに挑み続ける必要がある。たとえば、ある少年のケースでは、本人の性暴力行動に関する質問に対して、被評価者が最小限の情報しか提供しなかったり、「思い出せません。記憶力が悪いのです。だいぶ昔のことなのでこれだけしか思い出せません」と述べるような応答をし続けた。この少年と面接した他の人たちからの報告書によると、彼はいつもこのやり方で成功しており、性暴力行動についての情報はほとんど得られていなかった。誰も彼に彼の行為と直面させることができなかったのである。そういった際は面接を中断し、少年に彼の応答の仕方はうまくいかないということを話し、もしこういうやり方を続けるならば、それを彼が危険な少年であるサインとして受け取り、自分たちの意見をアセスメントを要請した機関（家庭裁判所等）に知らせる、ということを話す必要があるかもしれない。実際、筆者は少年鑑別所におけるアセスメントでこうした対応をして、一旦休憩後面接を再開すると、彼はより協力的となり、急に記憶がよくなったりするという経験をしている。

【3　アセスメント担当者が同情的になって，被評価者に味方する】

被評価者が性的に虐待されてきたという事実を知り，特に彼が少年である場合，彼を気の毒に感じることがありうる。深刻な虐待であればあるほど，評価者はその少年に同情し，性暴力に関する少年の責任がより少ないと感じてしまう。逆に，性暴力がある種の伝染病であるかのように対応し，性暴力者を隔離しておきたがる人もいる。被害と加害の問題は，われわれのなかにある感情や欲求に激しく揺さぶりをかけることが多い。最も有効な方策は，性暴力に関する理論とアセスメントの過程について幅広い訓練を受け，アセスメントの二重の役割（社会防衛と本人の治療教育）を理解し，相談できる同僚や先輩を持つことによって，被害と加害の両方を視野に入れた自身の立ち位置を確立し，保つことである。

e　性暴力者に特徴的な思考の誤り

性暴力者の思考の誤りには，以下のようなものが多く見られる(Ross, 1994)。これらについて，よく知り，見抜き，通用しないことを悟らせることが，面接で事実を把握するのに有効であるし，加害者がこれに気づいて思考の誤りを正していくことが治療教育につながる。

【比較的消極的な操作】

- **最小化**　行動を，重要でない，あるいはたいしたことではないと思わせようとする。
- **正当化**　自分の行動を問題なく思わせるために，性暴力者がその理由を説明する仕方である。行動は認めるが，間違ってはいなかったとする。
- **言い訳**　行動を避けるための説明を見いだそうとするやり方である。誰かが本人の行動に関する責任をとらせようとするとき，これがなされる。
- **はぐらかし**　何かを正直に話すのを避けるために，わざとあいまいにすること。実際には何も言わずに，自分を良く見せようとするやり方である。

【積極的な操作】

・**すりかえ**　これは話の焦点を、自分の行動から他の何かに変えることである。都合の悪い行動から注意をそらさせようとするパワープレイである。聞かれたことには答えず、違うことに答える。

・**他罰**　自分の行動あるいは問題に関して、他の人に責任があるかのようにする。問題に取り組まない口実である。問題の「原因」として、誰かに怒りをぶつける方法でもある。他罰は自分から焦点をそらせ、他の誰かにそれを向ける。他罰は、他の誰かを踏み台にして、自身を優位にしようとする方法である。

・**パワープレイ**　他の人たちを脅迫し、降参させようとする試み。うまくいかないとき、状況を支配しているふりをすること、および問題解決を避けるために使われる。

・**嘘**　嘘をつくことは他の人たちを混乱させ、責任を避け、他の人を馬鹿にするために使われる。嘘は、実際に何が起こっているかについて、他の人が不確かであるようにさせる。これは三つの方法がある。本当でないことをでっちあげる。真実の一部を抜かす。本当は同意していないのにしたかのように思わせる。

・**ごまかし**　これは誰か権威者を、騙したり、馬鹿にしたりして、やりこめることである。その気もないのに、もっともらしいことを言うか、そうしますと言う。わざと人を失望させる方法で振る舞ったり、彼らをがっかりさせる。他を踏み台にして自分を強く見せ、他の人たちを争わせることによってそれを行うのである。

・**怒り**　怒りは彼らが最もしばしば表現する感情である。多くの場合怒りは本物ではなく、他の人たちを試し、コントロールするため、そして自分の欲求を押し通すために使われる。怒りは、癇癪、人を殴ること、責めること、だんまり、脅しとパワープレイによって表現される。

・**犠牲者のふり**　犠牲者を演ずる目的は、自分の有害あるいは不適当な行動を正当化しつつ、他の人たちをコントロールすることである。それはパワープレイとして、あるいは他の人たちに仕返しをするために使われる。その裏にある考えは、「もし俺が欲しいものを手に入れられないなら、俺は犠牲者である」ということである。彼らは、自分の行動に関する責任を避け、他の人に責任を負わせて、問題解決への取り組みを避けるため、あるいは他の人を騙すために犠牲者を演ずる。他の人たちに責任があると感じさせ、自分ではどうしようもなかったと思わせるためにこの役割を演ずる。

・**見せかけ**　自分を良く見せるためなら何でも利用する。人をおとしめたり、馬鹿にしたりもする。何か気に入らないことは自分への侮辱と受け止める。

・**おためごかし**　他の人たちに対して親切であるかのように見せかけ、人が自分に借りがあるように感じるよう操る。良くない理由で良いことをする。実際には助けるために助けているのではない。

【内的操作】

・**夢の世界に生きる**　これは、自分がそう望んだからそうなんだ、あるいは、そうなるんだと信じることである。これは、事実に基づいて行動するより、欲求に基づいて行動させる。

・**特権意識**　これは、自分が特別で他の人とは違うので、規則は自分に当てはまらない、あるいは当てはめるべきではないという信念である。これは、他の人たちを無視し、人の言うことを聞かないことを容易にさせる。誰も自分を理解しないし、誰も俺に何をするべきか言うことはできないとする。

・**思い込み**　他の人たちが何を感じ、考え、行うかを、事実をチェックしないで知っていると信じること。これは、自分自身に、他の人が何をしようとしているか、あるいはどのように反応しようとしているか「知っている」と言って、良くない行動に対して弁解するときに用いられる。行動に対する責任をとらないことを容易にさせる。

・**何も問題ない**　良かろうと悪かろうと、自分の行動はすべて何も問題がないと思う。自分は良い人であると信じており、彼がするすべては何も問題はない。虐待的、あるいは卑劣な行為は、行うか、得るか、勝つか、所有するか、あるいはコントロールするのに値するので当然と考える。

D　心理テスト、身体所見等の客観的情報の収集

この点に関しては、通常のアセスメント手続きに準ずる。

E　家庭に関する情報の収集（両親あるいは配偶者との面接等）

家庭に関しては以下の情報が必要である。

（1）その性暴力に関する両親（配偶者）の認識
（2）本人の状況（たとえば、仕事、学校、仲間関係）に関する両親（配偶者）の説明
（3）両親（配偶者）の役割（たとえば、家庭内における父と母それぞれの役割）
（4）夫婦関係
（5）核家族内と拡大家族内の（身体的、性的）被虐待歴
（6）家族内での物質乱用
（7）司法過程あるいは治療教育に対する両親（配偶者）の態度

アセスメント過程の一部として、性暴力者の両親や養育者（たとえば里親）、配偶者に面接することは非常に有益である。本人との面接同様、保護者（配偶者）との面接も三つの目的を持っている。すなわち、信頼関係を確立しはじめること、治療教育に方向づけること、そして、情報を収集することである。加害者の処遇の決定

は、本人と被害者の関係（たとえば、近親姦か家族外の性暴力か）にも影響される。核家族のメンバー（娘等）を虐待した加害者は、家庭から切り離されなければならない。時々、家庭内で性暴力行動があった場合に、父や兄といった加害者が家に残り、被害者が施設などに入れられるという対応を見かけるが、被害者を切り離すのではなく、加害者を切り離すことが望ましい。加害行為は、被害者の責任ではなく、加害者の責任だということを明確にさせることが必要だからである。

a　信頼関係の確立

両親（配偶者）と協力関係を確立することが最初の課題であり、治療教育はアセスメント過程から始まっている。初めに、共に深刻な問題を変化させるのを助けることが役割であることを、両親（配偶者）に説明する。性暴力の扱いにおいて専門的技術を持っていることを、両親（配偶者）に強調することは重要である。これにより、担当者および関係機関への信頼感が確立され、その性暴力行動の重大性が強調されることを期待している。家族からのさまざまな疑念や質問に、適切に対応できるかどうかがポイントになろう。

b　治療教育への方向づけ

両親（配偶者）は性暴力に関してほとんど理解しておらず、多くの誤った認識をしていることが多い。彼らは作り話を信じ、わが子（夫）の行為の重大さを最小化しようとする傾向がある。性暴力に関する両親（配偶者）の考えを知ることは、彼らが治療教育にどのくらい協力的になりうるかを判断することや、治療教育に両親（配偶者）を導入するのに役立つ。アセスメント担当者は、以下の情報を提供する。本人の心理、被害体験、監督するうえでの両親（配偶者）の役割、治療教育契約である。

C　面接の内容

両親（配偶者）が、何が起きたと信じており、わが子（夫）の行為に対してどのような態度をとっているかを理解することを目標とする。両親（配偶者）が、わが子（夫）の性暴力行為を最小化し合理化する程度は、社会内で本人を監視する両親（配偶者）の意欲と、彼の治療教育を受け入れる気持ちに影響する。

次に、核家族と拡大家族内の性的、身体的虐待歴を調べる。性的虐待を調査するときには、以下の要因を考慮する必要がある。

（1）世代間にわたる虐待であるのか。

（2）核家族内、あるいは拡大家族内に他の虐待があったなら、それはどのように扱われたのか。家族はそれを他に明かしたか、治療教育を受けたのか。初期の虐待に対する両親（配偶者）の対処方法は、性暴力行動にどのように対処するかに影響するであろう。

（3）両親（配偶者）の過去の性的被害体験や性暴力行動は、彼女または彼が、どのように性暴力加害者としてのわが子（夫）に関わるかに影響するであろう。

（4）被評価者が家族を虐待していたときは、両親（配偶者）は被害者を守ることが要求される。その能力は、彼らの過去の被害体験や性暴力行動歴に影響されるであろう。

（5）もし、アセスメント担当者が、家族内で現在も性的虐待が起こっているという疑いを持ったら、本人を含むすべての被害者を保護することを優先する。

被評価者の家族には、身体的虐待の歴史があることがしばしばである。身体的虐待の指標は、両親がどのように子どもをしつけ、夫婦の葛藤に対処し、怒りを表現するのかをアセスメントすることによって得られる。身体的虐待がある家庭に育つことは、本人が自分自身の怒りや力と統制の問題を扱う方法に、影響を与えるであろう。

両親（配偶者）のライフスタイルも本人に強い影響を与える。物質乱用（含む飲酒）、社会的ネットワーク、そして職業歴を調べる必要がある。常習的な物質乱用が存在する家族では、両親（配偶者）が性暴力に対処する能力はかなり損なわれている（たとえば、両親は本人に制限を課すことができない）。社会的に孤立した家族は、自尊心が低く、社会的スキルが乏しく、援助を求めるために地域社会のなかへ出て行こうとはしたがらない子どもを作り出す傾向がある。

両親（配偶者）は、被評価者の社会、地域、職場、学校における状況についての情報源でもある。アセスメント担当者は、本人の供述を確かめたり、本人への両親（配偶者）の関わりをアセスメントしたり（たとえば、「一方の親が、もう一方の親よりも本人に密着しているか」）、わが子（夫）に対する両親（配偶者）の意見や感情（たとえば、わが子〈夫〉はうまくやっている／大丈夫である／失敗者であると考えているか）を識別するために、この情報を使うことができる。

被評価者が少年である場合、治療教育過程を通して、両親は、権威者の役割を引き受けるよう要求される。アセスメント担当者は、主に子育てをしてきた人物は誰か、子どもを育てるときに両親はどのように影響し合ったか、どのように躾けたのか、変化させるためにどのように子どもを勇気づけ、動機づけたのかを確認する必要がある。

家族関係をアセスメントするときには、夫婦関係もアセスメントしている。両親は、どのように影響し合っているか、彼らはどのように意見の不一致を取り扱っているか、力の均衡はどうか。これらの情報は、両親を一緒に、あるいは個別に面接することによって手に入れることができる。両親との面接を通して、アセスメント担当者は、治療教育に対する両親の姿勢についての情報を得る必要がある。進んで治療教育に関与したいという両親の気持ちは、その少年の処遇を決定する変数の一つとなる。

d　両親（配偶者）との構造面接

両親（配偶者）との面接には以下の構造面接(Perry & Orchard, 1992) を用いるとよい。これは主として両親との面接を念頭に置いているので、配偶者と面接を行う場合には、工夫をする必要がある。

一般的には両親一緒に面接する。アセスメント担当者は、一方の親が話し合いの主導権を握っているかどうかを判断する必要がある。一人の親と話をする間、他方の親には、アンケートや質問紙に記入するよう頼むこともできる。その親が記入し終わったら、今度はもう一人の親に記入してもらう。そうすればそれぞれから話を聞くことも可能である。

【両親と家族に関する一般的な情報】

家族に関する一般的な情報を収集するため、また信頼関係を確立するために、はじめに一般的な質問をする。

（1）現在の住居にはどのくらい住んでいますか。

（2）子どもは何人いますか。彼らの名前は何ですか（注釈：これらの質問は、いくつかの別の質問になりうる）。

（3）職業は何ですか（注釈：このことから、両親の教育歴や経済状況をアセスメントする）。

【その性暴力行動に関する両親の説明】

（1）あなたの息子さんが行った性暴力について、あなた自身の言葉で説明してください（ここで、アセスメント担当者は、その性暴力行動を否認したり、重大さを最小化したり、被害者を非難するといった両親の傾向に注意をすること。両親間の態度の違いにも注意する必要がある）。

（2）その性暴力行動を知ったときのあなたの反応はどうでしたか。息子さんに対するあなたの反応はどうでしたか。その性暴力行動のことを誰に話しましたか（たとえば、核家族や拡大家族のメンバー、友人、被害者になりうる人）。
（3）息子さんの公的機関への係属は、あなたにどのような影響を及ぼしていますか（各々の親に尋ねる）。
（4）あなたの家族は、どのような影響を受けましたか。家族のメンバーは、（本人に対して）どのように反応していますか（家庭内の虐待の場合、家族メンバーが被害者に対してどのように反応しているのかを確実に尋ねること）。
（5）息子さんの性暴力行動を知ってから、息子さんに対してどのように感じていますか。
（6）その性暴力行動は、被害者に対してどのような影響を与えていますか。
（7）息子さんが再犯をしないために、息子さんをどのように指導監督しますか。
（8）息子さんが性暴力をするかもしれないという危険信号はありますか。今振り返ってみて、初期の危険信号だったと思われる出来事がありましたか。
（9）親として息子さんの治療教育に参加したいですか。
（10）息子さんが本件に対処し、再犯をしないことを学ぶことをあなたは援助できると思いますか。

【本人に関する一般的な情報】
（1）息子さんについて教えてください。
（2）彼は他の家族との仲はどうですか。
（3）彼は学校（職場）についてどのように感じていますか。彼の成績（仕事ぶり）はどうですか。先生（雇用主）との関係はどうですか。
（4）息子さんの友人（男女）について教えてください。彼には親友がいますか。どのくらい友人と一緒にいますか。友人はどのような人ですか。女の子（女性）との関係はどうですか。ガールフレンドがいたことがありますか。

（5）息子さんはどのようにして性行為について知りましたか。

（6）何をするのを息子さんは楽しみますか（スポーツ、クラブ、趣味、運動、など）。

（7）息子さんは、これまで働いたことがありますか。

（8）彼は、これまでに奉仕活動をしたことがありますか。

（9）彼は、これまでに近所の人と問題を起こしたことがありますか。

（10）彼は、今回の事件の前に、児童相談所／警察／家庭裁判所の世話になったことがありますか。もしあるなら、何をしたのですか。あなたはそれにどのように対応しましたか。

（11）兄弟姉妹との仲はどうですか。

（12）彼は、以前に兄弟姉妹をいじめたり、使い走りにしたことがありますか。もしあれば、彼はどのようにしてそれを行い、あなたはそれにどのように対処したのですか。

（13）彼は、兄弟姉妹からいじめられたことがありますか。もしあれば、彼はどのようにそれに対処し、あなたはこの問題に対してどのようなアプローチをとったのですか。

（14）家族のなかで、彼に一番親しいのは誰ですか。

（15）家族のなかで、彼と一番疎遠なのは誰ですか。

（16）彼が悲しんでいたり、落ち込んでいるとき、どのように彼を励ましますか。

【両親の協力関係／夫婦関係（配偶者の場合は夫婦の決定や活動について尋ねる）】

（1）家族のなかでどのように躾をしていますか。

（2）どちらが主に躾をしますか。

（3）もしその躾に反対の場合はどうしますか。
（4）本人は、誰の言うことを最もよく聞きますか。
（5）家族はどんなことを一緒にやりますか。
（6）本人は、それに参加しますか。
（7）家族でくつろぐのはどのようなときですか（たとえば、食事、寝る前、宿題をやるとき）。
（8）子どもと離れて夫婦だけで過ごす時間はどれくらいありますか。何か共通の趣味や関心はありますか。

【性的、身体的、心理的虐待歴】

《性的虐待》

（1）あなたの知っている範囲で、本人が誰かに（家族メンバーも含む）不適切に触られたり、性的行為をされたことが今までにありましたか。
（2）あなたあるいは家族の誰かが、性虐待あるいは性被害を受けたことはありますか？（もし、両親があったと言えば、家族の反応がどのようなものであったかを尋ねる）。
（3）その被害が発覚したとき、あなたは何をしましたか。（または、両親〈配偶者〉の実家における虐待であれば）責任ある大人は何をしましたか。
（4）その被害者は、援助や治療を受けましたか。
（5）その加害者は訴えられましたか。治療教育を受けましたか。
（6）あなたはこれまでに性的、身体的虐待の被害者になったことがありますか。

《身体的虐待》

核家族内における身体的虐待の有無は、躾の方法に関する質問に対しての両親の反応に注目することでわかることがある。担当者が、両親の一方が虐待的であるが、もう一方は思い切って話せないということに感づくことがある。このようなときには、それぞれと個別に面接することが重要である。配偶者に面接するときは、ＤＶについても尋ねる。

《物質乱用》

物質乱用に関する直接的な質問には正直に答えてもらえないかもしれないが、これまでの面接における両親（配偶者）の反応から、多くの関係した情報を集めることができる。アルコール依存や薬物依存の家族については、児童相談所や福祉事務所が知っていることがよくある。さらに、両親（配偶者）の社会生活、彼らが葛藤を扱う方法、彼らの職業生活の状態は、物質乱用に影響されている可能性が高い。

Ｆ　収集した情報の分析

ａ　危険性のアセスメント

アセスメント担当者の主要な課題の一つは、性暴力者の再犯危険性をアセスメントすることである。ペリーとオーチャード（一九九二）は、表2-2をチェック・リストとして挙げている。ただしこの表には、標準化された情報があるわけではないので、一つの目安としてしか利用できないという限界がある。

少年である性暴力者のリスク評価に関して、寺村堅志（藤岡ほか、二〇〇六）は、プレンキーとライトハンド（Prentky & Righthand, 2003）のJ-SOAP-Ⅱを元に、日本の実情に合うようにワーディングや説明を一部修正し、日本版を試作している（表2-3、表2-4）。J-SOAP-Ⅱの特徴は、本人の問題行動履歴など、介入によって変化しない固定的リスク（Static Risk、静的リスクともいう）二尺度と、介入によって変化する可変的リスク（Dynamic Risk、動的リスクともいう）二尺度、計四十八項目から構成されていることで、治療的介入の開始前および介入後に評価することで、リスクの変化を見ることができることである。しかし、このリスク評価も標準データによる信頼性・妥当性が確認されたものではなく、参考としての扱いに限られる。

表2－2　性暴力者危険性チェック・リスト（Perry & Orchard, 1992）

チェック	低危険性	高危険性	チェック
	被害者が一人である。	一人の被害者に複数回の加害を加えているか､複数の被害者がいる。	
	暴力を使っていない。	腕力、武器、もしくは暴力の脅しを使っている。	
	犯罪に関して強迫的でない。	犯罪に関して強迫的である（たとえば犯罪をテーマとするファンタジー）。	
	被害者の抵抗や苦痛の表明に対して犯罪をやめている。	被害者の抵抗を無視している。	
	犯罪の範囲が狭い（一種類の性暴力を一回だけ等）。	犯罪の範囲が広い。	
	逮捕は初めてである。	性暴力での逮捕歴がある。	
	犯罪のパターンがエスカレートしていない。	犯罪のパターンがエスカレートしている（頻度、手口等）。	
	告訴後犯行が止まっている。	告訴後の犯行が続いている。	
	性暴力の治療教育を受けたことがない。	性暴力の治療教育を受けたことがある。	
	犯罪を行ったことを認めている。	犯行を否認している。	
	犯行の責任を認めている。	被害者に責任を押しつけている。	
	被害者にいくらかの共感を示している。	被害者にどのような悪影響を与えたかを考えない。	
	性暴力が法的、道徳的に悪いことだと理解している。	性暴力が悪い理由を理解していない。	
	性暴力について素直に話す。	性暴力に関する事実を隠そうとする。	
	再犯防止に関する考えがある。	再犯防止策がほとんどない。	

（表2-2　続き）

チェック	低危険性	高危険性	チェック
	自分が変化するには援助が必要だということを理解している。	治療教育を受けることに抵抗を示している。	
	性に対する価値観や態度が柔軟である。	性に関する価値観や態度がかたくなで変化しがたい。	
	粗暴、身体攻撃行動がない。	身体的攻撃行動歴がある。	
	物質乱用歴がない。	物質乱用歴がある。	
	被虐待体験がない。	被虐待体験がある。	
	放火あるいは動物いじめをしたことがない。	放火あるいは動物いじめをしたことがある。	
	性暴力行動歴がほとんどない。	性暴力行動歴がある。	
	感情に気づいていて、それを表現する必要を感じている。	感情を抑え込むことで処理しようとする。感情に気づいていない。	
	社会的技能がある。	社会的技能が乏しい。	
	その他の問題がない。	その他の問題（精神病等）がある。	
	アセスメントに協力的である。	アセスメントに抵抗する。	
	地域社会につながっている。	地域社会に仲間がなく、孤立している。	
	両親（配偶者）が犯罪の責任が息子にあると考えている。	両親（配偶者）が防衛的で、息子の犯罪の事実を受け入れようとしない。	
	家族はそれなりにうまくいっている。	家族は機能していないか、多くの問題を抱えている。	
	家族が本人の更生に協力的である。	家族は本人の更生に協力的ではない。	
	両親（配偶者）および同胞に被虐待歴がない。	両親（配偶者）および同胞に被虐待歴がある。	

表２－３　J-SOAP-II　リスク評価表（評価基準）（藤岡ほか，2006）

J-SOAP-II 評価基準表		
セクションⅠ（固定的リスク領域）：尺度１　性欲動・関心・行動の偏向尺度		
01	公的な性非行係属歴	説明：身体接触を伴う性非行の公的係属歴（補導・逮捕歴）をチェックする。ただし、本件非行（直近の非行）はカウントしない。 評定：□０：なし　□１：１回あり　□２：２回以上あり
02	性暴力による被害者数	説明：これまでに少年が身体接触を伴う性的暴力を行った被害者の人数を信頼できる情報源によりチェックする（公的な認知件数である必要はない）。 評定：□０：１人　□１：２人　□２：３人以上
03	男児の被害者	説明：男子児童への性的暴力をチェックする。男子児童とは、年齢がおおむね10歳以下の者を指し、加害少年との年齢は4歳以上離れている場合に限る。 評定：□０：男児被害者なし　□１：１人　□２：２人以上
04	性非行の持続期間	説明：接触を伴う性非行に関わってきた期間（初発の接触を伴う性非行から本件〈直近の性非行〉までの期間）を、自己報告等信頼できる情報でチェックする。 評定：□０：本件のみ　□１：６カ月以内に反復　□２：６カ月以上反復
05	性非行の計画性	説明：性暴力行為に先立つ計画、手口等をチェックする。被害者に接触するため、操作やだましが用いられるなど一般に手口が複雑な場合は、事前の計画が周到に関与している。性非行が複数ある場合は、計画性の程度のより大きいものを判定する。ここで、 「計画性なし」とは、まったく衝動的・機会的な性非行、 「軽度の計画性」とは、性非行に先行し事前に何らかの思考や空想が認められるもの、 「中度以上の計画性」とは、被害者や犯行場所等で手口が明確なもの、をいう。 評定：□０：計画性なし　□１：軽度の計画性　□２：中度以上の計画性
06	性的な攻撃性	説明：性非行に伴い、性非行の遂行に必要な範囲を明らかに超えた攻撃行動の表出の程度をチェックする。ここで、 「なし」とは、被害者を故意に身体的に傷つけたり、はずかしめる行為をしていない、 「軽度攻撃性」とは、被害者を脅かしたり、押したり、平手打ちしているもの、 「中度以上攻撃性」とは、被害者を殴打したり切りつけたりし、治療を要する傷害を与えているもの、故意に被害者を侮辱する行為をしているもの、をいう。 評定：□０：なし　□１：軽度攻撃性　□２：中度以上攻撃性
07	性欲動と関心の固執性	説明：性欲動の強度や関心の固執性が過剰な傾向をチェックする。具体的には、年齢の標準に比べ性的な活動が過剰であったり、性的欲求充足に

(表2-3　続き①)

07	性欲動と関心の固執性	強い固執性が見られるかどうかを判定する(例、露出、覗き、服装倒錯等の性嗜好の偏り、強迫的な自慰行為、ポルノの慢性的使用、性的に過剰にひわいな言動、無差別的な性活動等)。この場合、 「正常・最低限」とは、上記のようなエピソードがあっても1～2回程度のもの、 「中度」とは、上記のようなエピソードが3～5回程度認められるもの、 「高度」とは、上記のようなエピソードが6回以上認められるもの、をいう。 評定：□0：正常・最低限　□1：中度　□2：高度
08	性的被害体験履歴	説明：少年自身の性的被害体験をチェックする。ここで、評定1と2はいずれも性的虐待の被害体験がある者にチェックするが、2は過剰な暴力を加えられたり、身体的傷害を負うなど程度の重いものに限る。 評定：□0：なし　□1：被害あり(軽度)　□2：被害あり(重度)
セクションⅠ(固定的リスク領域)：尺度2　衝動的・反社会的行動尺度		
09	養育者の一貫性	説明：少年の10歳以前の生活における養育者の一貫性や安定性をチェックする。ここで養育者や生活状況の「変化」とは、少なくとも養育者や生活状況の変化が6カ月以上継続した場合を指す。 評定：□0：実親が養育　□1：養育者変化1～2回 □2：養育者変化3回以上
10	広範な怒り	説明：怒りがさまざまな対象や場面で発現する程度をチェックする。これには、言語的な攻撃や怒りの爆発の反復、脅しや威嚇的行動、多様な対象(例、動物、同輩、教師、親等)への非性的身体的暴行が含まれるが、物品の損壊は必ずしも怒りの表れとは言えない点に注意する。ここで、 「軽度」とは、怒りが機会的に不適切な形で現れる場合や、狭い対象に限られる場合、 「中度以上」とは、多様な対象に怒りが向けられ問題が持続している場合、をいう。 評定：□0：なし　□1：軽度　□2：中度以上
11	小学校までの問題行動	説明：幼稚園から小学校時代までの問題行動についてチェックする。この場合、問題行動とは、慢性的な怠学、同級生や教師との身体的暴力を伴う喧嘩等の行動を指し、知的障害等による成績不振や口論程度の問題は含まない。 評定：□0：なし　□1：軽度(数度内)　□2：中度以上(多数回)
12	10歳以前の行為障害履歴	説明：10歳以前の行動について、①規則遵守違反の反復、②他者の基本的人権の侵害、③学校・家庭・地域社会における破壊・攻撃的行為に特徴づけられるような行動上の問題の持続をチェックする。ここで、 「軽度・中度」とは、上記の①～③ の1～2件に該当するとき、 「重度」とは、上記①～③のすべてに該当するとき、をいう。 評定：□0：非該当　□1：軽度・中度　□2：重度

（表 2－3　続き②）

13	少年期の反社会行動（10～17 歳）	説明：年齢 10～17 歳までに以下の非性的非行が認められるかをチェックする。①バンダリズム・器物損壊、②浮浪、習慣的怠学等、③喧嘩・身体的暴力、④武器の携帯、⑤窃盗、⑥交通関連非行など。ここで、 「軽度」とは、上記の 2 ～ 3 項目に該当する場合や、一回きりの比較的大きな問題、単一方向同種事犯の反復（例、万引きの反復）をいい、 「重度」とは、上記の 4 項目以上に該当する場合や、多種方向にわたる非行が反復されている場合、をいう。 評定：□ 0 ：なし・1 回　□ 1 ：軽度　□ 2 ：重度
14	16 歳未満の補導逮捕歴	説明：16 歳未満の時期の性的・非性的非行の補導・逮捕歴を本件を含めチェックする。 評定：□ 0 ：なし　□ 1 ： 1 回　□ 2 ： 2 回以上
15	非行の多様性	説明：補導・逮捕など公的機関に係属した非行のタイプを以下からチェックする。①性犯罪、②非性的対人暴力犯罪（例、暴行、傷害、殺人未遂等）、③財産犯罪、④詐欺犯罪、⑤薬物犯罪（自己使用）、⑥交通事犯、⑦ぐ犯（例、家出、放浪等）等 評定：□ 0 ： 1 種　□ 1 ： 2 種　□ 2 ： 3 種以上
16	身体的暴行および／または家庭内暴力被害履歴	説明：養育者による身体的虐待および／または家庭内暴力（家族メンバーが身体的暴力をにさらされた場面を見聞きした体験）について、少年自身の被害体験をチェックする。ここで、 「軽度」とは、身体的虐待を受けているが治療を要さない程度のもの、家庭内暴力にさらされた体験も、押し合いや平手打ちなどの暴力で傷害を伴わない程度のものをいい、 「中度・重度」とは、身体的虐待や家庭内暴力への露呈が頻繁にあり、医学的な治療を要する程度に問題が大きいものをいう。 評定：□ 0 ：なし・不明　□ 1 ：軽度　□ 2 ：中度・重度
セクションⅡ（可変的リスク領域）：尺度 3　治療的介入尺度		
17	非行に対する責任の受容	説明：非行に対する責任の受容の程度をチェックする。責任の受容とは、非行の責任を他者（例、被害者、友人、家族、関係機関等）や状況に帰属させないことをいう。ここで、 「全面的受容」とは、性非行や非性非行の責任を過少評価せず認めている場合を、 「ある程度あり」とは、ときおり過小評価しても非行を否認しない場合を、 「なし」とは、責任をまったく認めない場合や否認、過小評価が頻繁な場合をいう。 評定：□ 0 ：全面的受容　□ 1 ：ある程度あり　□ 2 ：なし
18	変化に対する内的動機づけ	説明：非行が自分自身の問題として起こったものだという体験をしており、再発を回避するために自分の行動を変えようとする、誠実な願いを持つかどうかをチェックする。ここで、 「あり」とは、非行を悩み、かつ、変化に向けた誠実な願いを持つ場合を、

（表2-3　続き③）

18	変化に対する内的動機づけ	「ある程度あり」とは、再非行による各種の結末を回避したい願いや変化についての動機づけに関し、抵抗や葛藤が比較的大きい場合を、 「なし」とは、変化への内的動機づけがうかがえず、生活に投げやりになっている場合や、否認的な態度が強く変化や治療の必要はないと感じている場合、変化への動機づけが、処分の回避など外的動機づけに由来する場合をいう。 評定：□０：あり　□１：ある程度あり　□２：なし
19	リスク要因に関する理解	説明：自分自身の非行に関連する要因や、状況についての知識や理解の程度とともに、リスク管理方略、および対処方略の活用についての自覚をチェックする。ここで、 「十分あり」とは、リスク要因やリスク管理方略をよく理解し、トリガー、認知の歪み（思考の誤り）、ハイリスク場面がわかり、リスク管理の対処方略を使えることを、 「部分的にあり」とは、リスク要因やリスク管理方略を不完全にしか理解しておらず、一貫した対処行動を示せない状態を、 「不適切」とは、リスク要因やリスク管理方略をほとんど理解しておらず、トリガー、認知の歪み（思考の誤り）、非行を正当化する態度、ハイリスク場面、リスク管理方略を特定できない場合をいう。 評定：□０：十分あり　□１：部分的にあり　□２：不適切
20	共感性	説明：多様な場面における少年の共感能力をチェックする。この場合、誠実な感情を反映した言動と、認知や態度のみに根ざす言動(例、社会的望ましさを強調した反応、よく考えているが知的な理解のみが利いた反応)を区別すること。ここで、 「共感性あり」とは、性暴力被害者に誠実に共感的な感情を示す能力があり、他の場面にも一般化できそうな場合を、 「ある程度あり」とは、共感的な言動は示しているが、知的な水準（頭の中での理解）に留まっていたり、外向けに良く見せようとする構えがうかがえる場合を、 「なし」とは、共感的な言動や他者の安寧を考慮する姿勢がほとんどない場合をいう。 評定：□０：共感性あり　□１：ある程度あり　□２：なし
21	自責の念・罪障感	説明：少年が非行や非行関連の行動に自責の念を反映するような思考、感情、心情（例、後悔、自己非難、罪障感情等）を示す程度をチェックする。ここでも、認知や態度のみに根ざす言動（例、社会的望ましさを強調した反応、知的な理解のみに留まる言動、単に「悪いと思います」というような表面的言動）を区別すること。ここで、 「罪障感あり」とは、被害者に対し誠実に自責の念を持ち、これが一般化できそうな場合を、 「ある程度あり」とは、自責の念は認められるが、これが自身の恥や当惑などの自己中心的動機による場合、思考水準でしか自責の念が認められない場合を、

（表２－３　続き④）

21	自責の念・罪障感	「なし」とは、被害者に対する罪障感がほとんどうかがえない場合をいう。 評定：□０：罪障感あり　□１：ある程度あり　□２：なし
22	認知の歪み	説明：性非行や非行一般を正当化させるような歪んだ思考、信念、態度をチェックする。この項目の評定は項目17（責任の受容）や、21（自責の念・罪障感）の評定に左右されてはならず、思考や態度の歪みを評価する。ここで、 「なし」とは、性非行や非行一般について思考や態度の歪みをうかがわせる言動がない、 「多少あり」とは、思考や態度の歪みをうかがわせる言動が時折見られる、 「頻繁」とは、思考や態度の歪みが頻繁に現れる場合をいう。 評定：□０：なし　□１：多少あり　□２：頻繁
23	同世代の対人関係の質	説明：少年の同世代の対人関係の特質を、非行に関係のない社会的活動に占有されている時間や、交友関係が年齢相応で非行に関わらないものである程度という観点から評価する。ここで、 「適切」とは、社会的に活発で、めったに孤立せず、スポーツ等の社会的活動で友人があり、友人が非行少年でないこと、 「やや不適切」とは、非行少年でない友人が少数、ある程度社会的な活動に参加しているが、非行少年との関わりも見られる場合、 「不適切」とは、仲間関係から退避・孤立している、知り合いという程度の浅いつきあいしかない、仲間の大部分が非行少年の場合をいう。 評定：□０：適切　□１：やや不適切　□２：不適切
セクションII（可変的リスク領域）：尺度４　社会内の安定性・適応尺度 （評定留意事項）尺度４は、過去６カ月の状況について評定する。原版では、施設内で処遇中はこの尺度を評定しないこととされているが、 ①　ベースラインを推定するため、対象者が施設収容中の場合は、施設収容前の６カ月の状況を評定し、 ②　治療的介入の終了後の評定では、施設から地域社会に戻った際にどの程度の状態が期待されるか想定して、説明を読み替えて評定すること。		
24	性衝動や性的欲求のマネージメント	説明：性衝動や性的欲求を社会的に適切かつ健康な仕方で管理できる程度をチェックする。ここでは項目７（性欲動）のような性的行動の強度を査定するのではなく、信頼できる情報に基づき適切性を評価する。ここで、 「適切」とは、性的衝動・欲求が適切に管理されている状態（例、年齢相応の性的親密さが見られる、他者が望まない性的接触や敵対的・屈辱的な性的言動がない）のこと、 「やや不適切」とは、性衝動・欲求はおおむね適切だが、不適切な性的行動が数度あること、

（表2－3　続き⑤）

24	性衝動や性的欲求のマネージメント	「不適切」とは、性衝動・欲求の管理がずさんで、性衝動の充足を偏った仕方で反復的に行う傾向が見られる（例、強迫的な自慰・ポルノ使用、乱脈な性交渉、合意を欠いた性行動すべて）場合をいう。 評定：□0：適切　□1：やや不適切　□2：不適切
25	怒りのマネージメント	説明：怒りの感情表現の適切性をチェックする。ここでは項目10の怒りの広範性を評価するのではなく、対人場面における怒りをどれだけ適切に管理できているかを評価する。ここで、 「適切」とは、怒りが言語を介して適切に表現され、粗暴な言動が見られないもの、 「やや不適切」とは、おおむね適切だが、時折粗暴な言動が見られるもの、 「不適切」とは、頻繁に粗暴な言動が認められるものをいう。 評定：□0：適切　□1：やや不適切　□2：不適切
26	生活状況の安定性	説明：少年の家庭の生活状況の安定性を次のような条件を考慮し、総合的にチェックする。養育者の別居、離婚、死別、失業、頻繁な転居、家族成員の薬物乱用、ポルノ使用、児童虐待、性的バウンダリーの緩さ、各種障害、喧嘩、家庭内暴力、犯罪など。ここで、 「安定」とは、重大な不安定要因が特にないこと、 「やや不安定」とは、間欠的に不安定な要素が認められること、 「不安定」とは、上記のような問題が毎週起こる場合や、間欠的であっても性的虐待や暴力がある場合をいう。 評定：□0：安定　□1：やや不安定　□2：不安定
27	学校（職場）における安定性	説明：学校における行動の安定性をチェックする（就労生活についている場合は、職場の安定性と読み替えて評定する）。不安定な場合は次のような行動が見られる場合を指す。怠学（怠休）、遅刻の反復、規則違反の反復、薬物乱用など。ここで、 「安定」とは、上記のような問題がほとんどないこと、 「やや不安定」とは、おおむね安定しているが、時折、不適切な行動が見られること、 「不安定」とは、頻繁に不適切な行動が見られることをいう。 評定：□0：安定　□1：やや不安定　□2：不安定
28	ポジティブなサポート体制	説明：社会内で少年がポジティブなサポートを得られるサポート体制を評価する。サポート体制には、①家族や近親者からのサポート、②友人からのサポート、③ケースワーカーや保護司など関係者からのサポート、④課外活動などを指す。 「十分あり」とは、3種類以上のサポートがある場合を、 「ややあり」とは、1～2種類のサポートがある場合を、 「なし」とは、サポート体制がないか、否定的なサポートが認められる場合（例、不良交友関係によるサポート等）をいう。 評定：□0：十分あり　□1：ややあり　□2：なし

（表２－３　続き⑥）

セクションⅢ（原版にないリスク評価）：対象者のリスク要因の全般的状況のまとめ
1．J-SOAP-II のまとめ：本セクションでは、まず J-SOAP-II よるリスク評価に基づく対象者のリスクを、評点および全般的な布置からまとめる。 2．その他留意事項：J-SOAP-II は、必ずしも少年のリスク要因を網羅しているものではないので、他に少年に固有なリスク要因が認められる場合は、この点も付記しておくこと（例、自閉性スペクトラムの障害等が、性非行や一般非行の発現にも相当関与していると考えられる場合など）。 3．全般的まとめ：以上をもとに少年のリスク状況について全般的な見通しを簡潔に記載する。

b　処遇意見

アセスメント担当は、関連する必要な情報を可能な限り収集し、再犯危険性を判断し、処遇意見書を作成する。アセスメント結果に盛り込むべき標準的内容は、以下のものである。①この被評価者の再犯可能性はどうか、②治療教育による変化の可能性があるか、③在宅のままでの治療教育が可能か、それとも施設収容による治療教育が必要か。アセスメント結果をまとめる際には、評価者が合理的に判断したり、実証できないことを主張するのは避ける必要がある。

【再犯の危険性】

「危険性チェック・リスト」および J-SOAP-II が、少年が再犯する危険性に関する必要な情報を集めたかどうかを確認するのに役立つ。

危険性の判断は慎重に行うべきである。重要な因子は、その性暴力行動の攻撃性の程度、性暴力行動の頻度、性的に逸脱した刺激に対する興奮の程度、直面化への耐性、身体暴力歴、他の問題行動、保護者その他の指導監督力である。

【治療教育によって変化する可能性】

検査者は、その被評価者が治療教育に応じるかどうかを判断する必要がある。すべての性暴力者が治療教育に応じるわけではない。そして、裁判などの公的介入後でさえ性暴力行動を否認している者は、治療教育には不適切であ

表2－4　J-SOAP-Ⅱ評定表（藤岡ほか，2006）

	評定リスク項目	評定値 (0､1､2)
Ⅰ	尺度1：性欲動・関心・行動偏向	
1	公的性非行係属歴	
2	性暴力による被害者数	
3	男児の被害者	
4	性非行の持続期間	
5	性非行の計画性	
6	性的な攻撃性	
7	性欲動・関心固執性	
8	本人の性的被害体験	
Ⅰ	尺度2：衝動的・反社会的行動	
9	養育者の一貫性	
10	広範な怒り	
11	小学校までの問題行動	
12	10歳以前の行為障害履歴	
13	少年期の反社会行動	
14	16歳未満の補導・逮捕歴	
15	非行の多様性	
16	身体的暴行・家庭内暴力被害履歴	
Ⅱ	尺度3：治療的介入	
17	非行に対する責任の受容	
18	変化に対する内的動機づけ	
19	リスク要因の理解	
20	共感性	
21	自責の念・罪障感	
22	認知の歪み	
23	同世代の対人関係の質	
Ⅱ	尺度4：社会内の安定性・適応	
24	性衝動・欲求のマネージメント	
25	怒りのマネージメント	
26	家庭生活状況の安定性	
27	学校（職場）における安定性	
28	ポジティブなサポート体制	
Ⅲ 総合評価		

J-SOAP-Ⅱ　得点のまとめ		
Ⅰ．固定的リスク尺度		
尺度1：性欲動・関心・行動偏向		/16
尺度2：衝動的・反社会的行動		/16
固定的リスク合計（1＋2）		/32
Ⅱ．可変的リスク尺度		
尺度3：治療的介入		/14
尺度4：社会内の安定性・適応		/10
可変的リスク合計（3＋4）		/24
J-SOAP-Ⅱの総合得点（1＋2＋3＋4）		/56

J-SOAP-Ⅱプロフィール				
J-SOAP-Ⅱ	0	50	100	%
尺度1				0
尺度2				0
尺度3				0
尺度4				0
固定リスク				0
可変リスク				0
総リスク				0

る。その場合は拘禁や監視などが、一義的な社会的対応となる。

この可能性をアセスメントする際には、個人、家族、そして環境を評価する必要がある。個人については、治療教育への動機づけ、自我防衛の柔軟さの程度、そして内的資質を見る。両親（配偶者）は、わが子（夫）の行為が道徳的にも法律的にも間違っていたということを認識する必要があり、社会内で治療教育を行う場合は、わが子（夫）の行動に制限を設け、治療教育に協力することを望んでいることが不可欠である。もし、家族が治療教育に協力的でなければ、施設収容による治療教育が必要となる。

治療教育しないということを勧告することに抵抗を感じる臨床家もいるであろうが、不適切な治療教育勧告は、本人にとっても社会にとっても、有害であることもありうる。

治療教育しないという決定から生じる利益は、以下のようなことが考えられる。

（1）見せかけの治療教育を回避する。

（2）より適切な時期まで治療教育を遅らせる。

（3）本人と治療教育者が、時間、努力、そして金銭を浪費することを防ぐ。

【社会内処遇か施設内処遇かの選択について】

在宅のままで治療教育が可能であるか、あるいは施設収容が必要であるかは、性暴力者の行為の危険性による。アセスメント担当者は、「その被評価者は地域社会にいても大丈夫か」を考えなければならない。その際に、担当者は、本人にとって何が最善なのかを考えるのと同様に、社会にとって何が最善なのかを考えなければならない。どのような条件が満たされた場合は、社会内での治療教育が可能であるかということを、慎重に評価する必要がある。危険性の高い加害者は、その反社会的な行動に十分な統制を及ぼすことができる施設内で生活することが、必要になってくるであろう。

以下の行動が認められる少年は、施設収容による治療教育を受けるよう意見を述べることがよいと考えられる。

（１）性暴力行動は認めているが、攻撃的である。
（２）複数の被害者がいる。
（３）被害者の苦痛を軽視する態度を示す。
（４）性暴力行動の頻度や攻撃のタイプと程度が、エスカレートしている。
（５）性暴力行動が進んでいる。
（６）社会内で治療教育を受けているにもかかわらず、性暴力行動を続けていた。
（７）家族や地域社会の援助ネットワークがない。

以下のときは、在宅での治療教育の可能性がある。

（１）性暴力がそれほど攻撃的ではない。
（２）性的嗜好は、奇怪なもしくは儀式的な対人行為（たとえば、ＳＭ）を含んでいない。
（３）その性暴力が最初の性暴力行動で、他の性暴力行動歴、特に攻撃的な性暴力行動歴がない。
（４）精神障害がない。
（５）自分の性暴力行動を認め、治療教育への動機づけが高い。
（６）本人に自分の生活を管理するための十分な社会的、知的、心理的資質と技術がある。

Ｇ　アセスメント報告書の作成

アセスメント担当者は、情報をすべて集積した後で、評価を依頼された機関や治療教育機関に役立つように、報告書にまとめて提出することが一般的である。依頼内容と依頼者に応じて、報告書の様式は変化しうるが、以下のような内容を記載することが標準的であろう。

（1）性暴力行動の詳細（被害者と本人の年齢の違い、二者の人間関係、性行為の種類、強制や身体暴力の使用）
（2）他の性暴力歴
（3）性的ファンタジーを含む性体験歴
（4）被害経験
（5）個人的な関心事とその強さの程度
（6）家族関係
（7）仲間との関係
（8）精神状況
（9）性暴力に対する両親（配偶者）の反応
（10）両親または本人自身の夫婦関係
（11）地域社会への危険性

治療教育実施のための情報を治療教育担当者に伝達し、最初の治療教育プランを立てることもアセスメント担当者の重要な役割である。いずれも寺村による（藤岡ほか、二〇〇六）、収集した情報をまとめるためのケース概要表（表2-5）、治療教育評価表（表2-6）、および本人の治療教育への構え等を知るための「ぼくのチャレンジ」（表2-7）を参考までに掲載する。各機関の実情に合わせて様式を作成することがよい。また、これらの表は、治療教育開始前、実施中、終了後に繰り返し検討し、治療教育プランの見直しとプランの修正に用いることができる。アセスメントが治療教育への第一歩であるのと同様に、治療教育について十分に理解していることが適切なアセスメントの第一歩である。アセスメントと治療教育とは車の両輪であり、治療教育を実践中も、常に評価と治療教育プランを見直し、修正していくことが大切である。

表2-5　ケース概要表（藤岡ほか，2006）

No.		氏名		生年月日	S/H　・　・	年齢	歳
担当者			インテークアセスメント実施日	H　・　・			
			プログラム編入実施期間	H　・　・　～　・　・　（　日）			
			プログラム開始前評価日	H　・　・			
			プログラム終結時評価日	H　・　・			
インテークアセスメントの要約							
家庭の概況							
学歴・職歴							
生活史 問題行動歴							
性格特徴							
心理テスト 所見の要約							
精神科診断等 心身に関する 特記事項							
性非行の特徴							
問題点のまとめ							
その他の 特記事項							
処遇上の 重点目標							
処遇上の 留意事項							
プログラム 実施後の課題							

表２‑６　治療教育評価表（藤岡ほか，2006）

No.		氏　名		生年月日(歳)	SH.　・　・
評定者		評定段階	初期・中期・終結期	評　定　日	H.　・　・

評　定　項　目	評価のポイント	評定（○、△、×）及び特記事項	
①　責任の受容			
1．性非行の自認	否認をせずに性非行を受容できているか		
2．性非行の明細化	公的記録以上に性非行情報を出せているか		
3．罪障感	自分の性非行を誠実に悔いているか		
②　再発防止の措置			
1．認知の歪み	自分の認知の歪みに気づき説明できるか、その歪みを是正するために学習しているか		
2．性非行サイクル	自分の性非行サイクルに気づき説明できるか、また悪循環を抜け出す方策を学習しているか		
3．ハイリスク場面	自分のハイリスク場面に気づき説明でき、これを回避するすべを学習しているか		
4．性的関心・興奮のパターン	自分の性的関心や興奮のパターンがどのようなものか説明でき、その偏りを低下させることができているか		
5．侵襲的思考	少年は望ましくない性的思考はあるか、またそれを低減させることを学習しているか		
6．性的な構え	自分自身の性的嗜好に気づいており、年齢相応に望ましい性的な態度を学習しているか		
7．潜在的な被害者を保護する構え	少年の言動には、被害者の心の痛みを理解し、潜在的な被害者の安全や福祉を守ろうとする態度が見られるか		
8．自身の被害体験	自身の被害体験を振り返り、自分の問題との関連性を整理・理解できているか		
9．再発防止計画	非行の再発を防止するためのプランが考慮できており、実現可能性は現実的か		
10．規則遵守	処遇中および処遇後の規則を誠実に守ろうとする態度が見られるか		
11．再発の警戒必要性理解	再発防止のためには長期的な警戒が必要なことを、過少評価せずに理解できているか		
12．家族の治療協力	家族は少年の治療に肯定的・積極的に関与しているか		
13．家族による少年リスク理解	家族は少年のリスクを過少評価せず、正当に理解しているか		

（表2－6　続き）

14．家族のポジティブなモデル提示	家族は向社会的な行動を促すような肯定的なモデルを提示できているか		
15．家族の監督指導体制	家族は少年の非行の再発となるきっかけを意識し、そうした行動の生起に際して具体的に何をすればよいか検討できているか		
③　その他の関連するライフスタイルの変容			
1．誠実な治療態度	少年は、治療への取り組みで防衛やごまかし等をせず、正直でオープンな態度が示せているか		
2．集団セッション参加態度	グループ内では直面化やサポート等の態度が意欲的かつ良好に示されているか		
3．攻撃的・反社会的態度	評定期間中に少年は、攻撃的・反社会的な言動に訴えず、適切な対処スキルや言動を示しているか		
4．性的に露骨な素材の使用や言動	評定期間中に少年は、性的に露骨な素材使用や言動に訴えることがなくなっているか		
5．良好な同世代の者との対人関係	評定期間中に少年は、反社会的な行動を支持するような仲間関係や孤立することなく、向社会的で健全な対人関係を持てるようになっているか		
6．被害者的な立場からの脱却	自己中心的な欲求や願望にこだわることなく、被害者、家族、地域社会のニーズを考えているか		
④　その他、少年に固有の評価事項（右欄に項目を明記し評価する）			
⑤　治療動機づけと「変化の段階」（変化の段階のどの段階にあり、介入に対しどのような反応や態度が見られるかをまとめる）	変化の段階：1前考慮期、2考慮期、3準備期、4行動期、5維持期 コメント：		
⑥　介入経過まとめ（上記の評定を勘案のうえ、総合的な評価を行い、事後の介入課題などを記載する）			

（注）　各項目の評定は、次のように行う。○所期の目標をおおむね達成している。△達成状況は不十分でほとんど進歩が見られない。

表2-7　ぼくのチャレンジ（藤岡ほか，2006）

No.		名　前		記載日	（初期・中期・後期）

「ぼくのチャレンジ」

このシートは、みなさんが性非行のプログラムに参加する際の感想や進歩の様子について、みなさんの考えを知るためのものです。自分をふりかえって、今感じていることや考えていることを自由に書いてください。

1．ぼくの問題

どのような問題が自分の性非行に関係していると思いますか？　今考えていることを書いてください。

2．問題の解決のためには

その問題の解決のためには何をしたら良いと思いますか？　今考えていることを書いてください。

3．自分の与えた被害について

自分の起こした性非行のため被害を受けた人がいますが、あなたはそのことをどのように思っていますか？　今の気持ちを書いてください。

4．同じような問題が起こるのをふせぐため、これからぼくはどうすればいいんだろう

これから同じような問題が起こるのをふせぐためには、自分は何をしたらいいでしょうか？　今あなたが考えていることを書いてください。

（表2－7　続き）

5．プログラムに参加について

次の質問で、当てはまるところに○をつけてください。また、プログラムについての疑問や要望があれば自由に書いてください。

a．プログラムに参加する気はどのくらいですか？
　ア　とてもやる気がある　　イ　まあまあやる気がある
　ウ　あまりやる気がしない

b．プログラムは自分のためになりますか？
　ア　とてもためになる　　イ　まあまあためになる
　ウ　あまりためにならない

c．プログラムに参加して自分は変わると思いますか？
　ア　とても変わると思う　　イ　少しは変わると思う
　ウ　ぜんぜん変わらないと思う

d．プログラムに参加して自分に役立ったことやこれから役立つと思うことにはどんなことがありますか？　自由に書いてください。

e．プログラムに参加する（した）ときに、よくわからないことや、いやなことがあったら、自由に書いてください。

f．その他プログラムについての感想、疑問、要望などがあれば自由に書いてください。

3　評価者と治療教育担当者が同じ場合のアセスメントについて

以上は、法務省の機関である少年鑑別所におけるアセスメントを念頭に記述したが、公的機関に属してアセスメントを実施するのでない限り、こうした集中的な評価は現実には困難であることも多い。現在筆者は、民間の一個人として、性暴力の治療教育を実施しているが、その場合には、初回面接時に、J-SOAP-IIによる評価が可能な程度に情報を集め、次の面接時には、J-SOAP-IIの結果を本人に示しながら、治療教育の方針や必要性について話し合うという手順を踏むことが多い。評価者と治療教育の実践者とが同一である場合、治療教育の初期段階として、動機づけと関係作りを行いながら、アセスメントも行っていくというやり方が現実的であろう。ただし、この場合は、本人に多少なりとも治療教育を受けることへの動機づけがあって来談しているので、そこに働きかけることが可能であるという前提がある。また、家族や関係機関からの照会であることがほとんどであり、その場合、家族からの情報や関係機関におけるアセスメント結果を活用することができる。アセスメントの努力は、そのまま治療教育への導入へとつながっていくのである。

第3章　性暴力行動の変化に焦点を当てた治療教育

1　性暴力への社会的対応

本書は、性暴力行動変化のための心理教育的治療に焦点を当てているが、性暴力への社会的対応としては、それはごく一部にすぎないことは言うまでもない。性暴力への社会的対応としてまず大切なのは、「被害者の安全と安心そしてエンパワーメント」であり、次いで、「性暴力行動を抑える」ことであると筆者は考えている。ここで、性暴力行動を抑えるという場合、従来の刑事司法政策による拘禁刑、および性犯罪者情報の収集と管理を含めている。暴力は、ある意味では、自己の欲求や感情を他に押し付ける「効果的」な一つの方法であるし、暴力によって自己の欲求を充足することに味をしめ、かつ他の適切な欲求充足手段を持たない者にとっては、なかなか手放すことが難しい。その場合は、これ以上被害者を出さないために、加害者の暴力行為に対しては毅然とした態度で適切に抑制していくことが不可欠になる。

法務省で、カナダ矯正局のプログラムを参考にした、認知行動療法を基盤とする性犯罪者プログラム（詳しくは、澤田（二〇〇六）、名執（二〇〇六）、橋本（二〇〇六）、性犯罪者処遇プログラム研究協議会（二〇〇六）

参照）が話題になりはじめた頃から、筆者に対しても、加害者の家族、関係機関、弁護士等から、「治療教育」への照会が増えはじめた。社会に「受け皿」がないことを痛感している。しかし、もう一つの問題は、「この人はどう考えても社会内で、民間人による『カウンセリング』を受ければ再犯罪が抑えられるわけではないのになあ」という人まで照会されてくることである。性暴力行動の攻撃性が高い者、性暴力以外の犯罪性や生活態度の問題が大きく、社会内で実施するカウンセリングの枠組み（約束事）にまったく従えない者、犯行を完全に否認している者、変化への動機づけがまったく見られない者といった者は、社会内での「カウンセリング」の対象とはならない。誰もが「心理教育的働きかけ」で、完全に性暴力行動をやめるわけではない。誰もが「頑張れば」、百メートル十秒台で走れるようになるわけではなく、難関大学に合格できるわけでもなく、難病が完治するわけではない。その場合には、「被害者を出さないこと」を念頭に対応策を考えていく必要がある。

他方、逆の行き過ぎが生じることもある。なんでもかんでも、誰でも彼でも、「性加害行為」を行った者には一律、「厳罰」あるいは、個人情報の公開を含む「監視」で対応すればよいという論調である。行為と罰との間に不均衡が大きくなりすぎれば不公平感は高まり、かえって加害行動を強めてしまう恐れは大きいし、そうした不公平感を助長するような状況での刑の執行には、膨大な資金とエネルギーとを要することになる。「監視」と一言で言っても、たとえＧＰＳ発信装置といったものを使用したとしても、個人の行動を二十四時間、すべて監視することには、これもまた膨大な資金とエネルギーとを要し、かつ個人の自由の侵襲が普遍化しないように厳重にチェックしていく必要がある。性犯罪者の情報を収集し管理することは重要であるとしても、すべての情報を、たとえばインターネットなどで誰でもがアクセス可能な方法で公開することは、別の大きな弊害が生じる危険性が高い。自身の鬱憤や攻撃性の発露として、攻撃することの「大義名分」が立ちやすい弱者に対して、暴力を振おうとする人びとが、残念ながら存在する。新たな暴力を誘発することになりかねないのである。

結局、これ一つですべてが解決できるという万能薬は、残念ながらない。個人と社会の安全と安心を最大限にするバランスを考慮しながら、個々の加害者の性暴力行動の危険性と変化可能性とを慎重に評価し、最善と思われる対処をしていくほかない。そのためには、性暴力の実態について理解を深め、罰や監視という手段を適切に使いながら、変化のための道筋も作っていくという両面の対応が不可欠であろう。

さらに言えば、性暴力を含む暴力行為の背景には、対等で協力的な関係性を作り、維持することが困難であるという事情があることが多い。家庭、学校、社会のなかで、勝ち負けや、支配-被支配関係だけが強調され、そのなかで暴力を振るってでも自己の欲求を押し通すことが、「得」をしたり礼賛されるような文化的傾向があることは、性暴力の蔓延と関係があると筆者は考えている。性暴力の問題は、実際には、加害者を厳罰に処して目の届かないところに押し込め、自分とは無関係であると涼しい顔をしていられるような問題ではない。社会のあり方、子育てや教育の問題として、対等で協力的な関係を人びとがどのように持てるようになるか、葛藤が生じた場合に、どのように暴力を横行させることなく調整していけるのかという、人類の知恵の問題になってくる。この問題は、大きすぎて筆者の手には余るので、その存在を指摘するに留め、以下には本書の主題である、性暴力加害者への治療教育について述べていくこととする。

2　性暴力加害者に対する治療教育の構成要素

性暴力加害者の治療教育の重要な構成要素としては、①加害行為に対する責任を負わせる、②被害者への共感を育てる、③再犯防止教育、④性の再教育、⑤情緒的・社会的成長を促進し社会適応力を向上させる、の五つがあると考えている。このうち④と⑤は、より一般的な教育であるので、ここでは、①〜③について説明する。

A 「責任」を負うとは

「責任」を負うというと、現行の司法制度の下では知らず知らずのうちに、「処罰を受ける」「（刑務所、少年院などの）施設に入れられる」ということを意味することになりがちである。これは性犯罪受刑者ではないが、以前に刑務所に勤務していた際、ある女性の窃盗累犯受刑者が、「自分はこうして刑務所に入れられて、刑務作業をきちんとやって責任を果たしているのだから、それで責任は果たしている」と話すのを聞いて、少し違うのではないかと思った記憶がある。

あるいは「責任」追及というと、親が悪い、本人が悪い、あるいは社会が悪いと、過去の「失敗」の「悪玉」を探すということで終始してしまいがちで、そんなことをしてもかえって逆効果であるという思いもある。それに関連して、児童相談所や児童自立支援施設といった、子どもの加害者たちの立ち直りを福祉的立場から支援する人びとは、「子どもに責任を負わせる」というと、それだけでアレルギー反応を起こすという印象も筆者にはある。実際、そうした機関に係属する子どもたちの家庭状況や社会経済状況は劣悪であることも多く、彼らの非行は、決して子どもたちのせいではなく、子どもたちの責任ではないことまで「責任」を負わせることは、子どもたちの成長を阻害するという考え方も理解できないではない。しかし、彼らが論じている「責任」は、過去の失敗の悪玉を探すという意味に近いのではあるまいか。

この二つの「責任」は、現行司法制度が基づいている、いわゆる応報的司法における「責任」の概念を反映している。しかし、いわゆる修復的司法の考え方を用いると、「責任」は少し異なる概念となる（表3-1参照）。それは、①自らの行動の結果を引き受け、「問題とされる行動」を振り返る（説明責任）、②その振り返りをもとに、将来の再犯罪を防止する（再犯防止責任）、③被害者（家族や地域社会といったコミュニティを含む）に対する謝罪と具体的な償いの行動をとる（謝罪・賠償責任）である（ゼア、二〇〇三）。

表3-1　現行司法制度と修復的司法制度における「責任」
（ゼア，2003）

現行システム：加害者の責任	修復的司法：加害者の責任
責任とは、罰を受けること	責任とは、被害者に与えた害を認め、それを償う行動をとること
・被害者と加害者は受動的役割 ・足りないことに焦点が当てられる ・負債は抽象的 ・賠償は、あったとしてもごくわずか	・被害者と加害者は能動的役割 ・強さに焦点が当てられる ・負債は具体的 ・賠償／修復が当たり前

なお、本書で「コミュニティ」という場合、単に空間的なつながりというよりは、人の感情や認識によって構成されているつながりを意味している。人がコミュニティに属していると感じられるのは、そこに他者とのつながりがあり、コミュニティに対して主体的であり、責任を持てるときである（ワクテル、二〇〇五）。加害行為が衝撃を与えるのは、直接の被害者だけではなく、被害者の家族・コミュニティ、および加害者の家族・コミュニティであり、犯罪行動の及ぼした悪影響に対して、被害者、加害者、コミュニティメンバーの三者が関与して、三者にとってより良い対応策、解決策を探っていくことが必要とされる。詳しくは、藤岡（二〇〇五）を参照されたい。

性暴力者は自らやったことを認めないことも多いし、認めたとしても、自分のせいではない、相手が誘った、そこまではやっていない、そんなつもりではない等、否認や合理化に終始する傾向が強い。それをどこまで、自分がやったこととその結果を自他に認め、どうしてそういう行動を行うようになったのかを自他にきちんと説明することが、治療教育の要素としては不可欠である。事実が明らかであるにもかかわらず、やったことを全面的に否認し続ける加害者は、治療教育の対象とはならない。他の対処・介入方法を考える必要がある。成功したときに、自らの行動の経緯を振り返ったり説明することは、誇らしくもあり容易なことであろう。しかし、失敗したときに、自らの失敗を認め、それをきちんと正直に振り返って説明することは、誰にとっても困難なことではある。その困難な説明責任を果たそうと努力する加害者に対しては、筆者としては、やはりその勇気と努力に対して、敬意を感じる。

説明責任を果たすことが重要であるのは、なぜ、どのように加害に至ったかという理解に基づいて、では、今後どのようにすれば加害行動をしないで生きていけるかという、対処あるいは介入の手立てを考えることができるためである。仮に施設にいる間は、あるいは他者による介入を受けている間は、加害行動が抑えられているとしても、社会に戻れば以前と同様の、あるいはさらに厳しい生活状況に置かれ、また人間、特に年齢を重ねれば重ねるほど、少しのことでは行動のパターンがころっと変わるわけでもなく、いずれ以前の加害行動時と似たような再犯の危機は、必ず、何度も繰り返し訪れると予期される。その際に、以前とは異なる危機への対処をし、再犯を防止することは、加害者が負うべき最大の責任である。過去の失敗の悪玉を探すのではなく、将来に向けて、二度と被害者を出さない責任を、本人自身が負っていく構えと力とを身につけていくことが望まれる。いくら監視を強化しても、本人がなんとかして犯行を行おうと決意していれば、それを防ぐのは容易なことではない。四六時中、家族や警察官がついてまわるのは、あまり現実的とは言えない。本人自身が危険性を理解し、犯罪行動をとらないための行動をとっていければ、それに勝ることはない。具体的方法については、「再犯防止教育」で、項をあらためて詳述する。

最後に、謝罪と具体的な償いの行動をとる責任がある。加害行動を行った者に対し、「反省しているから許してやれ」とか、「罰を受けてきたから暖かく迎えてあげましょう」とか、そういった論理で被害者やコミュニティに再度の犠牲を強いることは不当である。加害者があらためてコミュニティの一員となるには、謝罪と償いの行動をとることは当然であろう。現在では、誰にどのように謝罪し、どのように償うのか（金銭賠償だけとは限らない）が不分明であることから、多くの混乱が生じていると考える。この問題は、性犯罪者の治療教育を超えた議論と対応策を要する。しかし、謝罪・賠償責任は、性暴力者の治療教育の構成要素として不可欠である。

加害者本人の責任を強調してきたが，加害者が一人ですべてこれらの責任を負うべきであり，社会には何の責任もないと述べているわけでは決してない。むしろ，この三つの責任を負えるよう支援することが，社会の責任であると筆者は考えている。特に，未成年者に対しては，成人としての責任を負えるように，教え，支えていくことが，保護者，教師，成人の責任である。年齢や発達に応じて，果たすべき責任を果たせるようにしていくことは，極めて大切なことであろう。

B　被害者への共感を育てる

前記の三つの責任を果たせるようになるためには，現実問題として，被害者への共感性を育てることが鍵となる。これは他者の視点を習得することとも密接に関係している。刑罰を受ければ自分のしたことの意味がわかって，反省し，二度とやらないだろうと期待しがちであるが，残念ながらそううまくはいかない。もともとそれができないから犯行を行っているとも言えるのであって，単に被害者への謝罪文を書かせ，「人の痛みを知りなさい」と「教えて」も，期待する成果は上がらない。謝罪の手紙を書くことに意味がないと言っているのではない。謝罪の必要性を教える必要はあるし，謝罪文を書くことは最初の一歩ではありうる。しかし，通常の社会性・情緒性の発達を遂げていれば，性暴力を行うようになる思春期前期くらいには，ある程度他の痛みに共感できて，それが加害行為への内的抑止力となっているはずであるし，少なくとも加害行為を行えばどのような結果になるかという外的な統制力は，身についているはずである。それでいて，「自己中心的」に加害行為に及んでいるからには，それなりの理由や原因があると考えたほうが現実的である。

本書では，性加害行動を，パターン化された感情‐思考‐行動の連鎖と見なしている。すなわち，性暴力行動の背景には，それを支える性暴力行動を可能にする合理化，あるいは思考の歪曲があり，そうした思考をもたらすのは，感情の問題であると考えているのである。実際，司法手続きによって性犯罪行動を抑え，思考の誤りに気

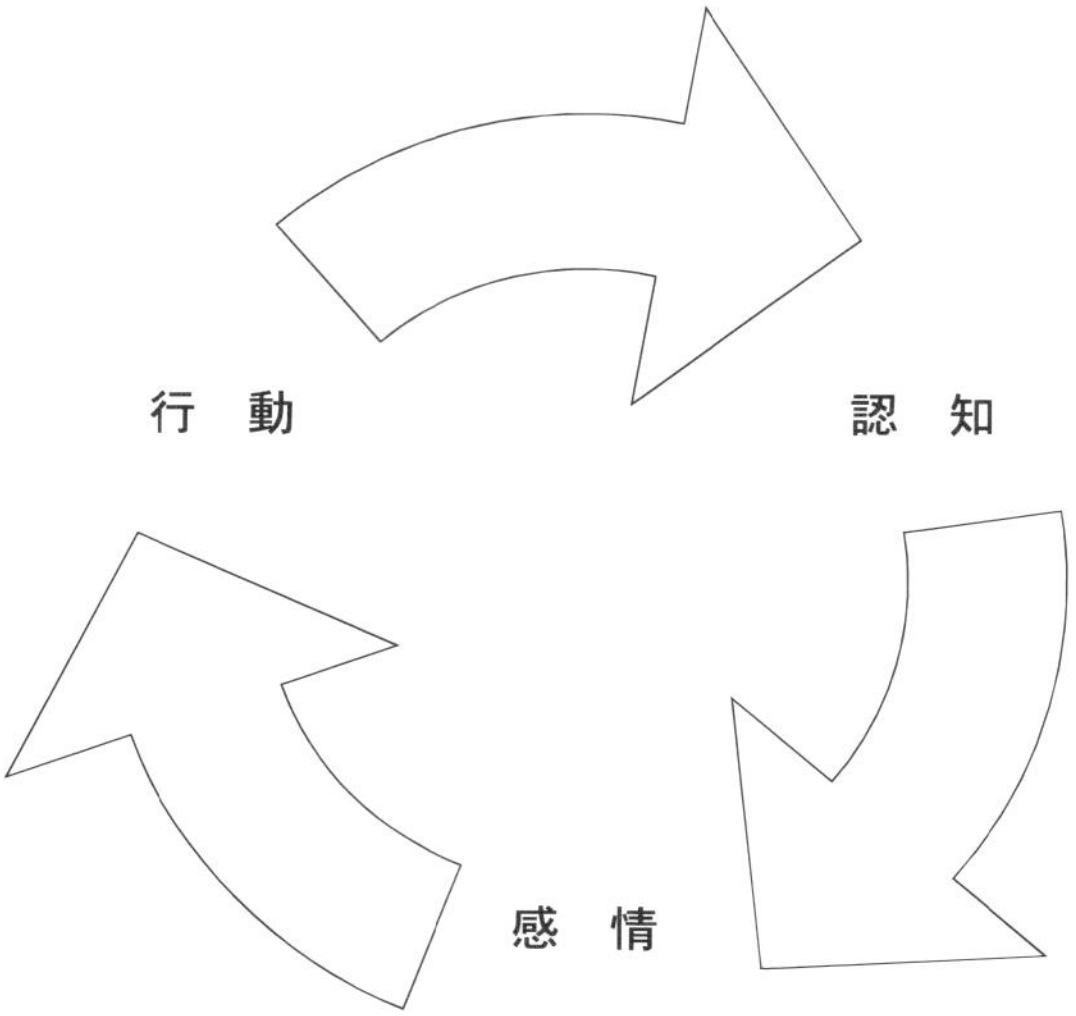

図３－１　感情-思考-行動のサイクル

づいてくると、ほぼ必ずと言ってよいほど「感情」の問題、何らかの理由によって自由な感情表現、特に否定的な感情表現がなされてこなかった実情が見えてくる。発達障害等の器質的な理由によって感情が動きにくい場合もあるが、多くの場合は、身近な対人関係のなかで「心の壁」が築かれ、いつしか自分が何を感じているのかもわからなくなり、ましてや人の気持ちなどわからず、他者との自然な感情の交流が難しいことから、さまざまなつまづきが生じていることが見えてくる（図３－１参照）。

こうした場合、まずは、自分の感情に気づくことから始まる。否定的な感情に気づかないように対処してきたのであるから、それに気づいていくためには支えと時間とを要する。彼自身の生い立ちと経験とを共に振り返り、自身の認知と感情を言葉にしていく作業が必要なのである。自身の感情がほぐれ、動き出し、柔らかくなってくると、ようやく「被害者の気持ち」も入っていく土台ができる。その時点で、被害者に関する情報、視点を入れる。それ以前の被害者に関する情報提供は、良くて表面的な知的「理解」、悪くすると

「拒否」や見せかけだけになりがちである。「被害者の視点」をとれるようになることの重要性を提示しながら、なおかつ戦略的に、忍耐強く働きかけていく必要がある。初めから一般社会での成人に期待されるような「共感」を求めても現実的ではないが、個々の情緒性の発達に応じた「共感性」の獲得を目指すことは、重要な要因である。次に述べる「再犯防止」の努力を本人が自主的にするかどうかは、被害者の痛みを感じることができるかどうかに拠るところが大きいからである。より具体的には、後述の事例を参照されたい。

C　再犯防止教育（Relapse Prevention）

再犯防止教育は、元々は薬物依存者の治療に用いられていた、スキル・トレーニングと認知的介入を組み合わせた心理教育的アプローチである。行動を変化させようとしている人に、どのように再発の「芽」をより早期に見つけ、うまく「芽」を摘んでいくかを教えて、自己統制力を強化していこうとするものである。行動の変化は、治療教育を受けることによって生じ、あるいは施設に入所するなど外的状況の変化によってさえ一時的に生じることもあるが、実際にはその変化を維持することが重要になる。ダイエットによる体重低下は達成できても、リバウンドが怖いというところであろう。維持段階は、ある意味一生続く、重要な継続の過程である。多くの性犯罪者治療教育プログラムで、最後の仕上げ段階として、この再犯防止教育が組み合わせて使われている（Laws, 1989；藤岡、二〇〇〇）。肯定的行動変化維持のためには、この再発防止の考え方とスキルとを実行段階から組み込んでおき、本人を維持段階で支えていくことがよい。

ここで「維持段階」という言葉を使っているのは、一九八〇年代初めに提唱されたプロチャスカ（Prochaska, J.）とディクリメンテ（DiClemente, C.）によるトランス・セオレティカル（通理論的）モデルの中核的概念である、「変化の段階」を反映している。このモデルは、特定の行動がどのように始まり、変化し、そして停止するのかというプロセスを理解するための基本的枠組みである。彼らによれば、行動の変化は、単なる量的な増大ではなく、それぞれに固有の課題を伴うプロセスであり、問題行動の変化への態度・行動の段階に応じて適切な介入が異なるので、治療者はそれを見極め、変化のプロセスを促進するような援助をすることが重要になる。具体的な変化の段階とその特徴、適切な介入、次の段階への移行を示すサインは以下のようである。

・**前考慮段階**　本人は変わることをまったく考えていない。「強制」されて治療に「参加」したとしても、実際にはコミットしない。公言するしないにかかわらず、問題行動は、マイナス面よりプラス面のほうが多いと思っている。この段階にある場合、「行動変化」に焦点を当てると逆効果であることが多い。必要なのは変化への動機づけである。うまくいくと、「問題」を認め、問題とされる行動のマイナス面への気づきを高める。

・**考慮段階**　変化を考えはじめる。問題に関係する情報を求めはじめる。変化に伴うマイナスとプラスを比べる。必要な介入は、問題行動に関する適切な情報を提供し、問題意識を高めることと、自分と環境についての見直しを促進することである。うまくいくと、「変化」することを自分で意思決定する。

・**準備段階**　変化のための準備完了である。引き続き意識啓発と自他の再評価を進めつつ、実際の変化のための行動に焦点を移していく。コミットメントと自己開示を促す。変化の目標と優先順位、行動プランができたら次の段階である。

・**実行段階**　変化のための行動を実践する。問題行動への逆戻りを防止するスキルを学ぶ。この段階に至ると、認知・感情の変化、ソーシャルスキルの習得、ソーシャルサポートの活用、ハイリスク状況への気づきと対処方法の獲得等、行動変化のための具体的な介入が効を奏する。行動が変化し自己効力感が強まる。

・**維持段階**　達成した変化の維持に努める。逆戻りや再発回避のために注意を払う。必要な介入は、新しいライフスタイルの支援、決意や自己効力感の確認、新たな対処スキル獲得支援、支持的接触等、変化した行動の維持のための介入が適切である。

再発防止モデルでは、再発は起こるものと見なされている。しかし、それは一回の失敗(ラプス)によるのではなく、それを放置することによって再びラプスが繰り返されるようになり（リラプス）、雪崩のように以前のネガティブな行動パターンに再びはまり込んでいくのである。したがって、ラプスが生じた際には、それに気づき、それを危険信号として、変化を達成した肯定的な行動パターンに戻ることが重要である。ラプスは貴重な学習の機会であり、それを乗り越えていくことによって、徐々に建て直しが早くできるようになってくるのである。

薬物嗜癖の治療教育の際は、一回の乱用をラプスと見なすが、性犯罪者の治療教育を行う際には、インターネットのアダルトサイトや、ビデオやポルノ雑誌、あるいは性暴力の空想を用いてマスターベーションを行うことをラプスと見なす。一般的には、自慰は否定的な行為ではないが、性暴力行動が嗜癖化している人にとっては、以前の不適切な行動パターンに戻る契機となる危険性が高い。一般人が酒を一杯飲んでも問題ないが、アルコール嗜癖者が一杯飲むと、一杯では止まらずに以前の飲酒行動に再びはまっていくのと似ているかもしれない。また彼らの性ファンタジーは性暴力的内容であり、決して相互的で対等な性行為ではない。性犯罪を行った者の多くは、犯行前から、アダルトサイト、ビデオ、ポルノ雑誌といった媒体で性暴力刺激を過剰に求め、自慰を繰り返し、空想では飽き足らなくなって行動に移すようになっている。たとえ、一見「普通に」生活しているように見えても、実際には、彼の生活は、逸脱した性行動と性暴力行動を思い浮かべることを中心に回るようになっている。頭の中は外からは見えないし、自身の気持ちや体験しているストレスにもなかなか気づかないことも多いが、アダルトサイトを見て自慰にふけるようになったら、「まてよ。どうしたんだろう。このまま続くとまずいぞ。生活を再点検しよう」と立ち止まって振り返るべき警告サインとなる。

実際には、再発の「芽」に早く気づけば気づくほど、対処はより容易であると考えられるので、性暴力刺激を用いての自慰が再開される前に、各個人の性暴力に至る行動の連鎖とそれに伴う思考と感情とを、治療者と共に綿密に検討し、再犯から遠ざかる対処法方を考え、実行できる力をつけていくことを目指すことになる。

3　性暴力を扱う際の要点

A　枠組み作り

性暴力の治療教育を行う際にまず大切なことは、「枠組み作り」である。心理臨床や精神科臨床あるいは教育の場面でも、性暴力行為自体を話し合うことに、対象者のみならず治療者のほうが大きな抵抗を感じることがある。一般臨床では、本人が悩んで助けを求めて来談することが多いのに対し、非行・犯罪臨床では、本人は悩んでおらず、相談の意欲は低く、司法制度の枠組みのなかで無理矢理、あるいは家族や周囲の人に言われて嫌々来談することがほとんどである。それだけでも、一般の心理臨床とは異なるセッティングで、一般の心理臨床のスキルに加えていくつかの工夫を要するが、そのうえ「性」の問題である。本人も話したがらないし、治療者も聞きたくない、あるいは聞くことにためらいがあるのも無理はない。しかし、露見していないものも含めて、自分が行った「性暴力行動」そのものすべてを扱わなければ、その変化も見込めない。

多くの治療者、教育者たちから、「彼らは性犯罪行為のことを話さない（話したがらない、話せない）」という意見を聞く。確かにそうではあるが、「話さないと言われていた人」が、きちんとやり方を心得て一定の手順を踏めば、多くの人が、進んで話す、話してむしろほっとしたようだ、ちゃんと話せるという体験を、筆者は多く知っている。まずは、「二度と性暴力をしない。被害者を出さない。そのためにどうすればよいのか一緒に考えていく」という方向性を、本人ときちんと共有できるかどうかがポイントになる。

治療教育開始にあたっては、周囲がいくらやきもきしても、本人としては、まったく問題を感じていないことは非常に多い。「変化の段階」でいうところの「前考慮段階」にいる場合である。この段階で、治療者や周囲が、「問題」を説いたり、性暴力行為そのものに焦点を当てると逆効果であることも多い。周囲に反論しているうちに、自身の大丈夫という「論理」を強化してしまうか、面従腹背の嘘で固めさせることになりがちである。変化への動機づけに関しては、治療の成否を握る鍵と言っても過言ではないので、項をあらためて詳述する。治療担当者は、本人の「変化の段階」を見極めつつ、それに応じた手を打っていくことの重要性をここでは指摘しておきたい。

動機づけは、最初からしっかりしたものではあり得ず、治療中も強まったり、弱まったりするものであるが、仮に治療教育を受けはじめる程度の動機づけがあったとして、いきなり性暴力行為のことを話題として取り上げていくことは、筆者はあまりやらない（場合によっては、性暴力行為そのものを扱うことから入ることもあるが、それは、本人の性暴力行為のあり方、否認や動機づけの程度、使える時間やエネルギーの程度といった条件を勘案して、まずそれをやることが適切である、あるいは必要である、と判断した場合である）。ただし、いずれは性暴力行為そのものを扱うということを、本人も治療者も自覚している必要がある。

「本人が話したがらない場合、『無理に話さなくてよい。話せるようになったら話してください』でよいか」という質問を受けたことがある。もう一息である。本人が話したがらなければ、無理に話させても嘘をつかせてしまったり、信頼・協力関係を損なう。いずれにしても話したくないことを無理に話させるのは、それこそ「無理」である。しかし、「話せるようになったら」では不十分である。いつまでも話せるようにならなければ、それでもよいというニュアンスが伝わる危険性がある。もう少し積極的に、「話せるようになる」ことを目標に方向づけるとよい。担当者のなかで、こんなふうになったらいいな、ここまではいけるかなという、大きな方向性を持っているとぶれない。

ある中学生のケースは、二回目くらいの面接で、「ぼくのマスターベーションのやり方は他の人と少し違う」と述べたので、「どう違うの」と聞くと、「話したくない。恥ずかしい」ということであった。「ＯＫ。今はいいけど、いずれ話してもらうね。話せるようになることが大事だからね」ということで、その場は終わらせた。その後、回を重ね、自分がやった性暴力行為を正直に明かす決意ができたところで、性暴力行為の話をするなかで、マスターベーションのやり方についても、話すことができた。

ちなみに、当然のことであるが、治療者は興味本位や、対象者を辱めるために性暴力行為について聞くのではない。性暴力行為の悪循環について明らかにし、介入の手段を本人と共に考えるために聞いているのである。同時に、本人にとっては、これまで隠しに隠してきた性暴力行為を明るみに出すということが、非常に重要な作業になる。彼らは、自分のやっていることを隠すために、人にも自分にも嘘に嘘を重ねるということが生き方になりつつある。相手を信頼して正直に話し一緒に問題の解決に向けて努力する、誰かが自分を搾取することなく援助してくれるという体験は、貴重なものであり、再犯の防止に向けて、自己管理の努力を続けるとともに、危険になったときには適切な誰かに援助を求めるということを可能にさせる。それは自分自身への信頼にもつながる。

ついでに述べておくと、最初の接触（電話あるいは面接）から本人に対しては、変化を考え電話をかけてきたこと、あるいは来談したことをねぎらうことを、まずはじめに行うことが適切である。なんといっても、来にくいところへ来て話しにくい話をする、勇気と努力、誠意には、敬意を表する必要がある。彼らは、「叱られる」と思って、戦々恐々と来談することがほとんどである。まずねぎらわれると、ほっとして、少し肩の力が抜け、話しやすくなるようである。

次のステップは、「秘密保持の原則とその限界」の説明と同意である。もう一つ、精神科医や心理臨床家が非行・犯罪臨床で「とまどい」を感じるのは、「秘密保持」の問題ではないだろうか。精神科医や心理臨床家は、

「クライエントの味方」「クライエントの利益第一」であって，あまり矛盾や葛藤が生じることはない。しかし，性暴力行為を扱う際は，加害者である本人とともに，被害者あるいは社会の存在を忘れるわけにはいかない。もちろん治療教育の場面で見聞したことは，専門家として秘密を守らなければならない。しかし，この秘密保持の原則には限界がある。それは，本人が自他を傷つけようとする，あるいは傷つけたことを知った場合には，適切な人や機関にそれを伝える義務があるということである。たとえば，本人の自殺の可能性を知った場合には，家族や施設在所中であれば施設職員にそのことを伝え，自殺を防ぐ手立てをとる必要がある。本人の犯行あるいは犯行計画を知った場合には，それを阻止するために警察等に連絡する可能性もある。そういったことを事前に本人にきちんと説明しておく必要がある。

このように述べると，「本人がますます何も話さなくなるのではないか」と不安に思われるかもしれないが，ほとんどの場合は，むしろ率直・正直であることで信頼を得られるという感じがある。過去の露見していない犯行を知ったから，すべて警察に連絡するということでは無論ない。新たな被害者を出さないということに力点が置かれる。過去の犯行については，場所や日時が明らかにならなければ逮捕や起訴は不可能であるので，心配であれば，日時や場所といったことに関する詳細な事実を入れずに話すことを勧めてもよい。本当に，問答無用で他の誰かに事情を伝達するのは，喫緊で，差し迫った被害者が出る危険性が高くて，他に適切な手段がない場合である。他の場合は，「これは面接者一人の胸に収めておくのは不適切であること，誰に，どの程度のことを話して，それによってどのような良い結果が期待できるのか」を本人と話して，そのうえで具体的行動に出る。たとえば，現在は施設入所中のある少年が，小学生時代からずっと家の金の持ち出しや万引を続けていて，それが両親には露見していないとする。だからといって，すぐにそのことを両親に伝えるのでは無論ない。今すぐに，新たな深刻な被害が生じるわけではない。ただし，治療者が盗みを許容し，少年とある意味で共犯者の立場に立つことは決して望ましいことではない。幼時からの盗みや嘘，隠し事，両親とのコミュニケーションの乏しさ等が、その後の性暴力行動につながっていることも確かである。したがって、少年には、自宅に帰る前までに、「いずれ自分から両親に話して、謝ること。話せるようになることが目標であること」を方向づけていく必要がある。当初は、「話すなんてとんでもない！」とまったくの拒否という感じの少年だったが、性暴力行為を明かし、家族との関係を再考し、責任を果たそうと考えるなかで、両親に自分から話すという目標に向けて努力するようになっている。

もう一つ忘れてはならない枠組み作りは、治療教育を本人と治療担当者だけの、面接室内だけの作業にしない工夫である。特に対象者が未成年の場合、保護者や家族との協働は不可欠である。また、ケースが照会されてきた経路にもよるが、保護観察所や児童相談所等の関係機関や他の専門家が関われる場合には、その力を活用できると作業はずっと楽になる。成人で、他の機関が関わっておらず、連携できる家族も見当たらない場合は、性逸脱行動の自助グループに参加してもらうことを、治療契約の条件にする場合もある。担当者一人で、再犯を抑止し、治療教育を行い、社会適応力の底上げを図るのは、非常に困難である。何が必要かを考え、その必要を満たせるように、他の社会資源を配置していくケースワーク的動きをすることが役に立つと体験している。

施設内で治療教育を担当するときも、施設の教育内容のなかに性暴力行動に対する働きかけのプログラムを適切に位置づけることができるか、他の部門や職員との連携・協力がどれくらいできるかが、その成否を分ける。職員間の意思疎通や、性暴力に対する治療教育に関する見解の統一、秘密保持の原則とその限界について合意を得ることを保証する手続きを、ていねいにとっていくことがまず必要になる。

B　動機づけ

変化への動機づけは、いくら強調してもしたりないくらいに重要な事項であり、前項でも少し触れたがあらためて考えてみたい。

まず、来談者の「来談意思」についてである。筆者のところには時々、性犯罪で起訴されたが治療を受けられないかと相談の電話がかかってくるが、それはほとんど母親あるいは妻といった家族からであり、次に多いのが、関係機関職員や弁護士といった関係者からである。そうした場合、「本人も希望しています」と言われるが、スムーズに本人自身が現れることはめったにない。

たとえば、知り合いの弁護士から、「以前に担当した性犯罪者が仮出獄して、保護観察の遵守事項にカウンセリングを受けることというのがあって、本人が誰かカウンセラーを紹介してくれと言うので、会ってみてくれないか」という依頼を受けたとする。本人から電話があり、約束の日時を決める。前日になると本人から電話があり、「仕事が見つかって、その日時は仕事があるので行けなくなった」と言う。あらためて、来れるという日時で約束をし直し、当日待っていると再度電話があり、「給料前で電車賃がないので行けない」と言う。仮出獄の保護観察期間について尋ねると、あと一カ月程度である。なるほど、「行こうとしています」という姿勢を示すことが大切で、あと一カ月をしのげればそれでよいという感じなんだなと納得する。

たとえば、母親が性犯罪で裁判中の息子の相談に訪れる。「もし執行猶予がついた場合には、カウンセリングをお願いします」と熱心に話す。執行猶予を獲得する条件としても、「カウンセリングの約束」が、少しは考慮されるという事情もあるのかもしれない。母親は「面会時、本人も行くと言っていました」と述べる。しばらくして再び母から電話がある。「執行猶予がつきましたが、本人が自分で何とかする、大丈夫だと言い張ります。残念ですが行かすことができません」となる。

あるいは関係機関から、「珍しく本人から治療を望んでいますので、お願いします」という依頼を受ける。本人が来談する。しかし、関係機関が述べていたほどの来談意欲は見られない。「カウンセリングを受けに来れば、家族や、関係機関も安心するので、とりあえず来てみた。自分は人の援助を受けなくても大丈夫、もうしない。我慢する」と述べる。

これらの例は、来談意欲の低さを嘆くために記載したわけではない。むしろ、来談意欲が低いのは、ある意味当然であるということを強調したいがゆえである。自分の「問題点」、改善しなければならない行動を、人からとやかく言われたり、そのことを話し合ったりするのは相当苦痛である。これは性犯罪の治療教育だけではなく、喫煙や飲酒を止められたり、生活習慣病の治療のために生活習慣を変えさせられようとするだけでも、大きな反発を体験するものではあるまいか。「変化」を余儀なくされるときには、変化したいという気持ちと変化したくないという気持ちと、両方が存在する。どんなに「変わりたい」と言っている人でも、「変わりたくない」という気持ちもあるし、逆にどんなに「変わらない」と言っている人でも、「変わりたい」という気持ちもある。特定の行動が習慣的になっているからには、他から見て否定的な意味しか持たないような行動であっても、その人自身にとっては、何らかの意味があるからであろう。変化することのメリットとデメリット、変化しないことのメリットとデメリットをじっくり考慮し、適切な情報を与え、本人自身に決断させる手順を踏むことが、遠回りのようでいて近道である。変わりたい気持ちと変わりたくない気持ちの天秤を、少し「変わりたい」のほうに傾けていくことが目標になる。それも自然な感じで、自分自身で決めたこととして。

動機づけのための介入方法には、さまざまなものがある。たとえば、報酬と罰による、外的で素朴な手法もありうる。また、セールスマンが不要な物まで買わせようとするような、動機づけしようとする人の隠された動機によって、相手をいかに「操作」するかということに主眼が置かれると、危ないものになる。

変化への動機づけの手法に関しては、ミラーとロールニック（Miller & Rollnick, 2002）のモチベーショナル・インタビュー（motivational interviewing）が参考になる。これは、変化への動機づけを行おうとするための方法であるが、この提唱者であるミラーとロールニックは、その技法以上に基本精神を強調している。彼らによれば、モチベーショナル・インタビューは、個人の選択の自由を尊重し、自己破壊的な行動のサイクルに陥れている変化に関するアンビバレンスから、本人が自由になるのを援助することで、その人が本来持っている変化への力を解放し、自然で、肯定的な変化の過程を開始させることを意図している。面接やカウンセリングではなく、文字通りinterviewing（一緒に見る）するのである。「変化の段階」でいえば、最初の二つの段階、「前考慮段階」と「考慮段階」で、特に有用である。

基本原則は、以下の四つである。

・**共感を表明する**　カール・ロジャーズのクライエント中心療法における受容と傾聴は、モチベーショナル・インタビューの第一の基本原則である。ここでは変化への両価的態度は普通のことであり、それを解決することが変化へとつながると見なされる。このことは当たり前のことであるように思えて、しかし案外実践が難しいことである。特に、性暴力などの反社会的行動変化を意図している場合には難しい。「正しいことをしている」と信じている善意の治療者ほど、「共感」が難しくなる。しかし、変化への両価的態度があるからこそ、その行動が嗜癖化しているのであり、それが当然とわかってくると比較的容易になるし、実際、やむにやまれない何かがあってそうなっているのだということが、徐々に治療者にもわかってくることが多い。

・**食い違いを作り出す**　変化は、現在の行動と重要な個人目標や価値との間に知覚された食い違いによって、動機づけられる。ただしこの目標や価値は、治療者のそれではなく、本人自身のものであることが大切である。変化を語るのは本人であって、治療者ではない。ここでいう食い違いは、変化の重要性に関わることであり、達成されるべき行動変化の量としての行動上のギャップではない。ギャップが大きすぎると、自信が持てずに、かえって動機づけが低減する可能性がある。たとえば、妻を殴るという行動をとってきた夫が、本当は妻に愛されたいということが自分にとってとても大事なことなのだと気づいた場合、自分にとって大切な目標と実際の行動とのその食い違いが、変化への動機となりうる。

・抵抗とともに転がる　「抵抗」と呼ばれる行動は、治療者がアプローチを変える必要があるというサインとして理解される。「抵抗」は関係性において生じるものであり、治療者がどのようにそれに反応するかが、それを減少させるか増加させるかに影響すると考える。「変化」について言い争ったり、「抵抗」に対して真っ向から対抗したりはしない。たとえば、「相手も嫌がってなかった。いずれセックスするんだから自分がやさしく教えてあげた」と述べたとして、「相手は嫌がってるに決まってる」などとガチンコ勝負しても無駄である。むしろ柔道か合気道のように相手の力を活用して、「嫌がってなかったんだあ……被害者はどんなふうに振る舞った？　どういう言動から嫌がってないと思った？」などと、一緒に同じ方向に転がるほうが良いようだ。その話を傾聴するうちに、「嫌がっていないサイン」の読み間違いや、見落とし、本人の思考の誤りのパターンが、本人にも治療者にも見えてくることが多い。

・自己効力感を支援する　「変化は可能である」という信念は重要な動機づけである。希望がなければ努力もなされない。変化への責任は本人にある。これは、その人が変化できると信じていることを前提としている。誰も本人に代わって人生を生きることはできないし、変化を成し遂げることもできない。本人が望み、信じ、努力するなら周囲も支援することができる。自助グループなどで、変化の実例を見ることは大きな勇気づけとなりうる。

図3-2に示すように、面接開始時には、クライエントと面接者の考え方はかけ離れた位置にある。特に、非行・犯罪行動を扱う場合は、面接者のほうがすべて自分が「正しい」という前提を持ちやすく、対象者の誤りを「正そう」としがちであるが、これをすると変化への動機づけはうまくいかないことが多い。基本技として、「傾聴、受容、共感」を行い、クライエントの見方、感じ方にチューニングしながら、応用技として「質問、照らし返し、まとめ」などを使って、少しずつ「別の視点」を入れていく。時として、必殺技として「直面化」を使

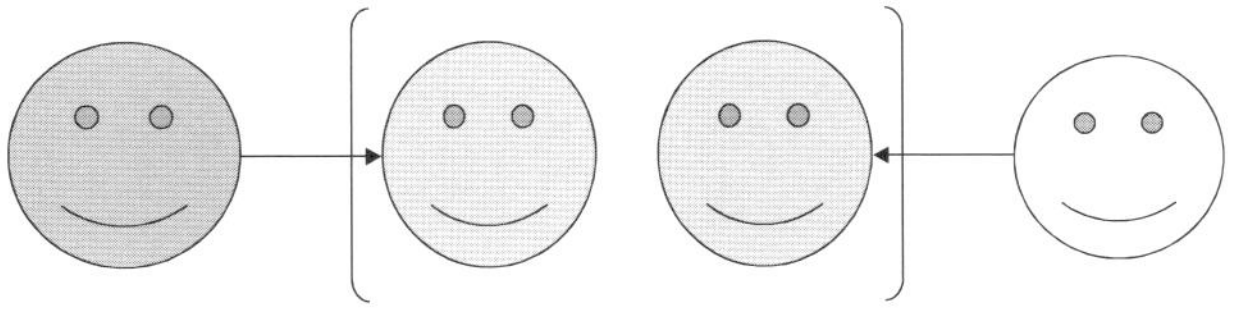

図3-2　正したい病をやっつけろ

い、被害者や社会の見方を教えていく。最終的には、どちらかがすべて正しいというわけではなく、治療者にも、クラエントがそういう行動をとってきた背景がより理解できる感じがするし、クライエントも、他者の視点を獲得していき、そこそこのところで落ち着く気がする。そうなると、治療は終結である。

施設内の治療教育では、一見、苦労せずとも治療に参加するように思われがちであるが、そうでもない。確かにそこに身体はあるが、心はないということは起こりうるのである。あるいは、「模範回答」ばかりを繰り返し、なかなか本音が見えてこないということもありうる。どうしてもいやな人は、規律違反を起こすなどの行動化を起こして、ドロップアウトすることもある。社会内で実施する以上に、主体的な変化への動機づけには心を配る必要がある。多くの場合、治療者側のユーモアや率直な発言、そして共感の表明が、クライエントの動機づけの最初の一歩につながる。来談していれば、それなりの動機づけ強化の方法はあるものの、来ないことには始まらない。「保護観察」などの法的枠組みがあれば、それを活用することができる。日本でも、「治療命令」などの法的枠組みがあればいいのになあと思う所以である。

C　治療者の性、性暴力、性犯罪者への価値観、態度

性暴力に対する治療教育を行おうとする者は、まず自分自身が性に対して肯定的な態度を持つこと、および性犯罪者に対して忍耐強い態度を持つことが必要になる。誰でも、性について語ることに居心地の悪さを体験し、性暴力に対しては、否定的な感情を強く抱くものであろう。専門家としての訓練が必要である。

表3-2　自己テスト――性犯罪および性犯罪者に対する態度
(Correctional Service of Canada, 1991)

1．性犯罪者は変わらない。
2．性犯罪者に対する効果的な処遇は不可能である。
3．性犯罪者は長期間拘禁するべきである。
4．性犯罪者は、性犯罪を繰り返す恐れが少ないと思えるくらいに高齢になったときにのみ、釈放されるべきである。
5．性犯罪者は去勢されるべきである。
6．性犯罪者は、彼らの行動を変えることができる。
7．性犯罪者は、法を遵守するよき市民となるチャンスをもう一度受けるに値する。
8．私は、性犯罪行為を非難するが、人間としての彼らを受け入れる。

カナダ矯正局による性犯罪者処遇担当者の研修マニュアルには、はじめのほうに「性への態度」が研修項目として置かれ、研修目的として、①社会的な性への態度が、性犯罪者と仕事するのにどのように影響しているのかを自覚する、②自身の性への態度がどのようなものであり、どのように性犯罪者と仕事をするのに影響するかを検討する、③性犯罪者と効果的に仕事をするのに必要な特質を確認する、が挙げられ、表3-2のような考え方に対する自身の態度を問うエクササイズが掲載されている。

1～5までが、性犯罪の治療教育にあたるのに妨害となる考え方、6～8が、支えとなる考え方とされている。同書では続けて、性犯罪者との作業を成功させるには、専門家として、以下のような特質が重要であるとしている（Correctional Service of Canada, 1991)。

(1) 自分自身とは異なる性的生き方を受け入れ、認めること。同時に、社会的に受け入れられる性行動と、犯罪的、搾取的、暴力的で危険な性行動の違いを理解すること。
(2) 恥ずかしさや困惑を覚えずに、性に関する言葉を受け入れること。
(3) 性的ファンタジーの必要性と役割を理解すること。
(4) 搾取的でないやり方で性を表現すること。

（5）性に対する職業的倫理規範を守ること。
（6）ある程度の気楽さをもって犯罪者と仕事すること。

治療者の性別に関しては、男性でも女性でも、それぞれの特性を自覚し専門性を習得していれば、どちらでも差し支えない。しかし、女性が性犯罪者の治療教育を担当することに、自分自身や職場環境による抵抗感が強い場合もあるので、また筆者は女性であるので、少し女性が担当者となる場合について考えてみたい。多くの騎士道精神に満ちた男性が、女性が性暴力者の治療教育に携わることに心配と保護の態度を示してくれる。確かに、担当者が性暴力者に対して恐れや不安を感じていると、彼らはそれを敏感に察知して、つけこんでくることはありうる。じろじろ不躾に身体をなめ回すように見たり、偶然のふりをして手に触れたりする。その行為自体を取り上げて、その意味を話し合っていくよい機会なのであるが、それができない感じがする場合は無理をせず、性犯罪者を扱う仕事をやめておいたほうがよいかもしれない。対象者との関係のなかで、自分にできることとできないことを知り、無理をしないことは重要である。

とはいえ、多少無理をしてでも、やれるようになる必要がある、あるいはやれるようになりたいというのであれば、チームで介入するなかでベテランと組んで実施する、チームが組めなければ、スーパーバイザーを探してスーパービジョンを受けながら実施することを強く勧める。また、治療者が所属する組織は、女性のみならず、担当者が安心感を持ち、できるだけ安全に治療教育を実施できる環境を整えることが義務である。治療教育を実施する部屋は、誰も通らないような人目のないところには置かない、室内をモニターあるいはビデオ録画できるようにする、対象者と治療者の組み合わせを考える、個人ではなくチームで治療にあたれる体制を作る、スーパービジョン体制を整える、研修・訓練をきちんと行う、などが考えられる。

治療者が女性である場合、クライエントが性的な言葉を使うことに、ためらいを示すことがある。そうした場合、筆者は、自分の目や鼻、口を指して「これ、何て言う？」と尋ねる。答えを聞いたうえで、「目、鼻、口といった言葉は器官を示す言葉であること。男性器、女性器といった言葉も器官を示す言葉であること。医師に病状を説明するときには、器官名を口にすること。それと同様に、医師に説明するように客観的、科学的に話してほしい」と説明することがある。こうした客観的・科学的態度は、治療者のためらいも低減させてくれることが期待できる。

そうまでして女性が実施する必要があるのかという疑問もありうるが、女性が治療者であることのメリットも大きいと感じている。性暴力者は、歪んでいるとはいえ愛着の芽を持っている人が多く、特に女性への「甘え」が強い人が多いように感じる。また、女性であることによって、被害者の視点を代弁しやすい。ただし、いずれにしても、男女両性のモデルがあることが望ましいので、治療者は自分とは異なる性別の人との協働を図れるようアレンジしていくことがよい。たとえば、治療者が女性であれば、父親や男性教師あるいは雇用主といった、適切な男性モデルを提供できそうな社会資源との協働を、積極的に推進するとよい。

D　特定の対象者に関する留意点

未成年者に対しては、成人に対するのと同様なプログラムが、実際に効果があるのかどうかは実証されているわけではないが、とりあえずあることを期待して同様の働きかけが実施されている現状にある（Barbaree & Marshall, 2006）。また、本書で述べているアプローチはある程度の言語能力を必要とするので、知的障害のある対象者には向かない。最近では、広汎性発達障害のある少年への働きかけ方のポイントを聞かれることが多いが、それも明らかになっているわけではない。性暴力者への治療教育的働きかけに関しては、欧米でもせいぜいここ二、三十年実施されているところであり、発展途上である。欧米の書物をひもといてみても、そこに「答え」が記されているわけではなく、よくわかっていないということがわかるのみであることも多い。それぞれの対象者から学びつつ工夫を重ねていくほかないのであろう。その際に、他の人の経験も参考にするということである。知的障害や広汎性発達障害のある性暴力者に対する治療教育の工夫を、それぞれの分野に詳しい方々に是非工夫して教えてもらいたいと思っている。ただ、たとえ知的障害や発達障害があろうとも、性暴力行為を行うという意味では、自己イメージと他者との関係の持ち方がポイントであることは共通であり、性暴力行動につながる感情‐思考‐行動の連鎖に注目していくことは、重要なのではないかと考えている。

また、未成年の加害者を対象とする場合は、特に家族との関係をはじめとして環境調整に心を配ることが、介入を成功に導く鍵であると考えている。非行・犯罪行動は、単に個人の内的問題だけではなく、個人と社会との関わりのなかで、いわば文脈のなかで生じるからである。

4　治療教育の実際――ワークブックを用いた性犯罪者治療教育

性犯罪者の治療教育については、グループ療法と個人療法を併用することが最善であるが、諸般の事情によりそれが困難な場合は、どちらか片方を行うことになる。第一選択肢は、グループである。グループは、本人のペースに応じた主体的な変化を支えることができるし、多くの性暴力者にとって必要なコミュニケーションの訓練にもなる。対費用効果も高い。法務省のプログラムは、グループ指導を中心としている。筆者は、少年刑務所で性犯罪受刑者のグループ指導を行うことから、性犯罪治療への関わりを始めた。当時は手探りで、英語文献を読みながらグループを運営していた。その後、少年院で、個別とグループを併用した教育プログラムを立ち上げた頃から、フリーマン＝ロンゴ（Freeman-Longo, 1988）の *Who am I and why am I in treatment?: a guided workbook for clients in evaluation and beginning treatment* を少年院用に翻訳したものを使用して、治療教育を進めている（以後、単にワークブックと呼ぶ）。

現在は、来談による成人の性暴力者の治療教育と、児童自立支援施設における性非行少年の治療教育とを実践しているが、いずれも基本的にはワークブックを使い（成人用・児童自立支援施設用に多少アレンジしてある）、個別面接を主としている。ただし、対象者の特質に応じて、頭から順番にワークブックをやるのではなく、手持ちのカードとして、必要な介入方法を組み合わせて使っていくということは増えている。

前項で述べたように、治療教育の実践の仕方にはさまざまな方法があるが、ここでは、筆者が行ってきたワークブックを使う治療教育の方法を紹介する。次項の事例と合わせて、性暴力治療教育の感触をつかんでいただき、それぞれのフィールドと対象者の特質に合わせて工夫してもらえればと期待する。

ワークブックを読んで知識や方向づけを得る、宿題をやる、ワークブックと宿題をもとに治療者と話し合うという手順で、週一回で一時間、あるいは隔週一回で一時間半、ケースとセッションの頻度によるが、八カ月〜二年間かけている。第II部にワークブックを添付しているが、その内容および宿題を一覧にしたものが表3-7で、本章末に置いた（一七〇〜一七六ページ参照）。

ワークブックを見てもらえばわかるように、流れはLIFE➡CRIME➡HOPEである。「なぜぼくはプログラムを受けるのか」「ぼくは人と違っているか」「どのようにすれば評価されるか」「治療とは」「どのようにして自分の問題に取り組むのか」というはじめの五つの章は、LIFEを扱っている。彼の人生を振り返り、言葉にして、体験を共有するとともに、変化への動機づけと信頼関係・治療関係作りをじっくり行う。

うまくいけば、治療者とともに自身の性暴力行為に向き合い、それを変化させていくための努力をする覚悟ができる。そこで、性暴力行動を露見していないものも含めてすべて表に出す（「ぼくはどのようにして性犯罪少年になったのか」）、さらには、その背景にある過去の辛い体験を扱う（「ぼくの過去・現在・将来」「虐待されたら」）。この順番である必要がある。先に自身の加害行動を表に出して、次に自身の被害体験を扱う。

ここまでくると、ほぼ例外なく、彼らが生い立ちのなかでいかに怒りや淋しさや無力感など、いわゆる否定的な感情を感じないように心の壁を築き、それによって本当に感じなくなり、それゆえに他者と気持ちのうえで触れ合ったり、対等で親密な関係を持つことが難しくなってきたかが見えてくる感じがする。過去の体験と現在がつながってくる。誰が見ても「虐待」としか見えない体験をしている者もいるし、そうした明白な虐待が見られずとも、心理的にはありのままの素直な感情を受け入れてもらえず、見捨てられた感じや孤立感を抱いていることが多い。ここでの基本的方向づけは、①過去の体験から彼が現在あるように感じ、考えるようになっていることは共感も理解もできるが、自分がひどい目にあったからといって、他人をひどい目に合わせる権利はないこと、他に危害を加えるという決断と行動をとったのは、本人自身の責任である、②幼い頃は適切に対処できなかったのも無理はないが、成人になり（あるいは成人になりつつあり）、これまでとは異なる適切な対処ができること、できるようになることが大人としての責任であること、の二点である。本人に責任を返すことは、本人の責任を果たす力を信じることでもある。

ここまできて、過去の自身の辛さを思い出し、それを現在につなげることができるようになってくると、ようやく「被害者の視点を入れる」準備が整ったことになる。自身の感情に対して開かれていないと、いくら被害者の状況や心情を伝えようとしても、実感として感じられない。自分の加害行為を振り返り、自身の被害体験と辛さを感じるようになった後で被害者の心情を知ると、自身のやったことを心底後悔することも可能になる。このあたりは一番辛い作業で、アクト・アウトを起こす可能性もあるので、支える必要がある。

最終的に行動を変化させるためには、性暴力をしないで生きていくことが自分にもできるというHOPEが不可欠である。最後の三つの章では、性暴力行為をしないための具体的な方法を身につけさせる。自身の性暴力の詳細なサイクルを作成し（「ぼくの逸脱サイクル」）、再犯防止のための手だてを考えさせ、実行するための力を育成する（「再犯防止――変化のためのモデル」「回復へのステージ」）。この段階では、変化のための努力を支えるために、実生活での課題や、スキル・トレーニングなども加えていく。

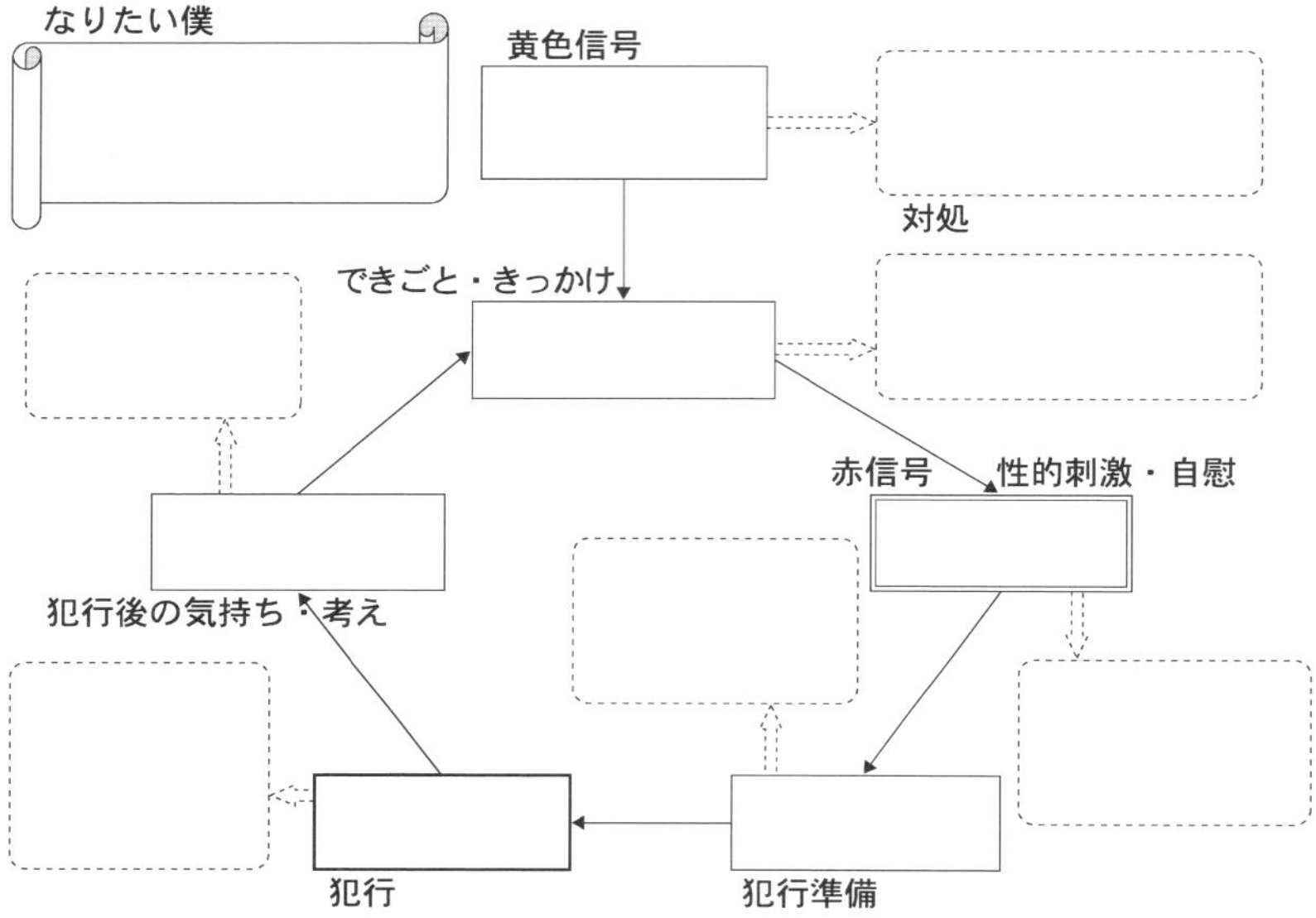

図3-3　介入プラン

ワークブックでは，維持段階までは直接扱われていないが，既述のように維持段階は一生続く重要な過程であるので，それをより確実なものにするための手を打つことが大切である。たとえば，ワークブックにはないが，性暴力のサイクルとそれへの介入手段を記入する「介入プラン」（図3-3参照）を一緒に作成して，持参させたり，本人と家族とに「警告サイン」（表3-3）を示しながら，治療教育終了後の再犯防止に向けての協働体制を作っていく。図3-3は，左上の「なりたい僕」に，なりたい自分を目標として記入し，隣の「黄色信号」に，犯行サイクルの準備状態を書き入れる。その後，中央に自分の犯行サイクルを書き入れていき，そのうえで点線枠に，対応策（介入プラン）を考え書き入れる，という作業を行う。表3-3「警告サイン」は，現在児童自立支援施設で実施している治療教育プログラムで使用しているもので，ワークブックの記載をもとに，浅野恭子氏が作成したものである。

出院前に「退院後の生活で気をつけるべき警告サイン」として，一般的な警告サインを教え，二枚目に自分特有の警告サインを一緒に書いていく。その後、これを保護者にも示しながら、出院後の生活で気をつけるべき点を、保護者、本人、治療者で話し合う。維持段階においては、たとえば隔週セッションであったのを、隔月にするなどして、頻度を減らしながら、生活の点検とサポートを行って実生活を支えるということもありうる。対象者のニーズや状況に合せて、さまざまな工夫がなされることが望まれる。

ワークブックを用いることの利点は、以下のようなことが考えられる。

（1）枠があるので、ねらいがぶれない。
（2）性犯罪を直接扱うことが比較的容易になる。
（3）厄介な転移・逆転移を低減できる。
（4）宿題をするので、面接時間外でも本人がワークできる。
（5）努力の方向性が示されていて、希望が持てる。
（6）治療者の訓練をしやすい。

とはいうものの、ただワークブックをやれば、それですべてが何とかなるというものではないことも確かである。ワークブックを効果的に活用するためには、担当者が、性暴力と司法臨床について熟知していることが不可欠である。ワークブックを生かすも殺すも使い方次第であろう。

より具体的に治療教育の実践方法を伝えるために、以下に、ワークブックを用いた治療教育実践事例を二つ紹介する。事例1は、少年院における治療教育実践であり、事例2は、社会内における成人の治療教育事例である。どちらも事実関係については、詳細は省略し、かつ変更を加えている。治療教育の進め方について、参考となると思われる経緯を中心に記載した。矯正施設向けに翻訳したワークブック第1巻は、第II部として添付して

表3－3　退院後の警告サイン

学院退院後の生活について

あなたは、昨年○月からスタートした性暴力治療プログラムに取り組みはじめ、12章からなるワークブックを読み、宿題を終えました。

面接のなかで繰り返しお話ししたように、これは、あなたにとって、スタートラインについたことにすぎません。大切なのは、これから、施設を退院したあとに、**もう二度と性暴力を振るわない**ということです。プログラムの中で、あなたは、どんなときに、自分が「性暴力」に近づいていくのかということを先生と一緒に考えていきましたね。

あなたが「性暴力」に近づいているというサインがどのようなものであるかということを、あなたを身近なところで支えてくれる家族や、先生に知っておいてもらって、心配なサインが出ているときに、フィードバックを返してもらうということは、あなたが再び性暴力を振るわないようにするために、とても大切なことです。

以下に示したのは、一般的な警告「サイン」と、あなたに特有と考えられる警告「サイン」です。二度と性暴力を振るわない生き方を選び取るのは、あなた自身です。危険な「サイン」に注意するとともに、そうしたときに、どのような介入をするのかということを記した、あなた自身の治療計画を、どうか、忘れることなく実践していってください。

性暴力に近づいていっていることを示す一般的な警告サイン

1．学業に真剣さがなくなる

授業をさぼったり、宿題をしなかったり、遅刻や欠席が増え、やがて高校を中退するでしょう。あなたは、そうした自分の行動を、先生や友達のせいにします。先生が自分を正当に扱ってくれないといって、怒るでしょう。

2．仕事を怠けはじめる

職場に強い不満を抱きます。仕事をさぼる言い訳に、上司の無理解、上司への不満ばかりを言うでしょう。そうして、仕事に行かなかったり、遅刻することを繰り返し、やがて仕事中にお酒を飲んだり、薬物を使ったりするかもしれません。仕事の生産性はひどく落ちます。また、他の仕事のあてもないのに、仕事をやめたり、職を転々としたりするようになるでしょう。

3．金銭にルーズになる

自分のことがよく思えなくなってくると、お金にルーズになってきます。簡単に人からお金を借りたり、つまらないことに浪費したり、弱い人からお金を巻き上げたり、タバコやお酒や薬物にお金をつぎこんだり、支払うべきお金を支払わないといったことが起こってきます。

（表3－3　続き）

4．孤立する

あなたは、性暴力に近づくにつれて、友達や家族から距離をとって孤立します。その方法は、イライラして喧嘩や口論をふっかけて人が寄ってきにくい雰囲気を作り出すという場合もあるでしょうし、家や部屋に閉じこもって、誰とも会おうとしなかったり、人を無視したり、電話にも出ようとしないという場合もあるでしょう。

5．お酒や薬物にはしる

お酒を飲んだり薬物を使いはじめ、あなたはより暴力的になるかもしれません。だんだん量も増えて、お金も費やし、一時的に意識を失うほど過剰に飲んだり使ったりするかもしれません。やがて、1人きりでお酒や薬物をするようになり、すぐに「切れる」嫌われ者になり、喧嘩も絶えなくなるでしょう。

6．パートナーとの関係が悪化する

恋人がいたり、同棲をしていたり、結婚していたなら、性暴力を振るう前には、パートナーとの関係が、かなり悪くなっているでしょう。しょっちゅう喧嘩や言い争いをして、些細なことで相手を攻め、パートナーから距離をとりはじめるでしょう。あなたは、深刻な性的問題を抱えはじめ、性的に逸脱した行動をとるようになるでしょう。

7．暇をもてあます

テレビばかり見ている、あてもないのにウロウロする、家族や友達と一緒に過ごすのを避ける、趣味や新しい計画にとりかかろうとしないなどは、余暇の過ごし方に問題があることを示しています。暇なときにすることがないと、逸脱した行動に陥りやすくなると言えるでしょう。

8．健康状態、見た目が落ちてくる

ひげ剃りや入浴を毎日しなくなり、だらしない服や同じ服を毎日着て、食生活も乱れてくるでしょう。体重が大きく減るか増えるかするでしょう。

性暴力に近づいていっていることを示すあなたに特有な警告サイン

危険なサインを無視してはいけません。そういうとき、自分自身がどのような思考・感情にとらわれているのかを、客観的に考えることが必要です。助けを求めてください！

ある。なお、ここで取り上げたに事例では、ワークブックの第2巻も実施した。第2巻では、「サイクル」を詳細に扱っている。何度か第2巻を使用したが、筆者としてはあまりピンとこなかった。最近では、第2巻は使用せず、第1巻の最後に既述の介入プラン表（図3-3）や警告サイン表（表3-3）を使いながら、サイクルと再犯防止についての仕上げをしている。

5 事例

A 事例1

【概　要】

女児へのわいせつ事件で少年院に入院した十代後半の少年で、高校を卒業しており、知的障害その他の精神疾患や健康上の問題は認められない。実父母健在で、二人の同胞がいる、いわゆる「普通」の家庭で生育している。本件性非行以外の逮捕歴はない。

【治療教育のための面接の流れ】

表3-4に治療教育経過をまとめてある。左欄に面接経過、中欄にワークブックの進捗状況、右欄には施設内処遇全体における出来事を示している。処遇全体のなかに位置づけることが極めて重要だからである。

少年院の処遇について少し説明を加えておく。少年院では、入院時の短期間の単独室での生活（考査寮）を経て、その後は集団寮に移動する。その間に、本人は院内生活のオリエンテーションを受け、少年院は各人の「個別的処遇計画」を立て、どのような点についてどのように改善の努力をするかのプランを立てる。個別的処遇計画のなかには、段階別到達目標が設定されている。これは、入院時から出院時までを四つの段階に分け、段階に

表3-4　事例1　治療教育経過（注：WBはワークブックの略）

		面接内容	ワークブック	処遇全体
動機づけ&関係づけ		考査寮面接（断りづらくて、何かつらいことがありそうで嫌だった） 治療契約（週1回1時間、WB使用、成績とは無関係、秘密保持） ロールシャッハ・テスト施行	なぜ僕はプログラムに参加するのか 「良い体験、悪い体験」 「僕はどうなりたいのか？」 動機づけ	入院 集団寮へ 新入時集団保護者面会
	＃1	これまでの生活を共に振り返りながら、関係作り、アセスメント、動機づけ。 小学校入学前後ころの「性被害」を「思い出した」こと。 よくしゃべるが、共感しにくい。	僕は人と違っているか 「人と違っている点」 「僕のよい性質」 性犯罪者に共通する体験	盆踊り（楽しかった）
	＃2	嬉しそうにニコニコ出てくる。WB「すごい。どうしてこんなにわかるんだろう」 幼稚園までの「性体験」 寮生活、担任との関係について	どのように評価するか 「自分の問題点」 治療目標&方向性	
	＃3	「僕は誰にも愛されなかった。それは僕ができそこないだからだ」 父母に対する否定的感情を語る 「先生は僕のことをどう思っているんですか？」	処遇とは？ 「自分の悪循環を考える」 治療過程の見通し	「前へならえ」まで楽しい
	＃4	寮生活のぐち、個別担任への不満、「孤独」と「非行」の悪循環 父母との面会時のこと、拘置所にいた頃は、父を殺してやろうと思っていた 現実的な助言、指導	どのようにして自分の問題に取り組むのか？ 「問題のリスト」「短期目標のリスト」 自分の目標と方法	2上に進級 段階別教育目標
ターゲットを扱う	＃5	段階別教育目標について話し合う 「性犯罪の話を聞くのはどんな感じですか？」これまでの性非行について正直に話し始める。実際にはもっとずっとたくさんあって、もっとひどいことをした。	僕はどのようにして性犯罪者になったのか 「性犯罪のリスト」「性ファンタジー」 性犯罪を表に出す	運動会集団面会 個別集会対象となる
	＃6	院生活で壁にぶつかる。父に受け入れてもらったことがない。結婚しない、子ども持たない、不幸のバトンを渡したくない。性犯罪の詳細。「被害者は何もわからなかったろう」。話してすっきりした。でも嫌われないか心配。	僕の過去、現在、将来 「被虐待体験」「虐待の影響」 過去を現在、将来につなげる	

（表３－４　続き①）

		面接内容	ワークブック	処遇全体
ターゲットを扱う	＃7	他生との関係。性ファンタジーについて。 「人を好きになるってなんでこんなにパワーがあるのか？」「泣きたくなる」 A少年と面接者への好意を口にする。感情が表に出てくる。	あなたが虐待されたらどうするか 「回復の目標」「情緒的絶縁体」「虐待との関係」 過去の辛い体験を扱う	ロールレタリング
	＃8	沈んでる。今まで全部人のせいにしてたのができなくなった。逃げ道にしていたファンタジーも使えないし、すごく苦しくなった。寮で、大事件のテレビ報道を見て、自分の被害者のことを考えていたら苦しくなって大泣きした。当直だった担任に呼ばれて聞いてもらった。担任は、父に似ている。体が大きくて、すぐ怒られそう。もっと父にいろいろ話してほしい。	被害者 「自分の犯罪が被害者に与えた影響」「その後の被害者」 被害者について考える	
	＃9	しきりに辛いと訴える。机につっぷし、体をくねらせ、涙ぐんでいる。本当に根が深いとわかった、ふたをしたままのほうが楽だった。3歳からやり直したい。また被害者を出しそうだ。このままここにいたほうがよいのかも。最後は、「僕、やっぱり人が好きです。頑張ります」笑顔。		『彩花へ――生きる力をありがとう』を寮内図書で読む
変化に向けて努力を続ける	＃10	「自分にはできる」と言い聞かせて努力する覚悟。他生からの助言に素直に耳を傾けるようになる。「先生が面接して失敗した例がありますか？」	あなたの逸脱サイクル 「あなたの使っている防衛機制、思考の誤り」「犯行前サイクル、犯行後サイクル」 再犯防止の手立て	
	＃11	他生とトラブル。自己主張の仕方に迷う。A少年が出準寮に移動したが、残してくれたものが大きいので悲しくない。「信じている人に裏切られたらどうしますか」「先生は僕に何か期待していますか」子どもへの関心はあるが、絶対に加害の対象にしたくないという気持ちも強くあると言う。チック出現。		性被害に関する資料を渡す（英国被害者支援センターの資料から）

（表３－４　続き②）

		面接内容	ワークブック	処遇全体
変化に向けて努力を続ける	♯12	担任、両親に言われることに納得がいかない。他生の言うことは「よく見てるな」と思う。「あの子たちは嫌がっていない。僕がしていることを喜んでいると本当に思っていた」楽しいこと（音楽クラブ、役割活動等）を見つけた。		
	♯13	良い夢（裸の小さい女の子に服を着させた）と、嫌な夢（独りぼっちになってすごくさびしかった）をみた。性犯罪のサイクル完成。「僕が死んだら悲しいですか」「僕が再犯したら悲しいですか」	再犯防止：変化のためのプログラム 「高危険状況のリストアップ」「取ることができる介入手段」 RP について教える	読書感想文発表会で最優秀賞を獲得（『彩花へ』を読んで）
	♯14	出院後再犯しないためには相当の努力が必要と感じている。日常ふとした拍子に性逸脱ファンタジーが浮かんでいるのに気づく。子ども対象は週３・４回に減った。「くじける必要はありません」。	回復へのステージ 「否定的信念を肯定的信念に置き換える方法」 回復を維持することについて教える	１下進級 演劇祭副主役練習
	♯15	両親との関係、寮生活、出院後の生活に目が向きはじめる。働いて大学へ行き、面接者のようになりたい。今まであまりにも狭い世界に閉じこもっていた。やっと「モーニング娘」。も知った。読書、映画が好き。三浦綾子、加藤諦三の感想。	WB １修了	１下内省『沈黙をやぶって』
	♯16	内省中。『沈黙を破って』を読んで吐いたが、読んでよかった。少年院でやってきたことに間違いはなかった。生まれ変わるような体験。親の悲しみも少しわかるような気がする。単独寮で一人になると自慰をしたくなるが、面接者とＡ少年が出てきて止めてくれるイメージを浮かべる。やっと自分が自分になった。空っぽさや淋しさがなくなった。でも増長しそうで怖いので、現実的困難にぶつかりたい。「自分の内なる子どもに出会った」。内観を勧めた。		内省課題作文

（表 3 - 4　続き③）

		面接内容	ワークブック	処遇全体
変化に向けて努力を続ける	＃17	演劇祭の台詞を覚えるのが大変。性ファンタジーにストップをかけて別のイメージに置き換える練習をやっている。面会で両親といろいろ話せた。面会にきてくれてありがたい。働いて貯金して進学したい。『沈黙をやぶって』を繰り返し読んでいる。「内なる子ども」にごめんねと声をかけて近くに寄れた。	第 2 巻サイクルを理解する	演劇祭
	＃18	寮内で責任ある、頼られる存在でありたい。本人のいろいろな悪循環のサイクルを作り、それへの介入方法を話し合う。内なる子ども、面接者、A 少年、本人、被害者がいて、対話しているイメージ。	知覚：あなたの環境における引き金	内観
	＃19	寮内で責任が重くなり大変。僕の家族にはいろいろ問題があるとわかってきました。僕の場合、何をしていても最後は性犯罪に行き着くことに気づいて怖くなりました。内なる子どもは、面接者と A 少年にはなついているのに、本人にはなついてくれない。「面接者に追いつけない夢」。グループに導入。	思考のリンク	性犯罪者のグループ開始（週 1 回 1.5 時間、全 12 回、メンバー 5 名）職業訓練講習
	＃20	少し押し黙りがち。ストレス最高でした。面接・グループが 1 回飛んだため。否定的感情、当面避けるべき子どもがいる場所、思考の誤りについて学ぶ。性的な夢をたくさんみた。内なる子どもは、活発に動くようになって、面接者と A 少年にべたべた甘えている。	感情のリンク	観察官面接（面接に立ち会った職員から、教育調査官になりたいと答えたと聞いた）
	＃21	現実的な思考への置き換え方。寮生活は順調。他生に受け容れられてる感じ。内なる子に「まーちゃん」と名前をつけた。時々海底から出て、お花畑で、桃レンジャーさん、面接者、A 少年、本人と遊んでいる。	価値を明確にすること	
	＃22	週番とリード（後輩の指導）で大変。課題をやる時間がない。面接はあと 1 カ月半、1 上に進級して終わることを確認。顔を赤くして涙をこ	あなたのサイクルを持続させているリンクとチェーン	

（表３－４　続き④）

		面接内容	ワークブック	処遇全体
変化に向けて努力を続ける	♯22	らえる。自助グループへの参加を勧める。観察官にはカウンセリングを勧められたとのこと。		
	♯23	沈んで、口も重い。さびしさを生活に表さないように必死でした。寮でも泣いていることが多いとのこと。涙ぐんでいる。面接者は、ずっと泣かれることにとまどいを感じ、「なぜ性犯罪では一時的に満足するがすぐ空っぽになるのか」というバウンダリーの解説に走ってしまう。本人は、カウンセラーになりたいと述べる。	あなたの逸脱サイクル	
	♯24	家族、友達、女友達、先生への態度を振り返る。初恋の同級生に振られたショックを認める。まーちゃんは、面接者と別れるのがいやだと言って、泣いて駄々をこねている。また悪いことすれば会えるかも、でもそれではこれまでやったことが無駄になる。面接者が、花を出す手品を見せてくれている夢をみたと言う。別れを惜しむ言葉をかけたら、なごんだ。	あなた自身を引き戻す：正当化の段階	サッカーリーグ 父から電話で面接者への面会希望 保護司の面会 再鑑別の手配
	♯25	終了までに課題を終えたいと頑張る。過去のセックスに偏った価値観、生活を認める。初恋であったことを認める。やりたい気持ちとやりたくない気持ちとを認める。健康的な価値を重視したい。夢・先に行ってしまった面接者が再び現れて、「歩きなさい」と言う。再び歩き出す。最近は、まーちゃんと面接者しか出てこない。「僕のこと好きですか」「絶対再犯しない」。あとは机に伏せてしばらく泣いていた。	サイクルの秘密	保護司面会 両親と面接 再鑑別 （TAT 実施）
	♯26	保護司面接、家族との面接、再鑑別について話し合う。自助グループについて。	サイクルを断ち切る	
	♯27	最後の課題をやり、学んだことを寮生活と実生活につなげるよう励ました。		性犯罪グループ終了

応じた教育目標を与え、努力と成果を評価するものである。入院時は2級下（新入期）という段階になり、まずは院内生活への適応を目指し、変化・成長への地ならしが行われる。各段階において、定期的に行われる評価による成績が基準以上であれば、次の段階に進級できる。次の2級上と1級下の段階が、中間期として、生活指導や職業訓練を受け、問題点の改善に取り組む中心的な期間となる。最後に、1級下に進級すると出院準備寮に転寮し、仮退院に向けての最終仕上げと準備を行う。

a　治療契約を結ぶ

非行内容その他の条件からして、性教育治療教育プログラムの候補者であったため、入院時に全員に実施する考査のための面接時において、性非行が、「もうやらない」と思っていても実は繰り返してしまう危険性が高い行動であること、再犯を防ぐために性非行治療教育のための特別なプログラムがあること、およびその内容について説明し、受けることを勧める。内容としては以下のとおりである。①週一回一時間の定期的な個別面接を行う。②約八カ月間で終了する予定である（順調にいけば、仮退院を三カ月後に控えて一般寮から出院準備寮に移動する頃に修了する）。③毎回ワークブックを予習し、宿題をやってくる。面接時にはその宿題を中心に話を聞く。したがって、自分で宿題をやり努力をしないと、効果は上がらない。④仮退院に直結する少年院内での成績とは無関係である。出院後、二度と被害者を出さず、本人も矯正施設に再入しないということが最大の目標になる。正直に素直に本心を話すことがなにより大切である。⑤面接室で聞いたことの秘密は守る。ただし、自他に危害を加える恐れがあることを知った場合はその限りではない。また、概要について施設長には報告する。

本人は、プログラムを受けることに同意する。ただし、終了時には、「実は、断りづらくてハイと言った。何か辛いことがありそうで、本当は嫌だった」と述べていた。

本人には、ワークブックと宿題を記載するためのノートを渡し、施設長や他の職員、特に本人の所属する寮の職員および個別担任に対しても，プログラムの内容および治療契約の内容を説明して，実施の許可を得た。

b　動機づけおよび関係づけ（LIFE）

《セッション：1〜4回，ワークブック：第1章〜第5章》

＃1　ワークブックの宿題１「良い体験，嫌な体験，混乱した体験」をもとに，これまでの本人の生活を共に振り返る。そのなかで，小学校入学前後に見知らぬ男性から声をかけられ，人気のないところに連れ込まれて，性器に触らせられる被害にあったことを思い出したと述べる。よくしゃべるが，共感しにくい感じがした。「性犯罪をできない自分になりたい」「人に愛され，人を愛せるようになりたい」「ありのままの自分を出せるようになりたい」「自信を持ちたい」といった目標を挙げている。

＃2　とても嬉しそうにニコニコしながら出てくる。ワークブックに関しては，「すごい。どうしてこんなに（ぼくのことが）わかるんだろう」と感心している。宿題４の「肉体関係」という言葉を見て，「きょうだいとのも含みますか」という質問から，幼児，年長同胞と触り合いっこをしていたことが明らかになる。保育園でも他児と触り合いっこをしていたとのこと。寮生活は楽しいが，担任教官が話しにくいと述べる。

＃3　入院前の調査ではあまり出てきていなかった，父母への否定的感情を話しはじめる。「ぼくは誰にも愛されなかった。それはぼくができそこないだからだ」という激しい自己否定感も口にする。「先生はぼくのことをどう思っているんですか」と問いかけてくる。

＃4　寮生活の愚痴と担任への不満を述べる。入院前は独りぼっちで，それが非行につながっていたとのこと。父母が面会に来てくれたが話せない，拘置所にいた頃は父を殺したいと思っていた。

【LIFE段階まとめおよび考察】

少年院生活や個別面接に非常に肯定的である。たとえ家族がいても，気持ちのうえでは「独りぼっち」であることがほとんどで、単独で犯行を行っている性非行少年は、面倒を見てもらえる感じさえすれば、施設での生活を「楽しい」と喜ぶことも多い。社会内ではよほどさみしい生活をしていたんだなあと思う。

ワークブックの宿題をやることやその内容を面接者に語ることは、これまでの人生を言葉で振り返り、人と共有するという貴重な体験となる。面接者は、過去の体験やそれに対する本人の語りを聞くことによって、アセスメントをしながら、変化への動機づけと信頼関係作りを行うことができる。最初の一〜三回で、これまでの記録等には出てきていなかった事実や体験が語られることは非常に多い。今後扱うべきカードがざっと開かれる。性被害等の事実関係は確認のしようがないが、「真実」として傾聴する。

ワークブックでは、過去を振り返る際に良い体験と嫌な体験の両方を振り返り、問題点と同時に、それを改善する自分の強さにも光を当てていく。「どうなりたいのか」という目標にも目を向けていき、目標達成のためにはどのように努力することが望まれてるのかという方向性や方法も教示していく。ワークブックは、旅の良いガイドブックでもある。本人も面接者も道に迷うことが少なくなる。

＃1〜＃4では、これまで語られることのなかった家族や自分への否定的感情を話すことができ、そうした否定的な感情を持つ否定的な自分にもかかわらず、受け入れてもらえたという感じを持てたことから、信頼関係と治療教育への動機づけが一応できたと考える。なお、矯正施設で個別面接を行っていると、ある時点で、「私のことをどう思っているんですか」という質問をされることが多い。ある程度関係ができはじめた、こちらを向きはじめたサインであると考えている。また、激しい攻撃感情が語られることも多い。感情は感情として傾聴するが、現実的な助言や指導を行って「行動化」には反対の意を表明しておくことが多い。下手に聞きすぎて火に油を注いではいけないし、かといってきちんと聞かずにいると信頼関係ができない、微妙な勘所である。面接者の持ち味を生かしながら、自分にとってしっくりくるあたりを探す必要があろう。

C　ターゲットを扱う（CRIME）

《セッション：5～9回、ワークブック：第6章～第9章》

＃5　これまでに行った性犯罪について、露見していないものも含めて正直に話しはじめる。中学生時からの覗き、痴漢、住居侵入未遂から高校時代の強制わいせつへと、露見した性犯罪以外にもたくさんあって、もっとひどいことをしたと言う。

＃6　引き続き性犯罪の詳細を話す。しかし、「被害者は小さいし、何もわからなかったろう」と述べる。誰にも話せなかったことを話せてすっきりした、でも面接者に嫌われないかと心配している。寮集会で他生に指摘されたことが納得がいかないと不満を述べる。家族に対しても、父に受け入れてもらったことがないと述べ、自分は結婚しない、子どもを持たない、不幸のバトンを渡したくないと言う。

＃7　実際に行った行為について話すよりもさらに話しにくいとためらいつつ、性ファンタジーについて話す。「人を好きになるってこんなにパワーがあるのか。泣きたくなる」と言いつつ、寮の先輩であるA少年と面接者への好意を口にする。自分の加害行為を明らかにし、被虐待体験について思い出し、被害者について学んだことにより、これまで全部人のせいにしていたのができなくなった。逃げ道にしていた性ファンタジーも禁止されて、すごく苦しくなった。テレビで、大勢被害者が出た大事件の報道を見ていたら、自分の被害者のことを考えて苦しくなって大泣きした。ちょうど個別担任が当直教官で、話を聞いてくれた。実は、担任は父に似ているので苦手だった。身体が大きくてすぐ怒られそう。父を嫌いと言ったが、実はもっといろいろ話してほしい。

＃8　沈んでいる。感情が表に出てくるようになってきた。

＃9　しきりに辛いと訴え、机につっぷし、体をくねらせて、涙ぐんでいる。本当に根が深いとわかった。ふたをしたままのほうが楽だった。三歳からやり直したい。また被害者を出してしまいそうだ。このまま少年院にずっといたほうがよいのかもしれない。ずっと聞いて、変化しようとする勇気を褒める。最後は、「ぼく、やっぱり人が好きです。頑張ります」と笑顔を見せた。寮内図書で見つけた『彩花へ――生きる力をありがとう』（神戸児童連続殺傷事件被害者遺族の手記）を読む。

【CRIME段階まとめおよび考察】

前段階での変化への動機づけと信頼関係作りがうまくいっていると、自らが行った性暴力行為については、露見していないものも含めて、正直に話すことができる。性犯罪者はなかなか自分の行った加害行為について正直に話さないことが多いが、こうした手順を踏めば、話せてよかったとすっきりすることが多い。しかし、この時点では、自分のやったことの意味は理解できていないことがほとんどである。自分と自分以外の誰か（面接者）に加害行為をはっきりと認めることが大切なことである。

そのうえで、自らが体験した被虐待体験について話を聞く。多くの性非行少年は自らの被虐待体験やいじめられ体験を、それとして認めることができずにいる。過去の体験と現在の自分が連続していること、そして現在の自分が将来の自分を作っていくという時間的展望や連続した感覚が、なかなか持てないのである。「虐待された」「いじめられた」と認識でき、その体験がどのように現在の自分につながっているかを知ることは大きな前進である。

虐待されたこと、辛い気持ちになったこと、そこからさまざまな「問題」が生じてきたこと、それは無理からぬことであり本人は被害者であることを認める。しかし、自分が被害を受けたからといって、他に危害を加えてよいことにはならないことを確認する。自分が受けた被害に対して、他の誰かに危害を加えることで対処するのは、不適切な対処であり、その責任は本人にもあること、子どもの頃はそうした不適切な対処しかできなかったかもしれないが、これから大人になっていくからには、人も自分も傷つけない、より適切な対処力を身につけていくことが不可欠であるし、可能である。こうした方向づけを行う。

被害者に関してどこまで「共感」できるかは人によって異なるが，その人なりに「被害者の視点」を知ることの重要性は認識するし，自身の被虐待体験や被害体験を振り返って，感じないようにしていた「心の壁」が壊れだし，辛い気持ちも含めて感情が動くようになってきた時点で，被害者に関する情報を入れると，それ以前には決して入らなかったような入り方をすることが期待できる。したがって，ターゲットを扱う際には，加害行為，被虐待体験（被害体験），そして被害者の順番である必要がある。先に被害者の情報を入れても，本人の感情が動くようになっていないとそれが入らないし，先に本人の被害体験を扱うと，自身の加害行為を自分が受けた被害体験のせいにしてしまうことが起こりうる。被害者の視点をどのくらい持てるか，どのくらい共感できるかは，最後の再犯防止にどれくらい熱心に取り組むかに大きく影響してくる。いくら再犯防止手立ての方法を教えても，本人がそれを実行しようとする動機づけとしては，「被害者を出したくない」という自覚がポイントとなるからである。そうした気持ちをまったく持たない人は，監視や処罰といった外的な統制の比重を重くすることが必要となろう。

ＣＲＩＭＥ段階は，本人にとってはしんどい時期である。それまでの人生で，自分は悩まず人を悩ますという生き方をしてきた人が，悩みだし，不安や葛藤を抱えるようになるのである。いわば，自分は悩まない人格障害を神経症化して悩みはじめさせるといった作業になる。悩まないようにしてきた人が悩みはじめるので，この時期安全感が脅かされ，変化は不可能という絶望感を強めさせてしまうと，行動化が生じやすい。したがってこの時期には，ＳＯＳに迅速に対応できる体制を整えておくことが必要である。

ｄ　変化に向けて努力を続ける（ＨＯＰＥ）

《セッション：10～21回，ワークブック：第10章～第12章および第２巻》

＃10　「できる」と自分に言い聞かせて，努力する覚悟を決めた。他生からの助言に素直に耳を傾けるようにな

人が怖い、拒否されることが怖い　→　引きこもる、一人のほうが辛くない　→　嫌われてる、拒否されてると思う　→　何も感じない、考えないようにする　→　自分のことも人のこともわからなくなる　→　何をしても楽しくない、失敗を恐れて何もしない　→　何をしても心から楽しいと思えない、退屈　→　性的刺激に触れると心地よい、楽しい　→　性ファンタジーを用い、性にとらわれていく　→　ファンタジーでは飽き足らず行動に移す　→　子どものほうがやりやすい、だましやすい　→　たいしたことではない、嫌がっていない　→　でも見つかったらまずい、自分は犯罪者だ　→（最初に戻る）

図3-4　事例1の性犯罪のサイクル

る。「先生が面接して失敗した例がありますか」と聞いてくる。性被害者に関する資料を渡して読ませる。

＃11　他生とトラブルを起こす。以前はまったく関わらないか、言われたとおりにしていたのでトラブルが起きなかったが、このごろ考えを言おうとするのでぶつかる。どこまで、どのように自己主張すればよいのか迷う。A少年が出院準備寮に移動したが、残してくれたものが大きいのでさみしくない。「信じている人に裏切られたらどうしますか」「先生はぼくに何か期待していますか」と聞いてくる。子どもへの関心はあるが、絶対に加害の対象にしたくないという気持ちも強くあると言う。チック（まぶたがピクピク動く）出現。

＃12　担任や両親の言うことには納得がいかない。他生の言うことは「よく見ているな」と思う。「あの子たちは嫌がっていない。ぼくがしていることを喜んでいると本当に思っていた」。音楽クラブ、役割活動に楽しみを見いだしている。

＃13　良い夢と悪い夢をみた。良い夢は、「裸の小さい女の子がいたが、服を着せた」。悪い夢は「独りぼっちになってすごくさみしかった」。両方とも良い夢であると返した。性犯罪のサイクルを完成させる（図3-4）。「ぼくが死んだら悲しいですか」「ぼくが再犯したら悲しいですか」と聞いてくる。この時期、少年院内の読書感想発表会に寮代表として出場し、『彩花へ』を読んだ感想で最優秀賞を獲得した。頑張ったときには思いきり褒めることをした。

＃14　出院後再犯をしないためには相当の努力が必要と本人自身が感じている。

今でも，日常ふとした拍子に　性逸脱ファンタジーが浮かんでいることに気づく。子ども対象は，週三，四回に減った。ワークブックの中の「くじける必要はありません」というフレーズを支えにしていると言う。１級下に順調に進級し，演劇祭の副主役にも選ばれる。

＃15　両親との関係，寮生活のこと，出院後の生活など，現実的な課題に目が向きはじめる。働いて大学へ行き，面接者のようになりたい。今まではあまりに狭い世界に閉じこもっていた。やっと「モーニング娘。」も知った。読書，映画が好きと述べ，三浦綾子，加藤諦三の作品について話す。

＃16　１級下に進級した際に全員に実施する一週間単独室で生活し，課題作文や読書，面接による内省期間中である。個別担任からの通常の課題に加え，面接者からの課題として，性暴力被害者の手記集『沈黙をやぶって』を読ませる。『沈黙をやぶって』を読んで少し吐いてしまったが，読んでよかった。少年院でやってきたことに間違いはなかったと思った。生まれ変わるような体験であり，今まで親に対して不満ばかりであったが，親も自分がこんな事件を起こしたりして悲しいんだろうとわかるような気がしてきた。単独室で一人でいると自慰をしたくなるが，面接者とA少年が止めてくれるイメージを浮かべる。やっと自分が自分になったような気がする。空っぽさや淋しさがなくなった。しかし，逆に増長しそうで怖いので，現実的な困難に挑戦したい。「自分の中の内なる子ども」に出会った。その子は，海の底で独りぼっちで，体育座りをして，うつむいて，すねたような目をしている。近寄りたくてもとりつくしまがなくて近寄れない。親に対する見方が変化してきたので，少年院の教育プログラムとして用意されている「内観」を進めた。

＃17　演劇祭の台詞を覚えるのが大変。性ファンタジーにストップをかけて，別のイメージに置き換える練習をしている。面会で両親といろいろ話せた。面会に来てくれてありがたいと思うようになった。出院後は，働いて貯金して，進学したい。『沈黙をやぶって』を繰り返し読んでいる。内なる子どもに，「ごめんね」と声をかけて近くに寄れた。

★みんなぼくを嘲笑している → 誰も信じない → 黙る、避ける → みんなぼくが死ねば喜ぶ → 無意味、無価値 → 子どもは違う → 子どもを性的対象と見る → ぼくは普通じゃない → もうどうしようもない、これは直せない → やろう！ → 性犯罪 → 僕のせいじゃない、たいしたことじゃない → 性ファンタジーにふける → もうどうでもいい、かまうもんか → ぼくは普通じゃない

図3-5　事例1の「ぼくは駄目」のサイクル

＃18　寮内で、責任ある、頼られる存在でありたい。本人のいろいろな悪循環のサイクル（「ぼくは駄目」のサイクルを図3-5に例示）を作り、それへの介入方法を話し合う。思考の誤りの修正方法、現実的な介入方法を実行し、現実適応的な良いサイクルを回すように努力する。内なる子ども、面接者、A少年、本人、被害者がいて、対話しているイメージを最近よく思い浮かべるとのこと。

＃19　寮内での責任が重くなり、新入生の指導も任されて大変。ぼくの家族にはいろいろ問題があるとわかってきた。ぼくの場合、何をしていても最後は性犯罪に行き着いていたことに気づいて怖くなった。内なる子どもは、面接者とA少年にはなついているのに、自分にはなついてくれない。「面接者が現れ、どんどん地下に降りる階段を下りていって、後を追うのに追いつけない」夢をみたとのこと。少し、内界への掘り下げを面接者が急ぎすぎていると感じていると理解した。その当時少年院にはなかった性犯罪行動変化のためのグループをようやく開始できるので、本少年もグループに入ってもらうことをオリエンテーションした。グループ参加への積極的意欲を示した。

＃20　職業訓練の集中講習と資格取得試験のため面接と、グループが両方とも一週間なかった。そのためストレスが最高に達し、性的な夢をたくさんみたとのことで、少し押し黙りがち。否定的感情と子どもがいる場所を回避する対処方法、「みんな」とか「誰も」「何も」といった白黒思考の誤り等について学ぶ。内なる子どもは活発に動くようになって、面接者とA少年にべたべた甘えている。仮退院調査のための保護観察官による面接があった。

＃21　現実的な思考への置き換え方，対処行動の方法について学ぶ。寮生活は順調で，他生に受け入れられている感じを持てている。内なる子どもに「まーちゃん」と名前をつけた。時々海底から出てきて，お花畑で，新登場の桃レンジャーさん，面接者，A少年，本人と遊んでいる。

【HOPE段階まとめおよび考察】

自分のやったことを自覚し，被害者のことを知ると落ち込む。しかし，人間は希望がないと生きていけない。一旦落ち込むことは重要であるが，そこから変化への希望を持てるかどうかが次の分岐点になる。本事例では，「できる」「くじける必要はない」と自分に言い聞かせて変化への努力を行う決意ができた。「変化の段階」で言えば，ここからがようやく「実行段階」となる。「実行段階」が一定の成果を上げるのにどのくらいの期間が必要かということは一概には言えないが，より早期に情緒性・社会性の発達のつまずきが開始すればするほど，治療教育などの介入が遅れれば遅れるほど，つまずきが大きくなればなるほど，年齢相応の発達や適応水準に戻るまでにより多くの時間と努力とを要すると思われる。

面接場面では，引き続きワークブックで学び，課題をやりながら，性犯罪を中心とする自身の「悪いサイクル」を詳細に認識していき，一つひとつの連鎖に介入プランを立てて，それを適応的な「良いサイクル」に変化させていく力を少しずつでも身につけていくことになる。面接者は，現実的な考え方や対処方法を一緒に考えたり，教示・助言したりする。

同時に，この時期には，現実の生活場面から新たな対処方法を学んだり，試したり，自信をつけていくことの重要性が増す。少年院等の施設で生活している場合は，寮生活での対人関係や，役割活動，あるいは用意された処遇プログラム等を通じて，社会性の成長を促進する場面が豊富に用意されている。面接者は，どのような資源があり，それらをどの時期，場面でどのように活用できるかを熟知していることが望まれる。多くの単独犯の性犯罪少年は，当初は他生とトラブルを起こすことが案外少ないが，それは彼らが人と関わらないからにすぎない。関わろう、きちんと自己主張しようとしはじめると、この時期には、かえって他生とのちょっとしたトラブルが一時的に増加することがある。寮の職員ともよく連絡をとって、うまく学んでいくことが大切である。本少年の場合は、行事での活躍、寮で責任を果たして認められる体験を通して、少しずつ現実的な適応力やコミュニケーション能力、自信を強化していったと考える。処遇全体のなかに特定の治療教育プログラムを位置づけ、関係者で連携、協力して進めていくことの重要性は、いくら強調してもしたりないほどである。

この時期には、面接者への依存や理想化も強まることが多い。ようやく頑張ろうとしはじめたときに、そしてまだ他には信頼関係があまり作られていない時期であるので、面接者を頼みとするのであろう。外へ出て行けるように、努力や成果を認め、必要であれば現実的な助言を行い、しばらくは「親代わり」のような役割を果たすことにもなる。そして、やがて、「親離れ」していくことが望まれる。

また、これまで自己中心的な視点しかとれなかったのに対し、より立体的、複眼的にものを見られるようにもなってくる。被害者の視点を想像できるようになること、親や教師など大人の視点も少しは想像できるようになること、同年代で自分とは異なるものの見方をする人たちのことを受け入れることができるようになること等である。このことは、より現実的な見方に近づいたことであり、またコミュニケーションができるようになることも意味する。本少年の場合も、苦手だった担任が父に似ていることに気づき、担任や両親に対する「理解」を深めている。

本少年に特徴的であったのは、イメージが豊かであったことである。それは性ファンタジーとして、性暴力行為を促進もさせたが、より肯定的なイメージに置き換えることにも使われ、また面接者とのコミュニケーションの一つとしても活用された。

e　終結期（維持期に向けて）

《セッション：22～27回》

#22　週番と新入生指導で大変で，課題をやる時間がないとこぼす。面接は，あと約一・五カ月で，1上に進級して終わることを確認する。面接者が転勤でいなくなることを伝える。顔を赤くして涙をこらえている。出院後，自助グループに参加することを勧めた。保護観察官からはカウンセリングを勧められたとのこと。

#23　沈んだ様子で口も重い。個別面接が終結することが淋しく，寮での生活もままならないとのこと。面接場面でもメソメソしている。面接者はずっと泣かれることにとまどいを感じ，心理学的に「バウンダリー」の解説をしてしまう。やはりカウンセラーになると，本人は言っていた。

#24　家族，友達，女友達，先生への態度を振り返る。初恋の同級生にふられたことを話し，ショックであったことを認める。「まーちゃん」は，面接者と別れるのが嫌だと言って駄々をこねて泣いているとのこと。また，悪いことをすれば会えるかもしれないと思うが，それではこれまでやったことが無駄になると思う。「面接者が花を出す手品を見せてくれている」という夢をみたと述べる。一時しのぎのご機嫌取りをしているように感じているという意味と面接者は理解し，きちんと別れを惜しまなくてはと思って，別れを惜しむ言葉をかけた。本人は，なごみますといって笑顔を見せた。

#25　終結までに，第2巻を終えたいと頑張る。過去の性暴力に偏った生活の誤りを認める。初恋であったことを認める。性犯罪をやりたい気持ちとやりたくない気持ちと両方あることを認める。今後は，健康的な価値を重視して生活したい。「先に行ってしまった面接者が，再び現れて，『歩きなさい』と言い，本人は再び歩き出す」という夢をみた。最近は，「まーちゃん」と面接者しか出てこない。「ぼくのこと好きですか」「絶対再犯しない」と言い，あとは机に伏せてしばらく泣いていた。

＃26　保護司面接、家族との面会、再鑑別等、出院後の生活について話し合う。自助グループへの参加を再度勧めた。

＃27　最後の課題をやり終える。学んだことを残りの寮生活と実生活につなげるよう励まして終了した。

【終結期のまとめと考察】

終結と仮退院が近づき、出院後の「維持期」のための準備を行った。先方からの要望により、面接者が両親に会い、面接の経過および出院後の留意事項について説明した。仮退院後の指導を担当してくれる保護司との面会も行われた。何が改善され、何が問題点として残っているかをより客観的に評価してもらうため、入院前に少年鑑別所で鑑別を担当した技官に、出院前の再鑑別を依頼した。「入院前の引きこもり状態から、はきはきと対応ができるようになり、院内生活での適応感も高く、性犯罪に対して責任を認め、再犯予防の手だても準備しつつある。ただし、そうした変化はやや認知的なものに留まり、また指導者（面接者）との関係に拠っているものであって、今後理解者ばかりではない世の中に出たときに適応的にやっていくためには、さらなる成長が必要である」と指摘された。その指摘も踏まえ、寮の職員に今後の留意点を伝達した。

施設内処遇においては、最後の仕上げともいうべき「維持期」を見届けることができず、保護観察にバトンタッチするほかないので、どうしても隔靴掻痒の感が残るがそれでもなお、この終結期は多少の悔いが残る。一つは、今ならもう少し十全に家族や保護観察機関に働きかけて、社会内での維持段階の支援体制を作る動きができたであろうという点である。もう一つは、自立の促進が性急になってしまったことである。嗜癖、あるいは依存が基盤にある性暴力者の場合、性暴力行動への依存（嗜癖）を、より社会的に認められる依存に置き換えつつ、その間に「自立」を図っていくことになる。現実的な適応力が増し、社会内できちんと責任を果たして、認められる経験と自信とがついていきて、それが対人関係の広がりとそのなかでの安定感につながると、自然に治療関係は終結に向かう。本事例においては、諸般の事情により、そこに十分な時間をかけることができなかった。

表3-5　事例1の治療教育前のリスク評価

J-SOAP-IIプロフィール				
J-SOAP-II	0	50	100	%
尺度1	■■■■■■■■■■■■			63
尺度2	■■			19
尺度3	■■■■■■■■■■■■■■			72
尺度4	■■■■■■■■■■■■■■■■			80
固定リスク	■■■■■■■■			41
可変リスク	■■■■■■■■■■■■■■			75
総リスク	■■■■■■■■■■			56

とはいうものの、誰かを信頼し、依存し、努力して、一定の成果を上げ認められたという体験は、必ず次につながるとも考えている。失敗を繰り返しながら、そこから立ち上がる方法と自信とを獲得し、より早めに軌道を修正し、やり直すことができるようになっていくと期待している。施設内での教育は、ある意味きりがないが、施設内でできることと、社会内でできることとは別であるので、施設内では、社会内で他の支援を受けることができるようにするという一定の水準を目指したうえで、社会内処遇に移行することが不可欠である。

終結後、順調に1上に進級し、出院準備寮に移った。面接者は同時期に転勤したので、その後は伝聞にすぎないが、新しい寮で、新たな担任と生活になかなかなじめず対人トラブルもあったが、規律違反等によって遅れるようなことはなく、順調に仮退院したと聞いている。以後の消息は面接者には不明である。

当時はまだリスク評価を実施していなかったが、後追いで試行すると、表3-5および表3-6のようになる。

治療的介入によって、可変リスクのうち、尺度3の「非行に対する責任の受容、変化に対する内発的動機づけ、リスク要因に関する理解、共感性、自責の念・罪障感、認知の歪み、同世代との対人関係の質」といった要因に関するリスクは大幅に低下したと考えるが、尺度4のうち「生活状況の安定性、学校（職場）における安定性、ポジティブなサ

表3-6　事例1の治療教育後のリスク評価

J-SOAP-II プロフィール				
J-SOAP-II	0	50	100	%
尺度1	■■■■■■■■■■■■			63
尺度2	■■			19
尺度3	■			8
尺度4	■■■■■■■■			40
固定リスク	■■■■■■■■			41
可変リスク	■■■■			21
総リスク	■■■■■■			33

ポート体制」に関する要因は、社会に出てから作り上げていくものである。施設内においても可能な限りの準備を行うことが肝要である。そして、本事例の場合、固定リスクのうち、尺度2の衝動的・反社会的行動のリスクは低いが、尺度1の性欲動・関心・行動のリスクは、かなり高い。家族や保護司等の支援と監督とを得ながら、仮退院後の生活状況を安定させることができるかどうかが重要であろう。

B　事例2

本事例については、『被害者と加害者の対話による回復を求めて』の第4章第2節に、本人自身の手になる経緯が描かれている（藤岡、二〇〇五）。本人から見た体験と治療者から見た体験とを読み合わせてみることも、有意味であるかもしれない。なお、本事例に関する報告は、本人に読んでもらったうえで掲載の同意を得ている。

【概　要】

初回面接時三十代の男性。小学生男児をトイレに連れ込みわいせつ行為をしようとしたが、抵抗され未遂。自首する。懲役二年保護観察付き執行猶予四年の判決を受けた。拘置所内で、弁護士が差し入れした「塀の中の性犯罪者治療」（藤岡、二〇〇〇）を読んで、自ら治療を希望した。

【治療教育の経過】

約二年間、隔週で通所した。一応治療を終結し、現在は二・三カ月に一度くらい、行動変化の維持のために来談している。その間、再犯は防止できており、執行猶予と保護観察は良好解除となった。まだ幾分波はあり、本人は自身の問題と取り組み続けているものの、定職について適応的な社会生活を維持している。

a　治療契約を結ぶ

以前に精神科のアルコール病棟への入院歴があり、来談時点でも精神科に通院し、抗酒剤と抗うつ剤を服薬している。またＡＡ（アルコホーリクス・アノニマス：アルコール依存症者のための自助グループ）とＳＡ（セックスアホーリクスアノニマス：性依存症者のための自助グループ）に通っている。筆者のところでは、性犯罪の治療を行ってほしいとの希望。無職で収入がないこと、遠方からの通所で交通費だけでも相応の負担があることから治療費は無料とした。秘密保持の原則と限界について説明し、ワークブックを使うので、あらかじめ読んで課題をやってくることを約束する。遠方であるので隔週とし、一回一・五時間とした。ロールシャッハ・テスト実施。

b　LIFE期1（約半年間）

《ワークブック：第1章》

矯正施設で会ってきた犯罪者と大きく異なることは、少なくとも外から見る限り、非常に「恵まれた」家庭に育っている。そのためか、礼儀正しく時刻は厳守し、価値観・生活観は知的なものを重視し、本もたくさん読んでいて社会問題への関心も高い。「よいところの坊ちゃん」という感じを受けた。普通に話している限り、「（年齢に比して考え方や気持ちが）若すぎるなあ」という印象はあるが、ごく「普通」の人。

しかし、家庭には外からはうかがい知れない「秘密」があり、本人には、父も母も冷たい、厳しいと感じられている。両親間は喧嘩が絶えなかったとのこと。幼時はよく母方祖母宅に家出した。本人小学校二年生時、妹が生まれる。両親の妹に対する態度は、自分に対する態度とまったく異なるように感じられたとのこと。

良い思い出は、「親子三人での家族旅行。怪我をしたとき母がやさしかった。父が外に対して的確に対処して自分を守ってくれた」。嫌な思い出も家族がらみ。とにかく両親とも冷たく感じられた。「回復して、それを親に認めてほしい」と述べる。父に対してこだわりが強い。認めてほしい、でも認められない。

小学生時、父の仕事の関係で、家族で外国生活をする。海外での生活は日本人学校を除き楽しかった。帰国後、名門と言われる中学校に通学、いじめられた。高校三年時は不登校ぎみになった。非行での公的な係属歴はないが、予期していた以上に、幼い頃からさまざまな「問題」が続いていることを実感した。

国立大学に入学し一人暮らしを始め、サークルに入ったものの、生活は急速に乱れていく。学業はうまくいかず、友達ともうまくいかず、アルバイトも続かず、借金、失踪を繰り返し、酩酊した男性友人へのわいせつ行為、男児ポルノの収集、飲酒のうえ男児ポルノを見ながら自慰をすることにはまる。その頃、先輩の殺害を企図し、ナイフを購入したが実行には至らなかった。放火を企図して自室のガス栓を開け放し、自室をあとにしたが、引火はしなかった。酩酊して記憶のない状態で車を運転したが、無事だった。矯正で会っていた受刑者と変わらない生活状態であるが、幸い重大な結果とならず、司法で処分を受けていないだけのことのように感じた。本人は深刻な内容を淡々と話す。やはり、相当の問題を抱えてきたようだと面接者は実感した。本人は終始、特に父親に対して、自分は被害者であるというスタンスであった。「父と母を困らせてやろうと思い、いろいろなことをした。父に自分が間違っていたと謝ってほしい」と述べる。

大学を中退後、一時期親戚の経営する企業で働いたこともあったが長続きはせず、無断欠勤と借金のうえ外国へ買春に行くなど生活の乱れは続く。その後はほとんど徒遊生活であった。本件以外にも、知的障害のある少年への介護ボランティアをしてわいせつ行為を行うなど，露見していない性暴力行為がある。アルコール依存と浪費といった問題行動も認められる。

三十歳代にしては，非常に「若い」というべきか，権威に反抗する中学生のように見えた。理屈っぽく，ときどきつっかかってくる。しかし反面，やけに「純」な感じもある。自分のことに費やす時間とエネルギーは膨大で，熱心に通ってくる。とにかく聞いてほしい，認めてほしいという印象を受けた。面接者から見ると「怒っているな」と感じるときでも，本人は自分が怒っていることには気づいていない。怒っているときほど，筋は一応通っているが，現実的ではない攻撃的論理を振り回す傾向があると思われた。ある程度聞き，認められるところは認め，正面衝突は避け，しかし別の考え方の可能性を示唆し続けた。

C　LIFE期2（約半年間）

《ワークブック：第2章〜第5章》

引き続き，課題には非常に熱心に取り組む。第1章で振り返った過去を前提に，現在と将来に目を向けていく。「自分」および「性犯罪」について考え続ける。仲間が欲しい，認められたいという気持ちが強い。アルバイトを始め，自助グループの運営委員も引き受けて熱心に活動する。活動していくうえで生じた対人葛藤や怒りの感情についても話し合い，整理していくことを試みた。インターネットのホームページ，掲示板を開設したが，夜更かしが悪化するので相談のうえ一時的に中断し，また再開するなど，試行錯誤をしながら社会とのつながりを模索し，現実適応力を強化していく。他からの評価を気にしすぎる自分，仕事を抱え込んでは回らなくなり，一気に放り出してきた自分に気づいて，認めることができた。

「小児性愛はなぜいけないのか」「マスターベーションがなぜいけないのか」について，ホームページ上，治療場面，メールで繰り返し考え続ける。この議論の途中では，かなり感情的になることもあった。アルコール依存のない人にとっては多少の飲酒は問題ないが、アルコール依存のある人にとっては、一杯が大きな問題になる。マスターベーションをしたから「終わり」というのではないが、「はまっていく」危険性は高く、マスターベーションが再開した時点でそれを警告サインととらえ、生活を再点検することの重要性を繰り返し話し合った。性的な快感と性暴力行動を手放すことへの抵抗は強かったが、ここでは、AAを支える十二ステップと自助グループの仲間、および治療者とプログラムへの信頼感が、性暴力への悪循環にはまっていくことを回避する支えの一つになったと考えている。

このころには面接者に対し、父親転移が生じているのではないかと感じていた。「正しい考え方、行動」について の意見を面接者に求め、認められると感じると非常に喜んだ。反面、「わかってくれない」と思うと、激しくくってかかることもあった。父に対してはアンビバレントが非常に強いが、基本は「認められたいが、認められない」であると理解できた。

【LIFE段階まとめおよび考察】

ワークブック第1章の課題を中心に、彼の人生を共に振り返ることに約半年間を要した。成人の場合には振り返るべきこれまでの人生が長いこと、本事例では数々のエピソードがあり、また熱心に課題に取り組んで、たくさん書いてきて非常によくしゃべることから、第1章を終えるのに約半年間を要した。司法制度の枠組み内ではなく、個人の立場で治療教育を実施する場合、生い立ちや家族状況、犯行状況について、最初の情報が入手できないこともあり、アセスメントをかねて、ていねいに生い立ちを振り返ったという事情もある。ただし本事例の場合、病院のデータを持参してもらい参考にできた。病院のデータとロールシャッハ・テストの結果から、知的障害およびアルコール依存以外の狭義の精神障害はないことを最初に確認してある。

本事例では、本人から来談しているので、当初から動機づけはかなり高かった。きちんと来談し、課題にも熱心に取り組んだ。それでいてもなお、変化へのアンビバレンス（両価感情）は存在する。当時はそれをきちんと理解できず長引くことになったが，「小児性愛はなぜいけないのか，マスターベーションはなぜいけないのか」という「知的」な論戦は，それを手放したくないという変化への抵抗の表れであったと，現在は理解している。人によって抵抗感の表し方は異なるが，同じつまずき方を繰り返す場合は，そこでひっかかる背景を考えてみるとよいと思う。ここでは，「そんなにマスターベーションって快感なんだ」くらいに返して，その意味を一緒に探っていったほうがよかったのではないかと今にして思う。それでも本事例には，「性暴力をやめたい」という思いも強く，葛藤に持ちこたえる力がある程度備わっていたこと，自助グループや精神科治療などのサポートを上手に活用できていたこと，面接で自分のことを語ることに肯定的であったこと等から，ＬＩＦＥ段階を経て，ＣＲＩＭＥを扱う段階に移行できたと考える。

d　CRIME期（約半年間）

《ワークブック：第6章〜第12章》

性暴力行為については，露見していないものも含めて詳細に語ることができた。その後虐待について学び考えていく際に，自身の感情の問題に目を向けはじめ，怒りに気づき，認めるようになる。生き生きとした感情を持つことができない自身を，「バルカン星人」（『スタートレック』に出てくる感情の乏しい宇宙人のこと）のようと評した。生い立ちが自身に与えている影響についても認めはじめる。しかし，気持ちが動き出しただけに，辛い気持ちや絶望感が募り，行動化の危険も高くなる。「残りの人生を刑務所で過ごしてもいいから，手持ちの高速バスの回数券を売って，飲んで男の子に性加害したい，と妄想していました」というメールを，自助グループの仲間や面接者に出してきたこともある。とはいうものの，危機に際して，自助グループの仲間や面接者に援助を求めることができるようになっていたことが，大きな行動化を回避できる安全弁となった。

危機を乗り越えながら，サイクルを止めるのに実際に使える方法を具体的に考え，実行し続ける。具体的には、仲間や治療者に助けを求める、自身のサイクルに気づく（特に怒りの感情や対人ストレス、自己評価の問題、家族との関係）といったことである。

被害者のことを学び、「真の謝罪」をしたいという焦りが生じ、自己のホームページ上で性急に本名などの個人情報を開示するという行動化も生じた（その後削除）。インターネット上で性被害体験者とトラブルが生じたが、自身の非を認めて謝罪できた頃から落ち着いてきて、スリップ（マスターベーション）への衝動も一旦激しさを減じた。

【CRIME段階のまとめおよび考察】

施設内での治療教育においては、本人の生活を二十四時間支えることができるが、社会内で治療教育を実施する場合、この時期は特に行動化が生じやすいので、サポートおよび指導の体制を整える必要がある。性暴力行動について振り返っているときは、そのことが性的興奮をもたらしうるので、スリップには十分注意する必要がある。嘘をつき、隠れて性的刺激を求め、自慰を繰り返すことになると、再犯につながりかねない危険性も出てくる。スリップを正直に話し、それについて話し合うことが不可欠である。さらに、被虐待体験を扱うと気持ちが大きく揺らぐので、本人が「虐待」と感じているような状況を放置したまま同居し続けているような状況での治療教育は、避けるべきであろう。本事例の場合は、自助グループやインターネットなど、本人が積極的に他とのコミュニケーションを求め、援助を求めることができていたことが、この苦しい時期を乗り越えるのに有益であったと考える。個人が社会内で治療教育を実施する際は、自助グループや家族、教師、雇用主、保護観察官等、できるだけ多くのサポート体制を活用することが不可欠である。携帯メールや電話は、即応できるので便利な道具である。のべつまくなく頻繁に携帯に連絡が入ることは問題であり、治療関係の持ち方や経過を見直す必要があるが、緊急時用には対応できるようにしておくことがよいと考えている。

当時、面接者は、本人のホームページを閲覧していなかったが、当時の本人の心情がよく描かれているので、引用する（ホームページ「小児性愛からの回復」〈http://www3.diary.ne.jp/user/305515/〉）。なお、引用文中の「えにし」は本人のハンドルネームである。

性犯罪のリスト作りについて

性犯罪再犯予防の課題の、未遂を含む自分が行なった全種類の性犯罪のリスト作りが何とかできた。リスト作りで改めて明らかになった自分が性犯罪を行なった年齢は、13歳の時から38歳の時までだった。要するに思春期以降、僕はずうっと性犯罪者だった。

しかしそう自覚できたのはごく最近のことで、それまでは以前にも書いたが僕は自分の性のあり方が人にどのような影響を与えうるかというよりも、自分の性がいかに人と違って惨めで大変でしかし正当なものであるかということに関心がずっと向いてきた。自分が間違っていると心底認めることなんて難しかった。そんなことをしたら自分という人間が否定されきってしまうと恐れていたのだと思う。

課題の残りは、性犯罪や性的逸脱行動～つまり犯罪でなくても逸脱とされるもの～についての、ファンタジーや考えのリストアップだ。これはなんか莫大で、圧倒される感じがする。でも始めなければ終われないしね～。

自分の性的な妄想＝ファンタジーっていうのは本当にむちゃくちゃで、考えてみたらそれを実行に移せば必ず性犯罪になってしまうようなことばかり。そんなことからずうっと刺激と興奮をもらって、その分自分の感情や問題を見ないで過ごしてきたのだ。人と仲良くなりたいのに、そのために必要な方法とか自分の感情の適切な表し方とかを人との関係の中で学んでいくのが恐かった。その代わりの自分一時癒しのファンタジーに取りあえずの逃げ場を見つけ、そしてその取りあえずが、ずっと13歳から4半世紀も続いたということか。

もし自分の問題に今のように取り組んでこようとしないなら、僕にはきっと病院か法務省系の施設にしか居場所はないのだ。それにどれだけの人をもっと巻き込んで傷つけるかわからない。

ばかばかしいというか、呆れもするけど、今言おうと思うことは、「いや、それでもまだ繰り返しているより、気が付いてよかったじゃない」ということ。

しんどいけど、せっかくだから投げ出さずに、ね。

スリップについて

昨夜（金曜日の夜）も一人で部屋にいたらスリップしそうでした。ていうかスリップしたがっている自分が頑強でした。

ミーティングが終わって、仲間と食事しながら、ふと「こういうことは自分にとってはスリップ」「こういう時こういう場所でこういう状態の時に自分はスリップしやすい」「こういうことを自分は求めていく」といった自分の性依存、小児性愛嗜癖からの回復のための計画を見て、どうすれば……と思っていました。

マスターベーションは今の僕にとってはスリップです。一度始めるとのめり込んでしまいます。子どもに対する性犯罪の妄想ばりばりになってしまいます。再犯予防の観点からもマスターベーションはしばらくの間は止めておいた方がいい、と言われています。（これはあくまでも現時点の僕の場合です。）そして僕は夜一人で自分の部屋にいる時にその危険が一番高いです。それから友だち関係を作っていきたい、自分の気持ちを表現したい、と思っています。

そんなのを見ているうちに、ふと、仲間に頼んで仲間の部屋に一晩泊めてもらうことを思いつきました。一人で自分の部屋にいるとやばくて、それに耐える力が今自分にないなら……。情けないかもしれないけどそれがその時の僕にとって一番現実的で安全なスリップを避ける方法だと思いました。

そのことに気が付いても、勇気を出してそれを仲間に頼むまで、少し時間がかかりました。余りにも情けないのでは？　とか、「こいつ、ふだんは偉そうにしているのにいざとなるとどうしようもないな」と仲間に思われるのでは？　とか、色々な恐れが自分を襲います。

それでもなんとか「背に腹は替えられない」という気持ちで、頼むことが出来ました。頼むことが出来たら、とてもホッとしました。

仲間は快諾してくれて、昨夜は救われました。

仲間に感謝です。

自分の弱さを仲間の前で出せてよかったです。

(スリップがとまらないのは) なぜだろう？

一つ思い当たるのは自立していくことへの恐れ。

今バイトを増やし、7ヶ月後くらいにはフルタイム就労を考えている。そうすれば自己評価も上がる可能性が高い。まっとうな方向とも思う。

振り返ってみると、僕は親から経済的に自立するのを続けたことがない。しばらくの間出来ても、その後問題を起こし親に尻拭いしてもらってきた。20歳を過ぎてからの自分の親への負担のかけ方は、冗談ではなく虐待だったのだと思う。

僕は4、5歳の頃異常に辛かった。

母はいわゆるシングルマザーで〜しかも学生だった〜僕を産んだ。その相手の人のことは聞いたが、僕はまだ会ったことはない。

この事実を僕が初めて知ったのは、僕が30代近くなって、海外に子ども買春に出かけるために失踪した後のことだ。それまでは戸籍に僕は「養子」となっていたのだが、それは今の父と母の2人がカップルだったのが何かの都合でそうする必要があったのだ、と思うことにしていた。確かめる勇気はなかった。

そして生後僕は母の実家で祖母や叔母叔父などに育てられた。その母の実家は今でも僕にとって「故郷」そのものだ。その時代の思い出はいいものが中心だ。

だがその後、僕が4歳くらいの時に母が今の父と結婚し、その母の実家を出て親子3人で住み始めてからが、辛かった。

母と父がよくけんかをしていたのを覚えている。ある時母にそのけんかの理由を聞くと「あんたのせいでけんかしてるのよ！」と怒鳴った声で答えが返ってきて大変傷ついたことをよく覚えている。その頃の母はしょっちゅう不機嫌だった。僕は何回も家出をした。そして母の実家に逃げ帰った。

今ではこの時代の自分は情緒的な虐待を受けていたのだと思っている。

そして僕は、仕返しをしていたのだ。そうすることで、親が「えにし、子ども時代にお前に辛い思いをさせたのは私たちが悪かった」と謝るのを見たかったのだ。ずっと心の中で「そうすれば俺はまともになってやる」と思って来ていた。

それにしてもそういう思いを僕はちゃんと言葉として親に伝えたことがない。

話し、それちゃった。いかん、建設的に、ね。

被害者としての自分の話を表す時には、そのことが加害者である自分を合理化するものであってはならないこと、今の自分の責任は加害をしない自分を作ることだということを、書き添えさせていただきます。

行動化の危険への対処（メールによるSOS）

【えにし→先生、仲間】
日時：二〇〇×年×月×日　七時五十九分

タイトル：今、
本文：残りの人生を刑務所ですごしてもいいから，手持ちの高速バスの回数券を売って飲んで男の子に性加害したい，と　妄想していました。えにし

【先生↓えにし】
日時：八時二分
タイトル：Re：今，
本文：やばいっすねぇ　妄想に留めましょう

【えにし↓先生】
日時：八時十六分
タイトル：Re：Re：今，
本文：先生，今，僕，高危険状況かな？　えにし

【えにし↓先生，仲間】
日時：八時三十一分
タイトル：これから
本文：これから抗酒剤を飲んで，ご飯を食べにいってきます。空腹が良くないようでした。おさわがせしました。えにし

【先生↓えにし】
日時：八時三十五分
タイトル：Re：これから
本文：いい考えだと思います（＾O＾）／

【えにし→先生、仲間】
日時：十時十分
タイトル：無事、
本文：抗酒剤を飲み、食事をして、出先から発つことが出来ました。ありがとう。えにし

【先生→えにし】
日時：十時十四分
タイトル：やったね o(^-^)o
本文：今は過去に失ったことにきづいて一番辛いところだけど　ふんばりどころだよ

【最初のメールへの先生からの返信】
（注：このメールはPCへのものだったので、返信が前後しています）
日時：十二時二十六分
タイトル：Re：今夜のスリップで。
本文：スリップ自体だけに目を集中するのは適切ではないかもしれません。もともとスリップとしての自慰は、黄色信号としての意味が強いので、なぜ今黄色になっているのかを自分に問い掛けたほうが建設的かと思います。私としては、携帯メールにも少し書きましたが、「失ってしまった、取り返すことのできない、楽しいはずなのにそうでなかった子ども時代」に目が向きつつあることと関係していると思っています。つまり順調に進むべき方向に進んでいると思っていますが、これまでの人たちを見ていても、一番つらいところでもあるので、ふんばりどころだと思っています。過去は変えられないとわかってはいても、今、未来を変えようとするよりも、過去を変えたいと思うこともあるものですね。

e　HOPE期（約半年間）

《ワークブック：第2巻》

感情‐認知‐行動のサイクルについて詳細に考えつつ，家族との関係および感情を扱い続けた。本人は，家族と新たなコミュニケーションを拓くべく努力を続け，自分自身を見つめ直す作業を続けたが，平坦な道ではなかった。ただ，このころになると，否定的な感情と思考とに気づき，それを言語化して人に伝え，支えを得ながら葛藤に持ちこたえて，肯定的な感情と思考とに置き換えようとする努力が続けられるようになっていたことが，大きな変化である。また，一方的で自己中心的な視点から，家族や被害者，世間といった他の視点についても一定の理解や想像ができるようになったことが大きい。このことは，現実の対人関係を改善することに有効である。

世間が一家団欒で過ごす休暇期間中，否定的な思いが募って，夜中に長い電話をかけてきたこともある。これが最後の山場であったと思う。その後は，自立に向けてアルバイトを増やし，パソコンスクールに通いはじめた。性犯罪に関する適切な考え方ができるようになり，危険状況に気づいて助けを求めることができるようになり，家族への恨みに対しても一定の自覚ができるようになった。多少の危機状況が生じても，周囲の援助を得ながら乗り越えていく力がかなりついていると思われた。したがって，ワークブック第2巻を終えた時点で，このまま内面にこだわり続けるよりも，「現実的な生活の自立」を広げていくことが優先されると考えて治療を終結した。

【HOPE段階のまとめおよび考察】

一口にHOPEと言うものの，こじれた期間が長ければ長いほど，「恨み」を手放し希望とともに自身の道を歩きはじめるまでには，時間とエネルギーとを要する。「恨み」をエネルギーに，それを支えに生きてきたという感じのことが多く，恨みを手放し新たな生き方をするには，悪いサイクルを走らせてきた期間と同じくらいの期間を要すると考えている。特に最初の一、二年は、「思い知れども思い知られず」という状態で、アップ・ダウンが続く。時には、穏やかで、自信と希望を持てるような感じがすることもあれば、再び否定的な感情と思考にとらわれて希望を見失い、破壊的行動をとってしまいたくなることもある。ただ、うまくいけば、徐々に否定的な感情と思考とを肯定的なそれに変化させていくのにかかる時間が短くなり、肯定的な感情と思考とが、否定的なそれを上回っている状態が多くなってくることが期待できる。「乗り越えた」経験が積み重なるにつれ、自信と希望とが自分の内側に根づいてくるのであろう。また、「乗り越える」ためには、ある程度他者の視点をとることができ、他者に共感できることが重要である。そして、他の視点をとれるということは、自分の視点を持っているということであり、共感できるということは、自分の気持ちを感じることができるということが前提となる。自分と人を「理解」し、信じることができるようになると、かなり安定感が増してくる。

本事例の場合、以前とは異なり、SOSを出す相手を複数持ち、SOSを出すことができるようになったこと、悪循環を支える思考と感情を見直し続けて、不適切な行動化を抑え、より肯定的な思考と行動に置き換えていくという具体的な努力の方向が見えていたことが、希望を持ち続け、変化への努力を続けることを支えたと考える。

ここでも、本人の心情がよく表れていることから、ホームページから引用する。

関係性改善への努力と思考の置き換え

迷った僕はあるお世話になっている治療者にメールしてみた。

「さて、おととい父に久々にメールしてみました。僕から見た父の好きな所を書いて。返事は日常の～父は仕事の傍ら職場の近くの畑で野菜を作っています～畑仕事の話題とそれから「来年から仕事場のない生活という試練に立ち向かうので不安ですが、なんとか新しい習慣を身につけて、仕事に励みたいと思っています」そして最後に「＊＊＊も自立した生活が出来るように努力してください」。

何気ない日常の畑の野菜の話題や彼自身の不安の話には共感できたのだけれど、今日の自分は最後の「＊＊＊も自立した生活が出来るように努力してください」というメッセージに僕はカチンと来てしまいました。

内容的には全く正しいことであっても、あなたから今そのメッセージを聞くのはつらい、できれば叱咤激励よりもありのままの自分を認めてそして誉めて欲しいと感じました。決してそうではないのだろうけれど、まるで父に「お前にはまだ努力が足らない。今のままではだめだ」と自分のことを否定されているように感じてしまいました。

僕は親に対してずっと自分の感じたことを言葉に出来ずに破壊的な行動でしか自分の言いたいことを表せませんでした。その行きつく先が拘置所でした。

もうそのような「自分が感じたことを伝えないこと」は止めて、自分の感じたことを父に言葉にして伝えた方がいいのか、それともそれはやはり破壊的な行動～論争や報復～になってしまうので、我慢した方がよくて、今こう感じている自分のことを見詰めて、自分の捉え方や感情の問題として考えた方がいいのか？　迷っています。」

治療者から返事が来た。

「お父さんの『＊＊＊も自立した生活が出来るように努力してください』という言葉に対する＊＊＊さんの反応は、私からすると、少し偏っているかなという感じがします。親が、これまで稼いできたけど、これからは年金生活になる、収入が激減（？）する、そう遠くないうちに病気になるかも、死ぬかもと思えば、まだ自分で生活費を稼いでいない子どものことがなにより心配なのは当然という気がしますけど……。

それを『自分のことを否定されている』ように感じるのは、お父さんの問題ではなく、＊＊＊さんの問題のような気がしますけど」

心の揺れ（1）

「帰ってきたロッカーの花子さん」最終回の結婚式のシーンを見ていたら、何か突然、「不幸になろうと思って結婚する人なんていないんだぁ」って思って、そうしたら、僕は母がシングルマザーで産んでくれて、実の父には会ったことはまだないのだけれど、それから数年は母の実家で過ごして、その後に僕の（今の）父と母は結婚して、それから母の実家を出て3人で住み始めて、その後が僕は情緒的な虐待を受けてつらかったんだけれど、でもそのことも、なにか、「わざとではない」って気がして、なんか許せる感じがした。

昨晩はなぜかオープンカーに乗っている夢を見た。この寒いのに。（＊実際には走っていると風がシールドの役割をしてヒーターが効き暖かいそうです）今朝母にその話をしたら、寝ている間に毛布がずれていたのではないか？　と言われた。昔はいつもイライラしていて子どもだった僕にとっておっかなかった母だったが、いつのころからか明るくなった。

もう、幻に縛られるのはいやだ！

過去の家族関係という幻、エトセトラ。

治療者と今回のスリップのことを話し合わせてもらった。

どうやら、過去の家族について新しく知ったことや、家族と過去のことについて話し合ったこととの影響が大きいようだ。

そんなものは、受け入れて、自由になりたい。

心の揺れ（2）

調子悪いです。

今まで文字にできなかった恨みのリストを書いてみました。今は恨みを捨てる気にも、そういう気持ちが産まれるよう祈る気にもなれないです。でも初めて自分に正直なのかもしれません。

（うらんでいる相手：その理由：傷つけられたもの）

（1）家族：自分には感じられなかった：プライド，自己評価

（2）幸せそうな親子：目障り，自分には無縁だった：プライド，自己評価

（3）共同体：仲間はずれを作る仕組み：プライド，自己評価

（4）制度：仲間内のもので自分には無利益：プライド，自己評価

（5）子どもを守る親：自分にはそんなのはなかった：プライド，自己評価

（6）親や社会に守られている子ども：自分が子どもの時はそうは感じられなかった：プライド，自己評価

（7）健康：かったるい，生きる目標などない自分にはめんどくさいだけ：プライド，自己評価

（8）母親的な愛というもの：自分には与えられていなかった：プライド，自己評価

ぼくは家族とかそのやさしさに飢えているんだ。そういうのを恨めしく思うのはそういう気持ちのうらっかえしだろう。

ここのところの，「恨みのリスト」を書いた話を再犯予防の治療者や，カウンセラーにしたら，どちらからも「自分により正直になれてよかったね」とほめられた。

自己中心的，一方的視点を超える努力

テレビを見ていて，（暖かい）「記憶」という言葉にむかっときました。「誰にでも生きていくうえでその人を励ましてくれる過去の何か暖かいこと」そんなものは与えられていない。そう思いむかっときました。与えられてしかるべきだったのかもしれないけれど僕は自分の子ども時代をそう記憶はできていない。

それでしょうか？　被害者の方々が感じていらっしゃる怒りとは。奪われた暖かいはずの記憶。（もちろんそれだけではないでしょう）

それならば僕にも少しだけ想像できるのかもしれません。

僕にもそういう思いがあるから。僕には「子どもを大事にする温かい家庭」というものが思い浮かびません。経験したのかもしれないのだけれど、記憶としては残っていないのです。思い出すのは近親者の怒鳴る声、僕を非難する言葉。困ったもの扱いする雰囲気。とげとげした雰囲気。僕がいることを喜んでいない様子。何か僕がトラブルを起こした時の近親者のめんどくさそうな様子。

そしてその当事者がのうのうと生きていることへの怒り。のうのうとものを言い、書いていることへの怒り。資格のないはずの者が生きていることへの怒り。僕の場合は自分の周囲に対してだけれど（※）、被害者の方々は私のような加害者に対してそう思われるのでしょう。それは当然のことです。

こんなことを書いて、「一緒にしないでくれ！　汚らわしい！」と思われるのかもしれません。それは当然のことです。

許してください。（こんなこと書いていいのか分かりません。）

（※）もちろん、こういった自分の経験や思いを、自分の病気や加害の言い訳にするつもりは全くありません。当たり前ですが、どのような経験や思いがあろうとも、加害は僕以外の誰の責任でもないし、僕の病気からの回復も僕の責任です。

希望

スリップの感情的原因を書き出して振り返った。自分の誤りを認め人に謝った。前より楽になり、今朝は人との約束をドタキャンする状態だったが、人の中に行く気になった。

でも未だに苦しい。恥ずかしいが、苦しいのは多分、自分の思うようにいかない現実を受け入れるのがいやだからだ。わがままだ。苦しさから逃れるためにスリップしてしまいたいという考えがある。それが僕の「自慰行為」の本質だと思う。でもこの道の先にはいいことはない。スリップしたくない気持ちもある。しかしこれはブリッコな気持ちで、自分の本音の本音がその下では「もっと病気のままでいたい」と言っているような気もする。

回復のプログラムがいっている通りに、あーあ。でもなぁ。でも。回復という希望を手放すのは絶対まずい。僕は以前「自分は回復したくないのがわかった」と言って再飲酒し、加害へと向かっていったのだ。絶望は愚か者の結論だ。

f　維持期

その後、本人は仲間と共にSCA（性的強迫症者の自助グループ）を立ち上げて、仲間に支えられ、また仲間を助け、支えることに意義を見いだしている。定職と定収入を得ることもでき、人生で初めて自立した生活を維持できるようになっている。このことは本人の自信を強めさせ、さらに現実に取り組んでいく力を与えていると思われる。保護観察つきの執行猶予期間も無事経過した。最後まで残っている問題行動は過食傾向と浪費傾向であるが、それに対しても自助グループに参加して取り組みはじめている。

終結後、約半年後に本人からコンタクトがあり、現在では隔月に一回会っている。保護観察が終了したこともあり、「確認」のための面接である。再発の芽は出ていないか、この方向でよいのかを、確認している。維持期はいわば一生続く過程である。人生にはさまざまな出来事が生じる。今後も幾多の波はあろうが、他の多くの人生に責任をもって取り組んでいる人びとと同様に、彼も成人として、自他への責任ある生活を維持していくものと期待している。

6　終わりにかえて

あらためて二つの点を強調して第Ⅰ部を終えたい。一つは、性暴力行動変化のための働きかけは、困難ではあるが可能であり、そのための方法の確立やシステム作りを行っていくことの重要性である。性暴力者（あるいはほとんどの非行・犯罪行動を含めて）の習慣化した暴力行動の背景には、暴力を可能にさせる感情と思考の悪循環がある。そうした悪循環が生じるには、人により生得的要因と環境的要因の果たしている役割は異なるが、どのような場合でも、両者の相互作用から生じていることには変わりはない。それは生活習慣病のようなものである。体質や遺伝もあるが、生活の仕方も大きい。多くの性暴力者は、われわれとかけ離れた異質の存在というわけではなく、さまざまな理由により、情緒性と社会性の発達が滞ってしまっている人びとであると考えている。したがって、医療や治療というよりは、再教育や発達促進的働きかけが必要になる。飲めばすぐ改善されるような魔法の治療はなく、不適切なパターンを身につけてきてしまったと同じくらいか、それ以上の時間とエネルギーを要するが、そして適切なパターンを維持していくことは一生の課題ではあるが、それは可能である。こうした過程は、思春期の自立と自律の過程とほぼ同様であると、筆者は考えている。

もう一点は、性暴力行動予防あるいは早期働きかけの重要性である。暴力行動は、日常どこにでも潜んでいるものである。自分とはまったく異質な「怪物」が行うのではなく、私たち自身のなかにある暴力が、時と場合によって表に表れてくるものである。そして、「生活習慣病」としての暴力行動パターンは、暴力行為が可能になるほどに身体的に力がつく以前、すなわち児童期までに、家庭や学校といった置かれた状況に対する対応として、獲得されてくると考えている。「公式統計を見る限り性犯罪は増えていない」という主張がある。確かに、いたずらに不安をあおることは不適切であるが、性犯罪者や性非行少年の話を聞いていると、外から見る限り

「ごく普通の家庭」が、子どもに情緒的な安定感や年齢相応の責任感を与えていくという機能を、十分に果たせていないという感触を持つことが多くなっている。近年、「勝ち組」「負け組」という分け方をすることが流行しているが、いわゆる「勝ち組」のなかにも、その学業や職業上の達成とは別に、その年齢で獲得していることが当然と思っていた責任感や共感性が育っていないことを実感することが、あまりに多いという印象を持っている。後になればなるほど、変化への働きかけはより多くの時間とエネルギーとを要するようになる。現時点の社会的対応としては、刑事政策の一環として、刑務所における性犯罪者への矯正教育があるのみであるが、子どもたちの情緒性・社会性の教育の問題の一環として、あるいは暴力や人権侵害に対する社会的政策の一環として対応していく必要があると筆者は考えている。

表3－7　ワークブック内容＆宿題一覧

本文内容	宿　　題
はじめに 《イントロダクションと動機づけ》 　何かをつかんで輝かしい未来への一歩を踏み出してほしい。 　ワークブックが道案内になる。 　先生には秘密を作らず、すべて話す。 　変わりたいと強く望むことが成功の鍵。 　まじめに取り組み努力をつくし、途中でやめないことが最も大切。	
第1章　なぜ私はプログラムを受けるのか？ 《なぜ自分を変えなければならないか？》 　自分の行動を変えたいと思わずに読んでいるならあまり役に立たない。 《ここから何を得ることができるか？》 《なぜ性暴力を振るったのかという疑問への答え》 　必要な助けを得られるように、何か実際にできる目標を立てることができるようになる。 《一生懸命努力すること》 　再び性暴力を振るわないようにするための方法と知識を持たなければ、また同じことをしてしまう。 《宿題》 　宿題は、自分のことを知り、先生の話をきちんと理解するのを助ける。	#1良い体験、嫌な体験、混乱した体験 (プログラムで取り組まなければならない問題を明らかにする) #2なぜ私はプログラムを受けるのか (プログラムを受ける動機) #3私はどうなりたいのか (将来何をやりとげたいと願っているか)
第2章　私は人と違っているか？ 　性犯罪少年には共通の問題も多い。似たような子ども時代を送っていることも多い。過去を単純化せずに、自分の経験すべてを見直すことが必要。このプログラムの第一歩は、自分がどこが人と違い、どこが似ているのかを知ること。 《共通した嫌な体験》 　これまでのひどい経験や出来事を思い出し、人と分かち合うことが、助けを得るためには必要。 《自分の人生について語らないと何が起こるか》 　人生においてまだ解決できていない問題のやり残しを持っているので、「私は普通なのか？」「人と違っているのか？」と心配になる。 《共通した良い体験》 　多くの問題を抱えていると自分を良く思えなかったり、自分の能力や強さを信じられないかも。自分の良	#4私は他の人とどう違うのか (セックス、思いやり、女性、欲ばり、肉体関係、愛、お金、被害者、怒り、家族、子ども、について社会の人と自分がどう違っているか) #5私の良いところ (自分の良い性質、能力、強さを挙げる) #6私の良いところが人生にどんな良いことをもたらすか (#5で挙げた良い点の一つひとつが持つ効果を考える)

（表3－7　続き①）

本文内容	宿　題
いところに目を向けることが回復への鍵。 《もし、私の経験がありふれたものなら、なぜ私はここにいるのか》 経験と問題が、人と違うものにさせているのではない。自分の問題に対応するやり方が普通ではない。性暴力によって解決しようとするのは普通ではない。それを直すために、一生懸命努力しなければならない。そのためには、人を信じ、オープンに話すことが大切。	
第3章　どのようにすれば評価されるか？ 《努力》 自分の行動を変えることに努力し、時間やエネルギーを費やす必要がある。自分自身と自分の将来のために努力せよ。 《人に対する責任感》 責任ある行動とは、不平を言ったり、言い訳をせずに義務を果たすこと。自分に責任を持つだけでなく、他の人が自分の行動や活動に対して責任を持てるよう、助けることが必要。 《自分の行動を説明するという責任》 何か無責任なことをしたときは、なぜそのような行動をとったのかを説明しなければならないし、結果を引き受けねばならない。努力、人に対する責任感、説明責任は、互いに絡み合っている。それを果たしているかどうかは、プログラムや施設の日課に一生懸命に取り組んでいるかどうかでわかる。裏表なく、まじめに取り組み、自分の気持ちや考えを話すことが大切。	#7私の問題リスト （自分の将来目標に影響を与えるかもしれない問題をリストから選び、なぜ問題かを説明する） #8私の持つ強さ （#7で挙げた問題に取り組むために役立つ自分の強さを挙げ、説明する） #9犯罪に費やした時間、お金、エネルギー
第4章　治療とは？ 治療は時々しんどいものになる。なぜそうなるかを理解するには、治療とは何かを知っておく必要がある。治療の主な構成要素は以下の通り。 《自分の問題を認め、受け入れる》 《性暴力が自分と他者の生活にとって破壊的であることを認める》 《治療計画を作る（性暴力のサイクルを見いだす、否認・最小化といった抵抗に取り組む等）》 《サッカーにたとえると？》 変化を望み、がんばる部分と、変化したくないといって抵抗する部分が戦っている。ゴールは、自分自	#10私の持つ悪循環のわな （怒りの悪循環、性犯罪の悪循環など二つ考えて書く） #11私をだめにする悪循環 （自分の問題と、自分の目標が、悪循環とどのように関係しているかを書く）

（表3－7　続き②）

本文内容	宿　題
身の問題の解決。 《危機／問題》 「恐れ」「怒り」「ゆううつ」といった感情は、問題の解決というゴールに達するのを邪魔する。変化しようとするときによく表れてくる感情だということに注意せよ。 《変化をじゃますするもの》 大切な問題を否定して、その深刻さを軽く見ようとしてしまうかも。自分が無理やり受けさせられてるような気がしてきて、恨みを感じるかも。その時は、心の中で、出来事が歪められている。性暴力につながる思考の歪みとおそらく同じものだということに注意せよ。 《断片化》 自分の持つ問題は、たがいに関係のないものとして考え、つながりを見ようとしないということも起こってくる。そうすることで自分の問題を実際よりも小さく見せようとする。それぞれの問題が互いにどのように関係しているかについて考えよ。 《防衛機制とその克服》 さまざまな防衛機制が働いて治療への抵抗となるが、それを克服する必要がある。問題の解決に向けて取り組むうちに、自分の行動に責任をとり、自分の運命を自分で決めるということを理解するだろう。 《簡単ではない》 治療に参加して成果が表れるまでに一年くらいかかる。その間に自分の変化を感じられるときと、感じられないときがあるが、揺ぎない決意を持って取り組むことが大切。 《行動の悪循環（まずいサイクル）》 自分について学ぶと、一つの問題が次の問題を生み出して、悪循環を生んでいることに気づくだろう。この悪循環のそれぞれの段階で変化することで、輪を断ち切ることができる。 《部分が全体を形作る》 問題は、互いに関係しているので、そのすべてに取り組まないと、悪循環は断ち切れない。たくさんの小さな問題が、全体の大きな問題を作り上げているのだ。 治療とは、問題の部分を見いだして、それに取り組	

（表3-7　続き③）

本文内容	宿　題
むための目標を決め、どうやって問題を解決していったらよいかについての治療計画を立てること。 成長が苦しい経験になるかもしれないが、努力によってきっと乗り越えられる。変化を実現させるにつれて、自分が好きになるだろう。それは、改善のしるしだ。	
第5章　どのようにして自分の問題に取り組むのか さまざまな問題が明らかになったら、次に大切なのは、それに順番をつけること。経験豊かな先生の助言に従うことが大切。 《治療の初めに共通する問題》 次の三つの大きな目標を達成しないと治療は成功しない。 《自己開示》 隠すことなく、正直に自分を明らかにすることを学び、練習すること。 《フィードバック》 あなたがどのように振る舞っているかを、人に話してもらい、それに心を開いて耳を傾けること。 《対決》 どのように適切に自己主張しながら生きていけばよいかについて多くのことを学ぶ。 《さまざまな方法》 施設入所中という条件のなかで、できることと、できないことがある。治療に用いることができるさまざまな方法がある。 《理解のための読書》 新しい情報に触れる直接的な方法。間違いを避けるために他人が先に経験したことを利用できる。 《書くこと》 情報をよりよく理解することを助けてくれる。書くことで、自分が見逃していた大切な部分に気づく。 《プランを立てる》 ある状況で、どう対応すればよいかをはっきりさせてくれる。行動を変えることを学ぼうとしているときには、本物の助けとなる。 《グループワーク》 フィードバックを受けたり、対決したり、役に立つ情報を学ぶ機会を与えてくれるし、他の人が、自分の	#12 私の抱える問題のリスト〈その2〉 （性犯罪少年に共通する問題のリストを見て、自分にあると思う問題の新しいリストを作る） #13 私の問題に取り組むための短期目標 （#12で作ったリストに載っている問題に取り組むための短期目標を立て、さらに、それを達成するためのアクションプランを書く）

（表３－７　続き④）

本文内容	宿　題
問題をどのように扱っているかを見る機会を与えてくれる。 《個別面接》 個別面接だけを行うと、治療ゲームのように上滑りになる危険がある。それを補うために、寮内での人間関係の変化について、別途情報収集する。 《行動リハーサル》 性暴力につながる考えや空想を、ストップするのを助けてくれるためのもの。 《授業》 性暴力を振るう人に共通している点についての授業も、情報として役に立つ。本グループでは、あらかじめ受講し、合格点に達した人にグループに参加してもらっている。	
第６章　私はどのようにして性犯罪少年になったのか 《あなたの歴史》 《たくさんの、たくさんの問題》 《問題は続く》 《その問題は何を意味しているのか》	＃14 私がした性犯罪のリスト （途中でやめたものも含む。何回やったか、何歳のときにやったかも書く） ＃15 私の持つ性ファンタジー （不適切な性行動を行うときに持つファンタジーと、それを持つために自分に対してする言い訳を書く。ファンタジーを持ちはじめた年齢、そのとき考えること、感じること、ファンタジーが与えた影響）
第７章　私の過去、現在、将来 《子ども時代の虐待》 《過去はあなたの現在を支配しない》 《過去の虐待は現在に影響する》 《現在の行動は将来の行動に影響する》	＃16 私の受けた性被害 （自分の受けた性虐待、性暴力の種類、回数、その時の年齢、加害者の年齢と性別、加害者との関係を書く） ＃17 私が虐待を受けて感じたこと （虐待された子どもに共通の考えや気持ちのリストから子どもの頃の自分に当てはまるものを選び、具体例を書く） ＃18 私にある虐待の後遺症 （＃17 でリストから選んだ考えや気持ちのなかから、現在も残るものをチェック）

（表3－7　続き⑤）

本文内容	宿　題
第8章　あなたが虐待されたらどうするか？ 《虐待とは何か？》 《虐待は見過ごしてはならない》 《あなただけがそう感じているのではない》 《回復へのステップ》 《最初から始めること》 《虐待はどのようにあなたに影響しているか》 《今何をするか？》	#19 私はよくないパターンから回復する （自分がどのように回復したいか。人から遠ざかるために身につけた心理的絶縁体はどのようなもので、それは、目標達成をどう妨げるか。またそれは受けた虐待と関係があるか、どのように？） #20 私は自分の性質を良いものに変える （他人の良い性質となぜそれを好ましく思うかの理由。他人の悪い性質となぜきらいなのかという理由。自分がなりたい性質となぜそうなりたいかの理由）
第9章　被害者 《被害者および被害体験に関する説明》	#21 私が被害者に対してしたこと （被害者に与えた、身体的、心理的、また認知的影響について、加害の最中、加害後数時間、加害後数カ月、現在に分けて記述） #22 私の性暴力は被害者の生活をどう変えたか （加害後数カ月、数年で被害者の生活がどうかわったかを、八つの視点から整理）
第10章　あなたの逸脱サイクル 《あなたの犯行前サイクルとは？》 《あなたの犯行サイクルとは？》 《防衛機制》	#23 私の考え方の誤まりと防衛 （自分にどのような思考の誤りがあり、どのような防衛機制を使っているかのリストを作成。実際の使用例を挙げる） #24 私が性暴力を振ったとき （自分自身の性暴力前サイクル、性暴力サイクルを作る。思考、感情、行動について記入し、七つ以上のステップを書く）
第11章　再犯防止（RP）：変化のためのモデル 《再犯の可能性》 《第一ステップはすでに始まっている》	#25 私が性暴力を振るいそうになったとき （過去に性暴力を振るいそうになっ

（表 3 - 7　続き⑥）

本文内容	宿　題
《ハイリスク状況》 《テツヤに何ができたか？》 《マサヒコに何ができたか？》 《RP の要点》 《あなたはリスク状況にいるか？》 《いつでも使える簡単な手だて》	たときの、自分の行動、行った場所、考えたこと、感じたことについて、リストを作る） ＃26 私が自分を止めるために （＃25 で挙げたリストそれぞれについて、性暴力につながらずに止めるためにできる介入方法を書き出す） ＃27 私の新しい生き方 （悪循環が引き起こされそうになったときの具体的対処法の練習）
第 12 章　回復へのステージ 《ステージ》 《回復途上によくある体験》 《破壊的な役割》 《回復》	

第Ⅱ部　ワークブック

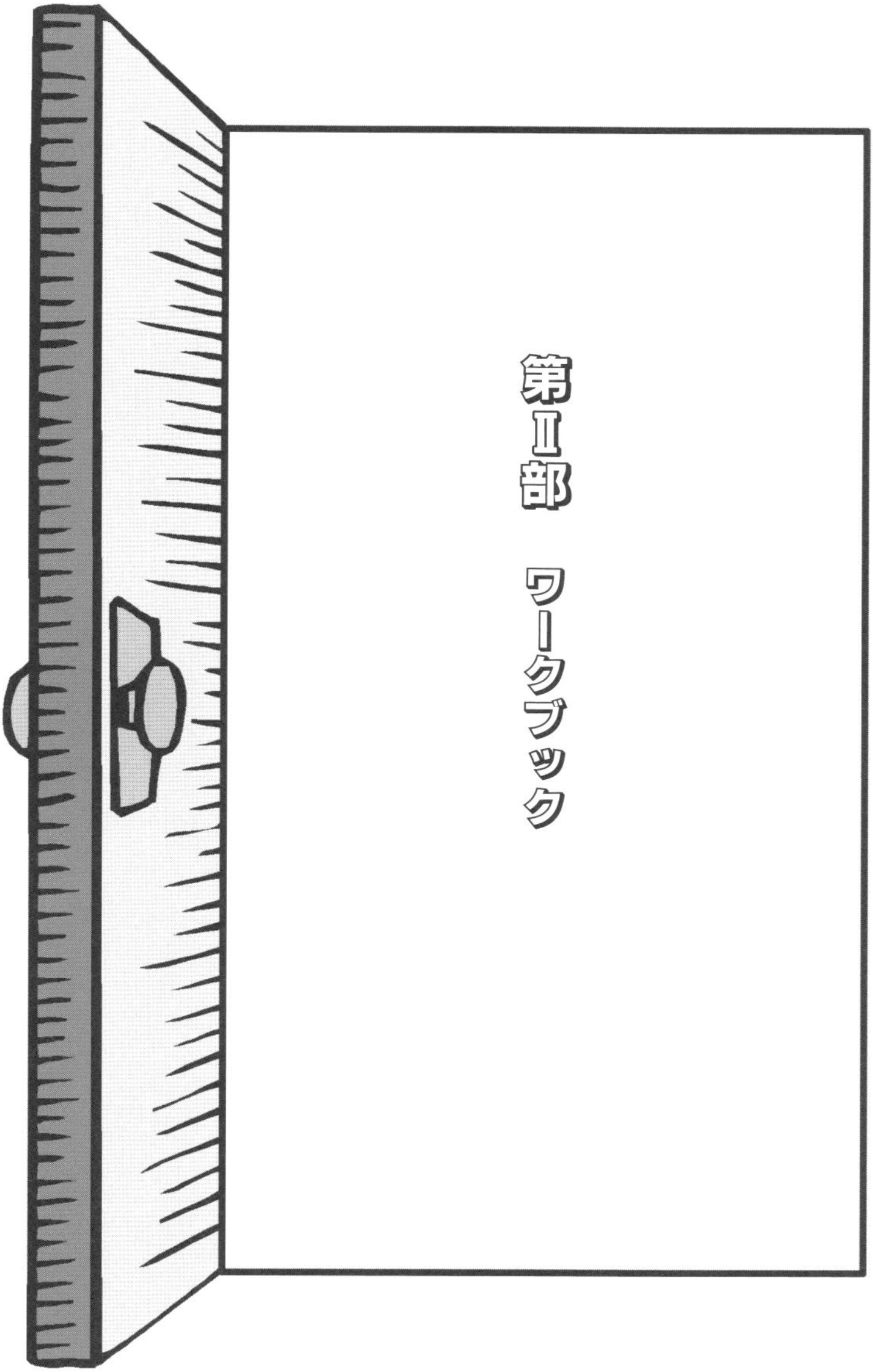

Who am I and why am I in treatment ?
a guided workbook for clients in
evaluation and beginning treatment First Edition
by Robert Freeman-Longo, M.R.C. &
Laren Bays, N.D.

(本書は日本の状況に合わせてテキストの改変が為されており、
原書 Harper Collins 版とは異なります)

はじめに

あなたがこのプログラムに参加し、このワークブックを読んでいるのは、家族や先生など誰かに言われて仕方ないと思ってのことかもしれないし、自分でも自分の性犯罪を何とかしなければいけないと思ってのことかもしれません。どちらの場合でも、それは良い考えです。日本では毎年、あなたのような人が、何万人も性犯罪で捕まっています。性犯罪で逮捕されはしないものの、自分が性的に攻撃的に振る舞うという問題を抱えていることを心の中では知っている人びとが、さらに大勢います。あなたがこのワークブックを読んでいるという事実が重要です。あなたは、不適切な性行動が自分の人生に引き起こす苦痛を癒したいと、願っているわけですから。

多くの性犯罪者が逮捕され、告訴され、その多くが少年院や刑務所に収容され、保護観察を受けている人もいます。今のところ、性犯罪が見つかって治療を受けなければならなくなったことを、幸運と思うことは難しいかもしれませんが、自分の人生をどのように変えられるかを考えはじめていることは良い兆候であり、最終的に良い方向に変えられたとすれば、あなたはがんばって治療を受けてよかったと思うことができるでしょう。何かをつかむのも、つかまないのも、まずはあなた次第です。先生たちは、あなたが何かをつかんで、ここから輝かしい未来に向かって第一歩を踏み出していく手伝いをしたいと思っています。どうぞうまく活用してください。このワークブックの宿題をやり遂げることは、健やかな将来の基盤となるでしょう。

このワークブックは、変化への第一歩を示し、あなたを道案内するために書かれました。本書は、とても複雑な問題に取り組みはじめるための、とても単純な方法を説明しています。私たちは、あなたが本書を読むにつれ、自分の人生を見つめ、人生をもっと健康的なものに変えるためのきっかけや、希望、望みを見いだすことを願っています。性犯罪という問題に関して、助けを得る最良の道は、経験を積んだ指導者と、あるいは少なくとも誰か一人の人と一緒に取り組むことです。一緒に取り組む人は、あなたが自分自身と性のあらゆる側面について、話すことができる人でなければなりません。性犯罪に転がっていく最初の一歩は、秘密を作ることです。あなたの考えや行動を友人や家族から隠すことは、あなたが誤った道にいて、トラブルに向かっているという確実なサインです。まずあなたは、他の人を信じることを学ぶことが大切です。

このプログラムに参加するのは大変です。あなたは参加することを避けるために、たくさんの言い訳を見つけるかもしれません。たとえば、もう過去のことだし二度とやらないから、恥ずかしいことをわざわざ人に話す必要はないといったことです。しかし、大切なことは、これ以上被害者を出すことなく、自分もこのさき刑務所で過ごすことなく、また家族や友人にこれ以上迷惑や心配をかけたくないと心から望み、そのための助けを求めれば、そうなれるということです。人に助けを求め、それに対して心を開くには、勇気が必要です。

あなたは今、自分の人生をより良いものに変えようとしています。あなたにとって、最も大切で役に立つ第一歩は、正直になることです。誰に対してでしょう？　まず自分自身に対してです。そうすれば、人に対しても正直になれます。何に対してでしょう？　自分が実際にやったことについてです。多くの性犯罪者が、自分の犯罪に関して嘘をつき、やったことを認めず、自分の責任を小さく見せ、自分の行動に対して責任を取りたがりません。恥、罪悪感、苦痛、恐怖、怒りといった否定的な感情を経験することは、誰でも好きではありません。しかし、そうした感情から逃げようとすることが、あなたに自分がしたことについて嘘をつかせ、やっていないと言わせます。それは次の犯罪への第一歩です。あなたが本書を読むにつれ、自分の犯罪に対する責任を負わなければならないことを理解し、自分が問題を抱えていることを認め、変わるための助けを求めるようになることを願っています。

あなた自身が変わりたいと強く望むことが、成功の鍵です。変わりたいという気持ちは、とても強くなったり、とても弱くなったりするでしょう。それが普通です。自分の人生をより良いものに変えようと努力しはじめた人のほとんどすべてが、一度や二度は、やめてしまおうかと考えるものです。自分自身と向き合わなければならないとき、あるいはなじんだやり方を変えようとしはじめるとき、それは特に難しいことです。多くの性加害者が投げ出したいと感じる瞬間です。投げ出してはいけません！　それは、あなたが自分の問題と向き合うかどうかという瀬戸際の最も危機的な瞬間です。たとえば、もしあなたが禁煙すると決めたとすると、目標（タバコのない人生）や、何をすることが必要か（タバコを買わない、マッチを持たない）を知るのは簡単です。難しいのは、タバコをやめたあとです。一旦やめたのにまた手を出してしまうことは、それまでの努力をすべて水の泡にしていまいます。次にあなたが「やめる」と言っても、周りの人たちはあなたをあまり信用しないでしょう。性加害者たちは、困難にぶつかるとくじけてきました。今、あなたは新たなチャンスを目の前にしています。もし、自分が、弱くなっていて、疲れており、欲求不満で、怒っていると気づいたなら、絶対にあきらめるな！　やり遂げるぞ！　と自分に言い聞かせなさい。目標に向かって進み続けるには、あなたの健やかな人生の夢を支え、恐怖や欲求不満を理解してくれる誰かに話すことも、一つの手です。

時間をかけて、真剣に、自分の人生とそれがあなたにとって何を意味しているか考えなさい。自分自身を助けるためのこのチャンスを無駄にして、中途で終わらせてはいけません。自分自身を見つめることを避けるために、手軽な言い訳を作り出してはいけません。あなたが、どうしたいのか自分でよくわかっていないとしても、やってみて失うものは何もありません。最も重要なことには、まじめに取り組み続け、最善の努力を尽くすことです。成功を祈っています。

1　なぜ私はプログラムに参加するのか

多くの性犯罪者が、心に一つの大きな疑問と目標を持って、このプログラムを受けはじめます。その疑問とは「なぜ、私は性犯罪を犯したのか」で、その目標とは「二度と性犯罪をしないために、どうすればよいか知り、実行できる力を身につけること」です。面接と本書は、あなたがこの疑問に答えることを援助し、この目標に到達するための案内を提供するでしょう。

A　なぜ自分を変えなければならないか

性加害者がプログラムに参加し、変わろうと決意するには、たくさんの理由があります。「いったいどんなものだろう」といった好奇心から始める人もいますし、進級や仮釈放のために参加しようと考える人もいます。先生に勧められてなんとなく断りにくくて、という人も多いでしょう。もし、あなたがなぜ罪を犯したのかを知りたいと思わず、自分の行動を変えたいと思わないでこの本を読んでいるなら、それはあまり役に立ちません。とはいえ、どのような理由でこのプログラムを受けはじめたにせよ、とにかくこのワークブックを読み、まずは検査を受けることもよいでしょう。なぜプログラムに参加する必要があるのか、改めて理解が深まるかもしれません。

このワークブックを読む理由が、性犯罪を再び行わないために自身を変えようというものであればよいとは思いますが、それが最大の動機ではないにしても、やってみる価値はあります。何か大切なことを見落としていないかよく考えてみることが必要です。

B　ここから何を得ることができるか

先生との面接とこのワークブックは、なぜあなたが犯罪を犯したのかという疑問に答えはじめることを助けるでしょう。また、あなたが必要な助けを得られるように、何か現実的な目標を立てるのを助けるでしょう。成長するためには、あなたが一生懸命努力しなければならないことは何であるのかを理解することが重要です。しかし、先生もこのワークブックも、あなたに代わって、あなたのために目標を定め、成長させることはできません。ただ教えてもらったり読むだけでは、十分ではありません。宿題は困難です。「なぜ私はこんなことをしてしまったのだろう」と考え、その答えがすぐには得られないからといって、苛立ってはいけません。それは、とても答えの得られないような大きな疑問に見えますが、実際には、たくさんの小さな疑問に答えることによって答えが見えてくるものなのです。もちろん、疑問に対する答えはすぐには得られないでしょうし、また簡単にも得られないでしょう。疑問に対する答えを見つけるには、あなたの努力が必要です。もし、先生や他の人びとに対して、あなたが問題を抱えているということを進んで認め、助けを求めるなら、そして自分自身で答えや助けを探し求め、努力するなら、その答えは最終的には得られるでしょう。

人と比べてはいけません。変化や成長のスピードは人によって違います。早いからといって自慢することもなければ、遅いからといって悲観することもありません。自分のペースで着実に、やるべきことをやりなさい。あるいは滞っても、失敗しても、くじけず再挑戦することが大切です。うまくいったときは自分を誉めてやりましょう。

もし、あなたが自分自身を助けるために、このワークブックを読み、面接を受けているなら、あなたはたくさんのものを得ることができるでしょう。あなたは、他の性加害者たちと共通する問題をひとそろい持っています。また、違う問題も持っています。遠くの目標と近くの目標、その目標に到達するための方法、変化と成長とを評価するための手段、そして目標を達成したときにはどんな良いことがあるかということを、知っておく必要があります。

C　一生懸命努力すること

あなたが面接を受け、本書を利用している理由は、あなた自身の変化と成長のためです。もし、あなたが今と変わらず、なぜ罪を犯したのか理解しないままで出院すれば、統計と経験から言って、少年院を出てから半年以内に、再犯する確率が、非常に高いということが示されています。もしあなたが正直なら、あなたは自分の犯罪行為を、アルコールや薬物、あるいは他人や状況のせいにはしません。ほとんどの性加害者が、「私はもう二度とこんなことはしないと自分でわかっている」というようなことを言いますが、彼らの言葉に真実はありません。そうだといいなあ、そうするつもりだというだけでは、再犯は防げないのです。あなたは、再犯を防ぐための方法と知識も持たなければなりません。このプログラムはそれを得ることを手伝います。再犯を防ぐ方法と知識とを自分のものにすることによってのみ、責任ある、犯罪のない、成功した人生を送るために必要な方法を手に入れることができるでしょう。

D　宿　題

各章の終わりに、宿題があります。この宿題を徹底的にやることは、あなた自身について洞察を得ることを助け、先生が言っていることの意味を、よりきちんと理解するのを助けるでしょう。各宿題を別に渡したノート（RPノート）に書きなさい。前にやった宿題を後で見直したり、後の宿題に使ったりすることがあります。

◇1　宿　題◇

【宿題＃1　良い体験、嫌な体験、混乱した体験】

ＲＰノートに三つの欄を作りなさい。その欄に1、2、3と番号を振りなさい。第1欄の下に、あなたが体験した良い体験を挙げなさい。第2欄の下に、あなたが体験した嫌な体験を挙げなさい。第3欄の下に、あなたが良いとも感じ、嫌だとも感じた体験を挙げなさい。できるだけ具体的に書くこと。もし、その体験が何度も起こったものでも、できるだけ具体的に書くこと。たとえば、「父が私をひどく殴った。私が三歳の頃から中学校を卒業するまで続いた」とか、「私はいろいろな薬物を乱用した。シンナーから始まり覚せい剤に移った。マリファナもやってみた」など。この宿題は、あなたがこれからこのプログラムで取り組まなければならない問題のいくつかを、明らかにすることを助けるでしょう。

《宿題＃1の例》

（1）良い体験――サッカークラブ、キャンプ、祖母とのお正月、父との魚釣り
（2）嫌な体験――父がアル中、母が私を殴る、いじめられた、警察に捕まった
（3）混乱した体験――性的虐待、両親のけんか、母の家出、三年生担任の私の扱い方

【宿題＃2　なぜ私はプログラムを受けるのか】

この宿題は、プログラムに参加するあなたの動機――なぜ参加するのか、を考えることを助けるでしょう。以下は、考えうるいくつかの動機の例を挙げたものです。ＲＰノートにあなたの動機を列記しなさい。正直言って、あなたには良い動機も悪い動機もあるでしょう。

・少年院や刑務所に入るのが嫌だ。

・自分のことが好きではない。
・性犯罪はよくない。
・家族を喜ばせたことがない。
・仕事を失った。
・家族を失った。
・これまで人生を無駄にした。
・多くの人びとを傷つけた。
・今回くらいひどい失敗をしたことはない。

【宿題＃3　私はどうなりたいのか】

プログラムに参加する動機は、目標と密接に関わっています。目標とは、将来あなたが何を達成したいと願っているかです。動機は、（過去あるいは今）あなたが望んでいることです。宿題＃2の動機を元に、将来のあなたの目標を挙げなさい。目標は、小さいものでも大きいものでも、すぐに達成されるものでも長い期間かかるものでもあり得ます。以下は目標の例です。

・性犯罪を二度としない。
・人といてリラックスできるようになりたい。
・家族や友人とのより良い関わり方を学びたい。
・もっと自分の意見が言えるようになりたい。
・自分を好きになりたい。

リストを作ったら、各目標の左側に、達成したい順に1から順番に番号を振りなさい。

2　私は人と違っているか

性犯罪者は一人ひとり違っています。あなたには他の加害者と違っている点がたくさんありますが、気づいていないかもしれませんが、共通の問題もたくさんあります。また、あなたと同じような問題を持つ加害者が、あなたと似たような子ども時代を過ごしていることもよくあることです。もしあなたが、他の加害者をよく知ることがあれば、彼らが、子ども時代の経験から、あなたと同じような決断をしたことがわかるでしょう。

あなたが、他の性加害者と共通して持っているのは、おそらく、過去を単純化する傾向です。子ども時代とその時そこにいた人びとの良い面だけを覚えていることは、性犯罪者にとってよくあることです。十八歳までの年月を、たとえば「ひどかった」「地獄だった」「耐えられない」といった二言、三言で終わらせてしまう犯罪者もよく見ます。

実際は他の人びと同様に、性加害者はその人生において、良い時と悪い時との両方を体験しています。あなたが「私って何？」ということを分析するうえでの最初の一歩は、自分の体験のすべてを考え直すことです。過去の出来事一つひとつをよく考えなさい。歪曲することなく、良い時も悪い時も、楽な時も大変な時も両方思い出すよう試みなさい。あなたの良い、あるいは肯定的な体験の例は、次のようなものかもしれません。野球で活躍して全国大会に出場したとき、または楽しかった家族旅行。あなたの嫌な体験は、次のようなことだったかもしれません。誰かから性的あるいは身体的に虐待されたとき、あなたにとって大切な人から拒否されたとき、あるいは先生や雇い主とうまくいかなかったとき、など。

信じられないかもしれませんが、あなたがした体験のいくつかは、他の性犯罪者たちとほとんど同じです。しかし、あなたはおそらく起きたことを詳しくは誰にも話さなかったでしょうし、他の人もあなたと同様に誰にも話しませんから、お互い似たようなことを体験していてもそのことに気づかなかったでしょう。孤立したり、引きこもったり、他の人びとから遠ざかってしまう結果として、コミュニケーションの不足が起こります。あなたは、他の人のことをよく知らないので、自分の人生について考えるときはいつでも（そのなかでも特に嫌な体験について考えるときは）、「私は普通なのだろうか」それとも「変なのかな」と思ってしまうかもしれません。

あなたが体験したことが、あなたを人とは違うふうにしたのではないかという心配は、自然な気持ちです。子ども時代に辛い目、ひどい目にあったときは、特にそうです。なぜそんなひどいことが私に起こったのだろうと思うことも、自然なことです。小さい子どもとして、あなたは「私が悪い子だから、こんな目にあうんだ。私は普通じゃないんだ。私は良い生活をするに値しない」と思ったかもしれません。私は人と違っているという気持ちは、あなたの人生のさまざまなエピソードから生じてきます。このプログラムの第一歩は、自分が人と違っているのか、あるいは普通なのかを知ることです。あなたが自分の体験について話し、また他の体験を知るようになるにつれて、あなたが大きな問題と思っていたこと、あるいは人とは違うと感じさせるようになった特別な体験が、他の人にもあることであり、また解決可能な問題であることを学ぶでしょう。

A　共通した嫌な体験

あなたの人生におけるひどい体験や出来事についてオープンに話すことは、このプログラムで取り組まなければならない問題領域を知ることを助けます。それはまた、人からフィードバックと援助とを受けはじめることを可能にします。もし、あなたが辛い子ども時代を過ごしたなら、過去の「嫌な」体験を思い出し、人と分かちあうことは重要なことです。それらの体験を明るみに出すことは、あなたをその呪縛から解放する第一歩です。以下のものは、多くの性犯罪者が語る嫌な体験と問題の例です。

(1)私は身体的に虐待された。
(2)私はいつでも親からけなされた。
(3)私は性的に虐待された。
(4)私の親はアル中だった。
(5)私は家族の「できそこない」だった。
(6)私は学校でうまくやれなかった。
(7)私はあまり友達がいない。
(8)私は親とうまくやっていけない。
(9)私は兄弟や姉妹とうまくやっていけない。
(10)私は人に嫌われていると感じる。
(11)私は一人でいるほうが好きだ。
(12)私は女性と会ったり、デートしたりすることに困難を感じる。
(13)私は性的な問題を抱えている。
(14)私は子どもとも大人とも性的な行為をした。
(15)私は大酒飲みである。
(16)私は薬物を乱用したことがある。
(17)私は学校を中退した。
(18)私は本当には自分を好きになったことはない。
(19)私は人と会うのが嫌だ。
(20)私は放火した。

(21) 私は動物をいじめた。
(22) 私は動物とセックスした。
(23) 私は他の人とうまくコミュニケーションできない。
(24) 私は他人を信頼できない。
(25) 私はいつも感情を隠そうとしたり、無視しようとしたりする。
(26) 私は人に助けを求めるのが難しい。

このリストはいくらでも続けられます。あなたにはこれらの問題のうち、いくつぐらい当てはまりましたか。あなたは自分の問題について助けを得ようと、何回くらい考えましたか。あなたは差し出された援助の手から、何回顔をそむけましたか。

B　自分の人生について語らないと何が起こるでしょうか

ほとんどの性加害者は、こうした問題や他の問題を抱えています。その記憶は、しばしばありのままの自分を好きになれないという不快な感情の一因となります。また、小さい頃に人との信頼関係を体験できなかったために、あなたは親密さやコミュニケーションが苦手で、一匹狼になっているかもしれません。あなたは他者から孤立しており、引きこもっているでしょう。あなたは他の人びとを信頼していないので、人びとに対して心を開いて正直であることを避けているでしょう。しばしば、あなたは自分自身のことさえ信じていません！　信頼できないのは、前に挙げたような問題のためであり、信頼していないために、あなたは他の人たちと共同して問題を解決するための作業をすることができなかったのです。そして、あなたが子どものころ体経験した問題と辛さは、あなたが今日なお抱えている問題のいくつかなのです。たとえば、タクヤの場合です。

タクヤは困っていました。彼の父親はとても厳しく、決して口答えを許しませんでした。もし一言でも言い返したり、言い訳をしようものなら、タクヤを何時間でも正座させました。そして、躾のためと称して、タクヤを大声でののしり、わめきました。タクヤは、「はい。そうです。おとうさん」以外は答えないことを学びました。この虐待から逃れるために、タクヤは父親との接触を一切避けようとしました。こうした父親のやり方と自分自身の逃げのため、タクヤは自分が困っていることについて、人にどうやって話せばいいのかを学べませんでした。実際、彼はどんなに大切なことについても、どのように人に話せばよいのかまったくわからないままでした。大きくなった今でも、タクヤにはまだ同じ傾向があります。もし人から強く言われると、内心どう感じていたとしても、すぐに賛成してしまうか、でなければ相手から逃げ出してしまうかのどちらかです。

あなたは、タクヤのように、人生においていまだ解決できていない問題のやり残しを持っているでしょう。そのために、あなたは「私は普通なのか」「人と違っているのか」と思ってしまうのでしょう。

C　共通した良い体験

誰でも良い体験と嫌な体験の両方をしています。あらゆる体験が人生に影響します。良い体験は、嫌な体験とは違って人生に未解決の問題を生じさせません。それどころか、良い体験はしばしば、あなたに性格の良い面や人生に対する楽観的な態度をもたらします。下記は、加害者が持っているかもしれない良い性質のいくつかです。あなたは、他の性犯罪者たちも自分と同じような良い性質を持っていることに気づくでしょう。

- 私は人とうまくコミュニケーションできる。

- 私は人の話をちゃんと聞ける。
- 私は頭がいい。
- 私は喜んで人を助ける。
- 私は学ぶことができる。
- 私は人のことを気遣う。
- 私は仕事に自信がある。
- 私は忍耐強い。
- 私は人を幸せにできる。
- 私は物事を時間どおりにやる。
- 私は創造的に考えられる。
- 私はスポーツが上手だ。
- 私は趣味が得意だ。
- 私は手先が器用だ。
- 私は約束の時間に遅れない。
- 私は人助けすることが楽しい。
- 私は自己を改善しようと努力している。
- 私は自分自身を変えることができる。
- 私は問題があっても、解決に向けてできる。

このリストも延々と続きます。これらの良い性質もあなたにあります。しかし、多くの問題を抱えているときには、自分自身について良いと思えなかったり、自分の能力や強さを信じることができないでしょう。あなたは、自分の問題があまりにも悪いと考えすぎて、自分の良い性質を見落としています。自分の良いところにも目を向けなさい。それが回復への鍵だからです。

D　もし私の体験がありふれたものなら、なぜ私はここにいるのでしょうか

あなたの過去の体験も現在の問題も、あなたを普通ではなくさせるわけではありません。あなたの体験と問題は、あなたを人と違うものにさせるわけではないのです。むしろ、**あなたが自分の問題に対処するやり方**が、普通ではないのです。あなたが利用できた良い性質、能力と資質、強さを使わなかったことが、普通ではなかったのです。あなたが性犯罪を犯したことは普通ではないし、その結果、性犯罪をやっていない人とも違ってしまっています。つまり、性加害、性犯罪、あるいは他者を性的に虐待することは、普通ではありません。それゆえ、あなたは大きな問題を持っていて、それらを直すために一生懸命努力しなければなりません。

あなたは自分を信じますか、人を信じますか。もし信じないなら、それがこのプログラムのなかであなたが最初に学ぶ必要のあることです。あなたが適切に人を信じることを学べば、あなたは自分の問題や嫌な体験について、オープンかつ正直に話しはじめることができます。あなたは友情を築くことを学ぶ必要があり、少年院やこのプログラムは、人を信じることを始める場所です。あなたは、先生に対して、あるいは集会や問題群別指導で、あなたの問題について話し、安全な環境のなかで健康的な答えに到達できます。あなたは、自分が変でもなければ、駄目なやつでもないことに気づくでしょう。お互いに助け合いましょう。

◇2　宿　題◇

【宿題＃4　私が人と違っているところ】

あなたは性犯罪者です。このことは、いくつかの点で、あなたを他の人と異ならせています。あなたを社会の人とは違わせていると思う点をいくつか書きなさい。以下の領域について考えること。セックス、共感性、女、欲張り、肉体関係、愛、お金、被害者、怒り、家族、そして子ども。あなたの答えについて、次の面接で詳しく聞きます。

【宿題＃5　私が持っている良い性質】

あなたが持っている良い性質、能力、あるいは強さを挙げなさい。たとえば以下のものです。

・私は忍耐強い。
・私は人の話をよく聞く。
・私は人を助けるのが好きだ。
・私は手先が器用だ。
・私は食事と運動で健康を回復している。

【宿題＃6　私の良い性質がどのように役立つか】

宿題＃5のあなたの答えを見直しなさい。そこで挙げたあなたの性質の良い点について一つひとつ考え、「私の人生で、これはどんな良いことをもたらすのか」を自分に問い、良い性質の持つ効果を書きなさい。たとえば以下のものです。

・私は忍耐強い。いらいらさせられる問題があっても、私は冷静でいられる。

・私は人の話をよく聞く。友人たちは話したいことがあるとき、私のところへ来る。
・私は人を助けるのが好きだ。何か起きたとき、友人たちは私が頼りになると知っている。
・私は手先が器用だ。私は木を材料にいろいろな物を作れる。

3　どう努力すれば評価されるか

プログラムの最初の部分は評価です。プログラムに参加すると、最初の評価期間中に多くの宿題をします。この宿題によって、あなたの良くなろうとする意欲と努力とを見ます。「7　私の過去、現在、未来」で、誤った感じ方、考え方、行動の不健康な習慣についてさらに学びますが、あなたはこれらの馴染んできた不健康な習慣を、健康的な習慣に変えることができるのです。そのためには努力と、責任感、そして自分の行動を説明する責任が必要です。本章では、これらの三つについて考えることができるようになる方法を述べます。

A　努　力

評価の重要な基準の一つは、あなたがプログラムでどのくらい努力しているかということです。あなたが人生で何かを得ようとすれば、得るためには何らかの努力を要します。将来の利益に向けて、努力し続ける必要があるのです。今の努力は将来実を結びます。

今までもあなたは努力してきました。でもそれは、偏った考え方や性犯罪をすることに、時間やエネルギーを費やしてきたのです。理由は何であれ、あなたは性犯罪や性的空想、あるいは他の破壊的行動に時間やエネルギーを費やしていたのです。これまでそんなふうには思ってもみなかったかもしれませんが、実際に性犯罪を行ってきたという事実は、あなたが誤った方向で努力をしていたことを示しています。あなたが、自分で性犯罪をやめたり、警察に自首したりしなかったということは、性犯罪をやめるには、性犯罪に入れ込みすぎていたということを意味しているのです。今度は自分の行動を変えることに努力し、時間やエネルギーを費やす必要があります。

プログラムは、あなた自身やあなたの将来のために努力することを要求します。あなたの努力は、あなたがどのくらい変化成長しようという意欲を持っているかという動機づけに表れます。あなたが動機づけを強く持ち、努力していれば、それはプログラムへの積極的な参加として表れるでしょう。宿題もちゃんとやるでしょう。人との関わり方にも表れるでしょう。自分のことも考え、人のことも考えようとするでしょう。刑務所生活すべてに表れるかもしれません。プログラムで本当に努力し続ければ、あなたは成熟した、責任感のある、一人前の大人になれます。このワークブックと宿題をすべて行い、学んだことを実践しなさい。

B 責任感

人に対する責任感は二番目に重要な基準です。責任感が強ければ人から信頼されます。仲間として認められ、頼りにもされるでしょう。人から仕事を任せられ、あなたはやり遂げるでしょう。それは確かです。責任ある行動とは、不平を言ったり言い訳せずに義務を果たすことができるということです。責任ある行動は、毎日の生活の重要な一部です。約束を守り、義務を果たすことによって責任ある行動をとることは、プログラムの重要な第一歩です。

どのくらい責任感があるかということは、あなたが言ったことがどのくらいあてになるかということです。楽しい宿題や、大きな報酬が得られる要求に対して責任を果たすことは簡単です。しかし、はっきりした報酬が無いときでも正しいことをするというのは大変です。とても疲れていたり、考えを変えてそれまでやっていたことをもう絶対やりたくないと決めたとき、責任を果たすのはとても難しいことです。責任とは、あなたがどんな気持ちでいようが関係なく、人があなたをあてにできることを意味するのです。他に対して責任を持つということは名誉なことです。

人に対して責任を持つということは、正直、信頼、他の人たちが約束を守り行動に責任を持てるよう支えること、それらすべてを含んでいます。人に対する責任感は特に重要です。それは自分に責任を持つだけでなく、人を助けることを意味します。人に対して責任を持つ方法の一つは、彼らが自分の行動や活動に対して責任を持てるよう手助けすることです。これには、他の人が何か悪いことをしていたり、正直でないということを知ったときには、その人と対決することが必要になります。

C　自分の行動を説明するという責任

成功するための三つ目の要素は説明責任です。説明責任とは、自分の活動について説明するという意味です。説明責任は、他に対する責任と手に手をとって進みます。人に対して自分の行動に責任を持つには、あなたのすることを人に説明する必要があるということです。それが自分の行動に責任を持つという意味です。

あなたのした良いことを説明するのは簡単です。人があなたのやったことを認め、報酬をくれ、肯定的な評価をしてくれるのは、楽しいことです。あなたが間違ったことをしたとき、それを説明するのはとても難しく、避けてしまいがちです。裁きの場に立って注目を浴び、罰せられ、自分の行った無責任な行動に対して非難されるのは誰も好きではありません。あなたはこのプログラムにおいて、施設での生活において、また将来の生活において も、正しいか正しくないか、良いか悪いか、適切か不適切かに関わらず、あなたのすべての行動や決定に関して、説明する責任を負わなければなりません。

責任を負うということは、自分の活動や行動の背後にある理由を説明できなければならないのです。もしあなたがプログラムで努力し、他を援助し、成長しているのなら、それを他に説明することが不可欠です。もしあなたが成熟して責任感を持ち、何かをうまくやってのけたとすれば、それを説明する必要があります。一方、あなたが何か無責任なことをしたときは、なぜあなたは無責任な行動をとったのか説明しなければならないし、結果を引き受けなければなりません。説明責任とは保険のようなものです。あなたが自分の行動を説明できれば、問題があったとしても、それを修正できるという意味で保証することができるのです。

以上の三つの要素は、お互いにしっかりと絡み合っています。ジグゾーパズルのように、一つひとつのピースがパズル全体を完成させるのです。他の二つの要素なしに、一つの要素が有効に作用することはできません。責任感があれば、あなたは努力します。責任感があれば、人はあなたを頼るでしょう、そしてあなたは自分の行動に対して、説明する責任を持つようになるのです。自分の行動を説明するためには、努力が必要です。

あなたの努力、他者への責任感、説明責任を負っていることを表す方法の一つは、このプログラムや刑務所での生活に一生懸命取り組むことです。それが変化と成長への意欲を示す手段です。最も重要なことは、誠実に取り組み、自己開示をすることです。人の話をよく聞くこと、受け入れること、正直であることも大切です。

◇3　宿　題◇

【宿題♯7　私の問題リスト】

以下はあなたの処遇目標に影響を与えうる生育上の要因や問題領域のリストです。このリストの中から、自分にとっても問題だと感じるものをRPノートに書き出しなさい。リストにないものについては、自分で書き加えてかまいません。**どうしてそれらが問題なのか、面接者にもわかるように説明し、生活のなかから具体例を挙げなさい。**

・人を信じられない

・身体的虐待
・情緒的虐待
・心理的虐待
・性的虐待
・生育上必要な世話や養育をしてもらえなかった
・大酒飲みまたは薬物乱用の親
・あなたにとって大切な人からの拒絶
・自己イメージが悪い
・権力者に反抗してしまう
・異性とのデートがうまくいかない
・結婚生活がうまくいかない
・友達とうまくいかない
・学校の成績が悪い
・仕事がうまくいかない
・性的にうまくやれない
・アルコールあるいは薬物乱用
・孤立や引きこもり、独りぼっちの生活
・生活技能の不足、人とうまくコミュニケーションできない
・自己主張できない
・非行

・家庭問題
・崩壊家庭、両親の別居または離婚
・恐怖心・問題からの逃避
・怒りっぽい、切れる、または説明のできない怒り
・生き生きとした感情を感じない、閉ざされた感情
・自己評価が低い
・うまくやっていけないという感じ
・行動上の問題
・攻撃性
・男性であることに自信が持てない

【宿題♯8　問題に取り組むのに使える私の強さ】

宿題♯7で書き出した問題に取り組むために、あなたが利用できる自分の強さを十個挙げなさい。その強さがどのように自分を助けるのか書きなさい。

4　治療教育とは

あなたのやる気はまだ大丈夫ですか。プログラムを受けはじめたときはやる気もあったが、何回か宿題をやっているうちに嫌になってしまい、適当にやりすごそうとしたくなるというのはよくあることです。「あのときはあんなに堅く決心したのに、何ですぐやる気がなくなってしまうのだろう」そんなふうに思うかもしれません。この質問に答えるのは簡単ではありません。やる気がなくなる理由は、人それぞれだからです。しかし、やる気

がなくなってしまう人に、特定の似たようなパターンがあることはわかっています。どうしてプログラムを受ける意欲がなくなってしまうのかを理解するためには、治療教育とは何かということを知っておくことが大切です。

治療教育プログラムは、さまざまな出来事からなる複雑な過程で、少なくとも以下のような部分から成立しています。まずはじめに、あなたは自分の問題のある部分を認め、受け入れなければなりません。次に、性犯罪は、あなた自身と人びとの生活にとって破壊的であるということを認めなくてはなりません。そして最後に、自分自身の人生を変化させるにはどうしたらいいかを理解できるように、治療教育計画を作らなければなりません。治療教育計画には、あなた自身の逸脱行動のサイクルを見いだし、恐れと怒りを乗り越え、(問題の)否認や最小化などの問題に取り組み、その他のたくさんの問題や過程に取り組んでいくことが含まれています。

確実に言えることが一つあります。治療教育はときどき困難なものになるということです。あなたも治療教育が困難だと思ったときや精神的に苦しくなったときには、プログラムをやめたいと思うかもしれません。あなたがこの精神的苦しさ（それは人としての成長と変化に関係があるのですが）を感じたときは、防衛的になっている自分に気づくかもしれません。防衛的になってしまうと、あなたは治療教育に抵抗しようとしはじめるでしょう。図1はこの現象をわかりやすく説明しています。

A　サッカーにたとえると

治療教育は、サッカーのようなスポーツにたとえることもできます。サッカーは二つのチームで戦います。あなたのチームである『セイント（聖人）チーム』は、ディフェンス（守り）とオフェンス（攻撃）に分かれています。一方、敵チームである『ナマケモノチーム』もディフェンスとオフェンスに分かれています。治療教育においては、あなたの『セイントチーム』は『ナマケモノチーム』よりもたくさん得点しようとします。『セイン

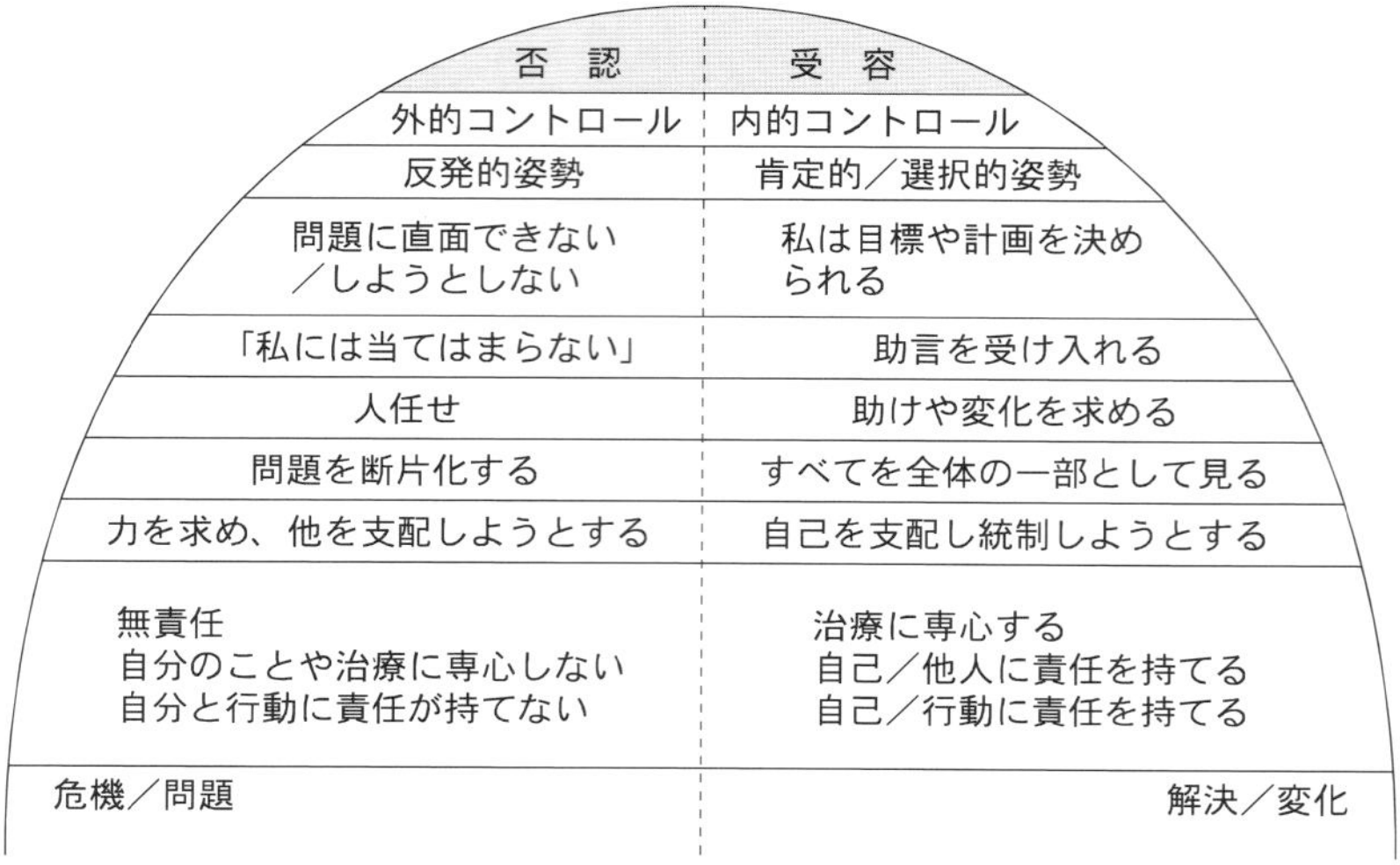

	否　認	受　容
	外的コントロール	内的コントロール
	反発的姿勢	肯定的／選択的姿勢
	問題に直面できない／しようとしない	私は目標や計画を決められる
	「私には当てはまらない」	助言を受け入れる
	人任せ	助けや変化を求める
	問題を断片化する	すべてを全体の一部として見る
	力を求め、他を支配しようとする	自己を支配し統制しようとする
	無責任 自分のことや治療に専心しない 自分と行動に責任が持てない	治療に専心する 自己／他人に責任を持てる 自己／行動に責任を持てる
危機／問題		解決／変化

図1　問題の認識と受容

トチーム』のオフェンスは、より良い人生の獲得を賭けて得点を取ろうとし、ディフェンスは、より多くの混乱を生じさせようとする『ナマケモノチーム』をブロックしようとするのです。

治療教育中は、どちらのチームもあなたのなかにいます。『ナマケモノチーム』は、治療教育を受けることを**恐れている**あなたのなかの「悪い」部分です。その悪い部分は変化したくないと思っていて、より健康的な生活へ向かうための変化の「**目標（ゴール）**」に逆らおうとします。『セイントチーム』は、「目標」に向かって突き進むあなたのなかの「良い」部分です。その「良い」部分は変化を望み、自己変革に向かって頑張るあなたの一部分です。

図1の真ん中一番上にあるのが「**ゴール**」です。あなたにとってのゴールとはあなた自身の問題の解決を意味しています。あなたの「悪い」部分は問題解決に抵抗します。あなたのなかの「良い」部分は、問題を正すというゴールに向かって邁進します。『ナマケモノチーム』のディフェンスは、問題解決の役には立ちません。ヤツらは治療教育を生かそうとするあなたの努力を邪魔しま

す。それに対し『セイントチーム』は、問題を克服し人生を変化させようとするのに役立つような手段や行動、考え方を使ってプレーします。

誰もがみな、多くの危機や問題を抱えているものです。人はたいてい自分の問題を恐れるものです。そんなときは自暴自棄になったり、もっと人生が良くなるようにと神頼みします。すると防衛（ディフェンス）が出現し、ゴールに到達するのを阻もうとするのです。シンゴはそんな人の典型例です。彼の物語には薬物治療教育も含まれていますが、その言葉を「性犯罪治療教育」に替えてもそのまま使えます。

現在性犯罪者治療教育を受けているシンゴは、かつてドラッグのやり過ぎでほとんど死にかけたことがあります。彼が動揺し脅えていた間は、もう二度とドラッグをやらないと誓っていました。自分自身に変わらなくてはいけないと言い聞かせ、治療教育プログラムにも参加しました。でも自分が生き延びられたことがわかると、結局治療教育を受けるのをやめてしまいました。彼は本当にドラッグをやめたいとは思っていなかったのです。少しの間だけ、死への恐れと、危険な状況に自分を追いこんだ自分への怒りとが、うまく作用しただけだったのです。しかし死への恐れが消えてしまうと、死への恐れは、変化への恐れと、彼自身が深刻な問題を抱えていることがわかってしまうことへの恐れに、替わってしまったのです。さらに、変化への恐れ、人にどう思われているのかという心配、知らないことへの恐れ、以前のライフスタイルを変えることへの恐れが、怒りに換わっていきました。その怒りは、より良くなるために自分自身に向けるのではなくて、彼を援助しようとする人たちに向けられました。そして彼は治療教育を受けるのをやめてしまったのです。

「恐れ、怒り、ゆううつ」は、治療教育を受けはじめると経験するであろう重要な感情です。それらの感情は、ゴールに到達しようとするのを邪魔するあなたのなかの悪い部分（『ナマケモノチーム』）として作用します。あなたはそれに注意し、気を配っていなくてはいけません。恐れ、怒り、ゆううつといった感情は、あなたに不利になるように働くのです。目標への到達を阻む方法はいくらでもあります。恐れが内に向かい、変化を恐れ、外に対して怒りを向け、自分が引き起こした問題で他人を非難するようになるかもしれません。また、ゆううつのせいで、だるくなるかもしれません。本当はあなたを援助しようとしている人たちが、自分に危害を加えるような恐れを感じてしまうかもしれません。ゆううつになると、私にはできないと思うようになり、問題への取り組みを諦めてしまうかもしれません。覚えておいてほしいのは、こういった種類の恐れは、変化しようとするときによく表れてくる反応だということです。変化への怒りは、断固戦わなくてはならない、いつもの病的習慣なのです。ゆううつは、問題を山積のまま放り投げておくための方法の一つです。治療教育に成功するためには、これらのいつものパターンに対して、長期間、懸命に取り組んでいく必要があるのです。

B　変化の過程を邪魔するもの

治療教育を始めた最初の段階では、重要な問題を否定し、その深刻さを軽視するということが起こります。**そうしてはいけません！**　時には、受けたくないのに無理矢理治療教育を受けさせられるかもしれません。それに対して恨みを持つと、その治療教育プログラムから多くを得ることが難しくなり、治療教育に「参加する」のではなく、治療教育と「戦う」ことになってしまいます。そして自分を、「加害者」どころか「被害者」だとさえ思うようになるかもしれません。自分の問題に直面せず言い訳に終始したなら、真剣に自分を救おうとはしていないことを示しています。恨みを持って反応するとしたら、心のなかで出来事を歪めているのです。この種の歪みは、性犯罪につながる思考の歪みとおそらく同じ種類のものです。そうした考え方は、最終的には、苦痛や破壊、絶望につながります。

【断片化（バラバラにしてしまうこと）】

自分自身の問題の多さや大きさを実感したら、あなたはそれに圧倒されてしまうでしょう。問題があまりに多すぎて、全部に取り組むなんてできっこないと思うかもしれません。でも、少しずつ部分に分けて取り組んでいったとしても、結局は問題に圧倒されはじめるでしょう。こういったことは、治療教育に取り組みはじめたほとんどの人に起こることです。それぞれの問題を別ものとして、互いに関係のないものとして認識することは、「断片化」と呼ばれています。

断片化することは、あなたのさまざまな問題の関係性を見落とすことにつながります。たとえば、あなたが薬物乱用の問題と夫婦関係の問題を抱えているとしても、それらの問題はあなたの性的逸脱に関係がないと思わせてしまうのです。そう考えはじめると、自分のいろいろな問題の相互関係を見落としてしまうことになるので、さまざまな問題を別個のものと考えてはいけません。実際には、それぞれの問題は互いに強く関係しているのです。たとえば、あなたがキレやすいという問題と薬物の問題を抱えているとして、あなたの感じている怒りが薬物使用に影響を与えていないと考えるのは、賢明ではありません。あなたが怒っているとしたら、薬物を使うことでその怒りの感情を避けようとするでしょうし、逆に薬物を使えば、統制を失い、危険なやり方で怒りを表現する行動を起こすかもしれないのです。

あなたは、自分の問題を実際よりも小さく見せようとして、こういった断片化を用いるでしょう。「私はいい夫だ」とか、「私はいい父親だ」とか、「私は働き者だ」と思い、「そうさ、俺はそういうところはちゃんとやれている。性的な問題に関してだけ治療教育が必要なだけなんだ」と考えているとしたら、それは間違いです。性犯罪で人に加害を加えた時点で、あなたは自分で考えるようないい父親でも、いい夫でも、いい労働者でもありません。犯罪の前に抱いた不適切な思考もまた、あなたがどんな父親であり、夫であり、労働者であるかということに影響しています。したがって、あなたが自分の問題に気づきはじめたら、それぞれの問題が互いにどのように関係しているかについても考えなければなりません。

C　防衛機制とその克服

自分の問題を否認、最小化、合理化、知性化することは、すべて防衛機制であり治療教育を邪魔するものです（防衛機制については「10　私の逸脱したサイクル」で詳述します）。防衛的になってきたときには、自分の問題やその深刻さを認めることができなくなります。その結果、自分には治療教育が必要だという事実を受け入れるのが難しくなるのです。必要な援助を受け入れなければ、治療教育は始まりません。防衛しながら治療教育を受けるのは、せっかく高い金銭を払って新車を買ったのに、運転するのを嫌がるというのと同じです。治療教育が必要だということを受け入れなければ、取り組みは表面的なものとなり、うまくやれないことを恐れ、誰も信用しないでしょう。

自分に問題があるということを受け入れ、自分には援助が必要であると認め、防衛を乗り越えようとしはじめたなら、好ましい変化が起こってくるでしょう。あなたが自分の問題を受け入れ、援助が必要であることを理解したなら、戦うことに時間を浪費するのではなく、その時間を成長するために使うことができます。こうなってはじめて、あなたは積極的に治療教育に取り組んでいることになり、古い思考パターンや行動パターンを変えることができるようになるでしょう。治療教育を受けて多くを得ることのできる人は、治療教育に対して防衛的になるのではなく、治療教育と共同作業を行います。彼は積極的構えを持ち、自分には選択の自由があって、自分が望みさえすれば、変化を選択し、より良く変われるということを理解します。彼は、新しい行動の仕方を学び、変化するための戦略を発展させるでしょう。これが、「私にはできる」ということを信じ、口にすることを学んだ人なのです。彼は、目標を定め、治療教育計画を立て、自己改善に取り組むのです。

治療教育を続けていくと、人の意見をよく聞くようになり、自分を良くするための助言を喜んで受け入れるようになります。人の助言を、「それは私には当てはまらない」とか、「自分は違うから」とはじいてしまうのではなく、聞き入れるようになるでしょう。変化への動機づけと治療教育プログラム参加への動機づけは、時には治療教育は困難で辛いものであるにもかかわらず、高いまま保たれます。問題は、すべて自分自身（全体）の一部だと理解するようになります。それぞれの問題は、ほかのすべての問題と密接なつながりがあり、ジグソーパズルの一つのピースです。それはあなたという「全体」像にとって必須の部分です。一つの問題を解決することは、すべての問題に影響します。たくさんの問題に取り組んだ後には、あなたには自分の人生をコントロールできる実力がつきます。人に勝り、支配しようとすることに時間とエネルギーを費やすのではなく、生産的な活動で成功するためにエネルギーを使えるようになります。

最後に、変化と問題の解決に向けて取り組みをしていくにつれ、誠実で、率直で、正直であることが必要だとわかるでしょう。あなたは自分自身と治療教育過程に**投資**しています。人に対する**責任をとる**一方で、自分に対する**責任**もとる必要があるとわかるでしょう。そうするうちに、あなたは自分の行動に責任をとれるようになり、自分の運命を自分で決めるということを理解するようになります。

【簡単ではない】

これまで長い間防衛的だったのですから、治療教育はそう簡単にはいきません。でも治療教育に参加することは、効率的に変化するための最善のルートです。治療教育を成功させるには、これまでの自分の生活と自分が何をしてきたかについて、詳しく振り返ることも要求されます。この振り返りの過程は困難で、辛いものです。自分には問題があって、それが自分自身や人を傷つけているということを進んで認めたい人はいないでしょう。特に治療教育の最初の頃は、誰でもそう感じます。その後、他の人も似たような問題を抱え、似たように感じているのを知ると、少しはリラックスして参加できるようになります。あなたの恐れは、誰もが抱く恐れなのです。仲間や先生、友達に支えてもらえば、自分の問題や過ちを知り、それを変えるよう取り組むことができます。

治療教育には時間がかかります。あなたは早くそれを終らせてしまいたいと焦るかもしれませんが、焦るとうまくいきません。多くの少年は先生に、私を直して、あるいは今よりもっと良くするために何とかして、しかもあっという間に、痛くないように、と望みます。でも、そんな魔法の薬はありません。時間ばかりを気にして、早く早くと焦っているとしたら、あなたは、何でも「今すぐ」手に入れなければ気がすまない衝動的な人である可能性が高い。衝動的行動は、あなたが治療教育を受けなければならなくなった要因の一つです。性犯罪者のほとんどは衝動的であり、それは取り組むべき問題の一つです。治療教育を受けることは、大学で勉強することに似ています。数週間で大学教育を受けることはできません。教授によっては単位を取るのに何年もかかるし、その領域を熟知するには卒業後さらに数年かかります。治療教育も同じです。治療教育に参加して成果が現れてくるまでには、一年くらいはかかるのです。それまでにあなたは、自分が変わったということを知るときと、自分がまったく変わっていないように感じるときと、両方が来ることを心得ておかなければなりません。ゆるぎない、一貫した決意を持ち続けることが、成功への唯一の道なのです。

D　行動の悪循環

あなた自身とあなたの問題について学べば学ぶほど、それぞれの問題が行動の円環で互いにつながっていることを知るでしょう。シンゴの場合で考えてみましょう。

シンゴは怒りに関する問題を抱えています。それはたいてい、物事がうまくいきそうにないという感じ、変えようとしても無理だという絶望感から始まります。そうすると彼は自分を間抜けだと感じます。問題を解決する自信がなくなり、腰抜けになります。間抜けで腰抜けになればなるほど、彼は自分を被害者だと思うようになります。それは彼を怒らせ、時に爆発させます。その後、彼は恥ずかしさと自責感を感じますが、

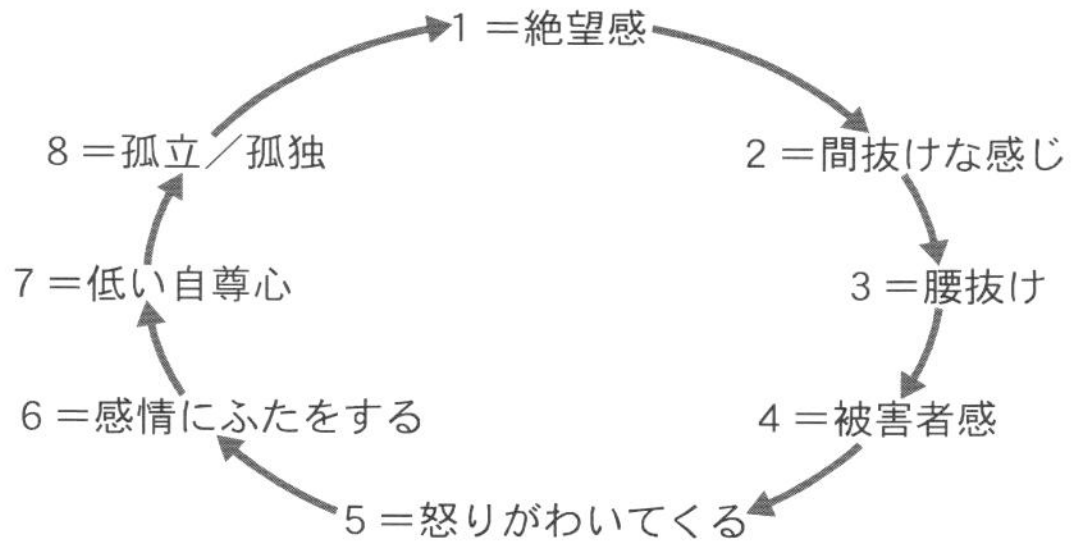

図2　シンゴの問題の円環

彼はこれらの感情にフタをして自分自身にさえ隠します。腰抜けであることや、怒り、感情にフタをしていることは、自分を**価値のないもの**と感じさせます。このため彼は他人から離れ、独りぼっちになります。彼の怒り、感情の平板さ、自尊心の欠如は、彼を絶望感に陥れます。

シンゴの問題は互いに関連しています。一つの問題が次の問題を生みだし、どんどん悪くなるのです。これらの問題は、しばしば互いにつながっているために、行動の悪循環を生じさせます。

シンゴの行動の悪循環は以下のようです。①自分の人生に絶望する。これが、②自分が間抜けだという感じを生じさせる。そして、③人とコミュニケーションしたり、そこから学ぶことをしなくなる。そして、④被害者感を募らせる。被害者感はそのまま、⑤怒りや行動化へとつながる。これは、⑥羞恥心や自責感にふたをしたり、隠そうとしたりすることにつながる。⑦彼の感情はよりないがしろにされ、自尊心を持てなくなる。⑧そして、人を避け、孤立し、絶望感に陥る。

シンゴの問題を円環で表すとしたら、図2のようになります。

シンゴの問題は、互いに問題を大きくさせあっています。彼はそれぞれの段階で変化することによって、この悪循環を打ち破ることができるでしょう。彼が絶望感を感じていなければ間抜けと感じることはない／やれると思えば、言いたいことも言える／言いたいことが言えれば、被害者のように感じることも減る／被害者のように感じることが少なくなれば、怒りも減る／怒りがなくなれば、行動化することも感情にふたをすることもなくなる／感情にふたをすることがなければ自尊心も高くなる／自尊心が高くなれば、友達もできて孤独ではなくなる。これらすべてが行動と感情の悪循環を作っているのです。

E　部分が全体を形作る

ジグソーパズルはたくさんのピースに分かれた一つの全体像です。あなたもまた多くの部分からなる全体としての一人の人間です。「3　どう努力すれば評価されるか」で説明したように、あなたの問題の一つひとつは、相互に関係していてあなたの一部であり、あなたがどういう人かということに関係しているのです。あなたの問題を全体像の一部として見ると、それは逸脱行動の悪循環になります。あなたは、あなたという人を作り上げている一つひとつの部分を変えるよう取り組まなければなりません。また、問題はすべて互いに関係しているので、そのすべてに取り組んだときにはじめて、逸脱行動の悪循環を変えることができるのです。

たとえば、もしあなたがシンゴと同じような問題を抱えているなら、自信を持つにつれ、より良いコミュニケーションができるようになるでしょう。自信を持つには、人に気持ちを伝えることができなければなりません。自信を持ち、必要なコミュニケーションができるようになったら、怒りにふたをすることなく、ふさわしいやり方で表現することができるでしょう。この例からわかるように、一度に一つの問題にだけ取り組む（断片化）とうまくいきません。すべての部分が、悪循環にどのように当てはまるかを理解しなくてはいけません。そうすれば、悪循環全体に影響を及ぼすことができるようになります。治療教育において自分を変えるための取り組みをしているときは、いつでも一連の問題群に取り組んでいることになります。たくさんの小さな問題（部分）が、あなたの大きな問題（全体）を作り上げているのです。

治療教育においては、本章だけでは述べきれないたくさんのことが起こります。しかし治療教育とは何かについて少しはイメージがわいたのではないでしょうか。治療教育とは，問題領域を見いだし，それに取り組むための目標を設定し，どうやって問題を解決していったらよいかについての治療教育計画（方法と戦略）を立てる過程です。治療教育過程を進むにつれて，時には，成長が苦しい経験となることもあります。あなたが矯正されるべき問題を抱えているということを，自分でも認めたくないし，人にも知られたくないために苦しむこともあるでしょう。しかし，一生懸命やれば，その苦しい時も乗り越えられるでしょう。努力はあなたを裏切りません。先生や仲間も支えてくれるでしょう。ゆくゆくはトンネルの向こうに光が見えはじめ，未知なるものへの不安も減っていくでしょう。必要とされる変化を実現させていくにつれ，自分を好きになるでしょう。それは，あなたが実際に成長し，良くなっているしるしなのです！

◇4　宿　題◇

【宿題♯9　感情-思考-行動の連鎖】

悪循環を知るために，あなたの変化させたい行動に関して，気持ちと考えそして行動のつながりを見てみましょう。知らぬ間に起こったと見える行動も実は，その前に，感情と思考が鎖のようにつながっているものです。そして不適切な行動には，不適切な思考と，それを自動的に呼び起こす感情とがあるものです。あなたは，そのつながりにあまりに馴染んできたため，そう感じ，考えたり，それらがつながっていることにさえ気づいていないかもしれません。

【宿題♯10　私の悪循環】

シンゴの例を元に，あなたに当てはまる悪循環を二つ考えてみましょう。それは，おそらく繰り返しそれを行っていると自分でわかっている行動です。重要な悪循環のうちの二つは，怒りの悪循環と性的逸脱の悪循環です。あなたが考えたそのほかの悪循環には、無駄使い、ギャンブル、飲酒、抑うつ、超楽天主義、(楽天的になり過ぎる、もしくは状況や自分の人生の出来事に関して過信している) といったものがあり得ます。次回の面接でその悪循環について話してください。

【宿題♯11　私の問題、目標と悪循環】

宿題♯10であなたが考えた悪循環は、あなたがどうやって問題を作り上げているかを説明しますか。それはあなたが目標に到達する前にどうやってあなたを挫折させるのでしょうか。あなたの問題と目標のそれぞれは、あなたが考えた悪循環とどのように関係しているのかを書きなさい。

5　どのようにして自分の問題に取り組むのか

あなたがひとたび自分自身を見つめはじめたならば、さまざまな問題が明らかになることでしょう。しばしば、これらの問題の多さと深刻さに圧倒されそうになります。どれが最も重要な問題であるのかを決定しようとすると、混乱するかもしれません。この困難を解決するための第一歩は、先生の助言を受ける (そして従う) ことです。先生は、治療教育のすべての段階について経験豊かです。先生は、あなたが治療プログラムにおいて出会うであろう問題について知っており、やり遂げる方法をうまく見つけられるように、あなたを導くことができるのです。もしも先生が指示するのとは違った順番で問題に取り組みたいという気持ちに気づいたとしても、我慢しなさい。先生を信頼することに全力を尽くしなさい。先生の助言は、優れた登山ガイドと同じように役立てることができるのです。よく知らない場所を進んでいるときは、方向について自分の意見は信用せず、どんなものであれ得ることができる経験豊かな助言に頼るでしょう。少年院における治療教育に参加しているのであれば、先生は、治療教育が最も効果的であるためには、理論的に正しい順番で問題に取り組まなければならないことを知っている、訓練を受けた専門家なのです。

このワークブックを読み、宿題をやってみると、取り組みたい多くの問題が明らかになるでしょう。あなたはすでにそれを始めていますし、取り組むうちに、さらにリストを付け加えていくでしょう。次のステップは、あなたが明らかにした問題に順序をつけることです。

A　治療教育初期に共通する目標

治療教育に参加したばかりの性犯罪者に対して、先生は普通、三つの主な目標を立てます。これらの目標には高い優先順位、おそらくは最も高い優先順位を与えなければならないでしょう。なぜならば、これらの目標を達成することなしには、性犯罪者に対するどんな治療教育も成功することはできないからです。これらの目標とは、自分を明かすこと（自己開示）、フィードバックを与えること・受けること、そして対決です。

a　自己開示

最初の目標は、隠すことなく、正直に自分を明らかにすることを学び、練習することです。これは、隠すことなく正直に、自分の犯罪の細部について、特に自分が考えていたことと感じていたことについて話すということを意味します。性犯罪の前、最中、後に自分が何をしたかを話さなければならないでしょう。また、被害者に正確に何をしたかについても話し合わなければならないでしょう。これらの詳細な点は、話し合うのにはやっかいで、屈辱的で、恥ずかしいことかもしれません。それらについて話したり書いたりすることは容易なことではありませんが、あなたが治療教育に取り組むことで利益を受けるためには、絶対必要なことなのです。隠しごとなく、正直に自己を語り、明らかにすることは、治療教育の基本的な土台です。あなたが積極的に自分自身に取り組むならば、どれくらい自分が正直であるか試すことができる多くの機会に出会うでしょう。自分自身に対して正直であることは、しばしばとても困難な作業であるものです。

b　フィードバック

第二の目標は、フィードバックを与えたり受け取ったりすることを学ぶことです。繰り返しますが、変わりたいという自分の気持ちに対して誠実であるならば、フィードバックを受ける多くの機会が見つかるでしょう。あなたは人から学ぶことができるということが、治療教育の基本的前提です。自分と同じような問題を抱えた人が彼ら自身の問題について話しているとき、彼らのなかにあなた自身の一部を聴いたり見たりすることができます。だから、あなたは自分自身の行動が他人にどう見えるかということについて知識や情報を得ることができますし、また、どうして自分が過ちを犯したのかについて、何かを学ぶことができます。

フィードバックとは、人が、あなたがどのように振る舞っているかを、あなたに話してくれることを言います。フィードバックはとても価値があるものです。しかし、それを聞くことはまた怖いことでもあります。人が言ってくれることに対して心を開き、本当に耳を傾けるならば、自分が自分をどうイメージしているかではなく、現実には、自分はどうであるのかということを聞くことができるでしょう。自分の行動についての幻想は、しばしば真実よりも心地よいものです。人と親しくなるということは、正直なフィードバックを与えたり受け取ったりすることができるようになるということを意味します。あなたが、ある人がどういうふうに振る舞っているかをフィードバックするとき、普通、彼または彼女は、あなたに応え、あなたと関わります。自分が学ぶことができるばかりでなく、あなたは人を成長させることもできはじめるのです。

c　対　決

第三の目標は、人と適切に対決するということです。フィードバックを与えたり受け取ったりするのみならず、人が不正直であったり、情報を隠していたり、感情を分かち合わなかったり、人が一生懸命やっているのを足ひっぱりするといったときには、直接言いたいことがあるでしょう。また、あなたが同様に非生産的なやり方で行動しているときには、彼らもあなたに言いたいことがあるでしょう。対決は治療教育の大切な一部分であり、このような方法で先生や他者と心を開いて関われば、適切に自己主張しながら生きていくやり方について多くのことを学ぶことができます。人と関わらないと、適切に自己主張することを学べないばかりでなく、自分がとても進歩したとか、自分の大きな問題をすでに追い払ってしまったとか、勘違いするかもしれないのです。これが正しいことはめったにありません。人と関わりはじめればすぐに、自分がすでに解決したと思っていた多くの問題が、あっという間に再び問題として現れてくることに気づくでしょう。

B　さまざまな方法

最初にどの問題に取り組むかを決める際の別の一面として、あなたを手助けするにはどの方法が使えるかを考えるということがあります。方法なしに問題に取り組むことは困難です。たとえば、自分の妻との関係について取り組む必要があると感じていたとしましょう。あなたが施設に入っており、彼女と親密な会話ができる環境がなかったとすると、あなたが優先順位の高い問題としてそれを取り上げたくとも、それを直接扱うことは困難です。あなたは何か他の方法を見つける必要があるでしょう。

治療教育に用いられるさまざまな方法があります。これらのそれぞれには長所と短所があります。すべてが有効であり得ます。自分の問題についての取り組みに手助けを望むならば、しばしば、それらの方法を用いることになるでしょう。

a　理解のための読書

あなたは今、読書という方法を用いています。自分にとって新しい情報にふれることができる直接的な方法なので、これはとても重要な方法と言えます。あなたの人生にさらに意味と理解を与えることができるような経験や考えについて、独りで学ぶことができます。

読書は自分が参加している治療教育についての洞察を与えてくれ、何をする必要があり、どうすればそれができるかにもっと気づかせてくれます。読書は、誤りを避けるために、他人が先に経験したことを利用する方法です。たとえば、このワークブックは、あなたの先生が宿題として与えた読み物の集まりです。このワークブックを注意深くやり遂げるなら、何をなすべきか、それをどうやってやり遂げ、誤りを避けるかについて、より良い考えを学ぶことができます。

b　書く宿題

あなたは書くという方法もまた、ワークブックの指示に従って用いています。詳しく書く宿題は、あなたが問題についてより深く探求し、より細かく考えることを手助けすることができます。宿題はまた、あなたが読んだり聞いたりした情報を、より良く理解することを手助けすることもできます。はっきりと何か意味あることを書くためには、それが意味をなすように、その題材についてよく知っていなければなりません。書くことは、考えを体系化し、はっきりしない部分についてよく考えることを必要とします。聞いたり読んだりして「もうわかっている」と思っても、それについて書いてみようとすれば、自分が見逃していた重要な部分があることに気づくでしょう。

書くことを求められるような宿題を与えられることが、嫌いな人もいるでしょう。そういう人たちは、上手く書けないとか、漢字が書けないとか、字が汚いとか言い訳をします。「格好悪く見える」と考えていることを避けるため、まるで不愉快な宿題をこなすかのように、できるだけさっさと宿題を片付けます。もしも、書く宿題を避けたり、おざなりにするなら、治療教育において必要なことを逃れていることで、あなたは自分自身を傷つけています。また、あなたがどのくらい完全に宿題をやり遂げるかということは、治療教育に対するあなたの興味や関わりの深さを、先生が評価する方法の一つであるということも覚えておいてください。先生は、漢字の多さや字の上手さであなたを採点するわけではありません。

c　計画を立てる

ある問題に取り組むためには、しばしば組織だった方法が必要になります。そうするための方法の一つは、計画を立てることです。優れた計画は、自分の問題の一つに行き当たったとき、どう振る舞うかということを設計してくれます。たとえば、怒りを感じたとき、自分の感情を人にぶつけるという問題を抱えていたとすると、あなたが不適切に怒りを表しているときは、いつでも友達にそのことを指摘してもらうという計画を立てるかもしれません。一週間適切に怒りを表現したときは、自分で自分にご褒美をあげることに決めるのです。これは一つの単純な例です。良い計画は、ある問題を扱うための最も効果的な方法だということがよくあります。良い計画はとてもよく組織だてられているので、あなたがどう感じているかにかかわらず、ある状況で、どう対応すればいいかをはっきりさせてくれます。このことは、行動を変えることを学ぼうとしているときには、本物の助けとなります。

d　集団療法（グループワーク）

集団療法は、性犯罪者を治療教育するための、確立された方法の一つです。集団療法は、アメリカではほとんどすべての治療教育プログラムの重要な部分となっています。それには一つの明らかな理由があります。効果的なのです。集団療法は、同じような問題を抱え、共通する問題に取り組んでいる他の人たちとの定期的な話し合いを含んでいます。グループは問題に取り組むのに非常に優れた場所です。なぜならば、グループは、フィードバックを受けたり、対決したり、役に立つ情報を学ぶ機会を与えてくれるし、他の人が、その人の問題を上手にあるいは下手に扱っていることを見る機会を与えてくれるからです。また、同年代のメンバーや年長のリーダーと深く、個人的に関係することを学ぶ機会を与えてくれます。多くの男性の性犯罪者にとって、これが他の大人と、非性的で成熟した関係を持つことを学ぶ、最初の機会だということがあるのです。

あなたの先生が、あなたの個人的な問題を、集団療法の場で話すことを求めることがときどきあります。これは性犯罪者のグループで、とても一般的に用いられる方法です。グループは、あなたが自分自身を「他人があなたを見るように」見ることを手助けできますし、問題に取り組むときの道案内をしてくれます。初めてグループに参加したとき、不快に感じる人もいるかもしれません。これは一つの典型的な反応ですが、時間がたてば、グループの流れを楽しんだり、この特別なグループの一部であると感じたりするようになります。はじめは集団療法を怖がっていた人の多くが、後には、グループは、治療教育のなかで、終わってしまって最もさびしい部分であると語ってくれます。

e　個人療法（個別面接）

個人療法を受けるかどうかという決定は、あなたとあなたの先生との間で決められます。個人（一対一の話し合い）とグループワークのどちらにも、多くの優れた点があります。私たちは、両方を用いることが、性犯罪者を治療教育する最も理想的な方法であると感じています。個人療法だけを行うことの弱点は、あまりにもしばしば、性犯罪者は、個人療法において「治療ゲーム」を演じることができることです。この弱点を補うために先生は、あなたの生活についても他から情報を得て把握するよう努めています。生活において人と関わることを学ぶことは、あなたの社会的技能を伸ばしてくれる方法であるのと同様に、自分がどのように振る舞っているかについて、自分と対等な人によって常に思い出させてもらえる方法でもあるのです。どちらもきちんと取り組んでください。

f　行動リハーサル

先生はあなたに、ある行動を練習したり、心のなかで思考をリハーサルしたりすることを必要とする、特別の訓練を与えるかもしれません。これらの行動リハーサルのあるものは、逸脱した性的な考えや空想を持つのをやめるのを手助けしてくるように、特別に設計されています。

g　講　義

「2　私は人と違っているか」で述べられたように、大部分の性犯罪者は、同じような問題や背景を持っています。それらについての情報を与える一つの方法は、性犯罪者に共通する特定の領域についての講義を行うことです。

◇5　宿　題◇

【宿題♯12　問題の新リスト】

作業を始めるために、性犯罪者に共通する問題の領域のいくつかが、以下に挙げられています。

・自己開示

・フィードバックを与えたり受けること
・コミュニケーションの技能
・防衛機制をはっきりさせること
・正直であること
・対決すること
・性的興奮をコントロールすること
・空想をコントロールすること

これまで自分自身について学んだことから、自分にあると思う問題領域の新しいリストを作りなさい。

【宿題♯13　短期目標と行動計画】

（1）宿題♯12で最新のものにした自分の問題のリストを見なさい。今度は、それらの問題に取り組むことを手助けするために、短期目標のリストを作りなさい。以下の例を見なさい。

《問　題》	《短期目標》
A　自分の問題について他人に語る	A　毎週少なくとも一人の人に自分の問題について語る
B　正直であることを練習する	B　自分がうそをついたり、うそをついていることに気づいたら、うそをやめて本当のことを話す

（2）今度は、行動計画について書きなさい。これは、あなたのリストの頭から五番目までの問題に取り組むときに用いる、一つかそれ以上の方法を含んでいます。この計画は詳細なもので、かつ以下を含んでいなければなりません。

A　どうしてその方法を選ぶのか
B　問題の改善をどのように手助けしてくれると思われるか

これをそれぞれの問題について行いなさい。自分の必要性や計画について議論するために、友達や先生と一緒に行う必要があるかもしれません。自分独自なものであるようにしなさい。自分の問題をはっきりさせ、用いる主な方法について考え、どうして、どんなふうに、その方法があなたの問題に対してうまく働くのかを書いてみなさい。

6　私はどのようにして性犯罪者になったのか

「私はどのようにして性犯罪者になったのだろう」。この質問をすでに何度も自問自答したかもしれません。これは、治療において、あなたが自分自身にする最初の質問の一つです。不幸にして、これには単純な答えがないことに気づくでしょう。たった一つの問題を抱えていたために、あなたは性犯罪者になったのではありません。大部分の性犯罪者と同じように、あなたはしばしばまずい選択をし、それらのまずい選択が、人生のいろいろな困難な体験やおびただしい深刻な問題を導いたのです。あなたの意思決定、困難な体験、深刻な問題の歴史といったことのすべてが、性犯罪を行うという意思決定へとあなたを導いたものの一部です（この長い歴史が、どうして治療にこんなに長い時間が必要で、これほど困難であるのかという理由です）。

「どうして自分は性犯罪を行ったのか」という問いに対する答えを理解しはじめるためには、長い時間、多くの努力、たくさんの探求を要します。不健康な方法で考えたり行動したりするに至るまでに、あなたは人生の多くの時間を過ごしてきたのですから、これは自然なことです。それゆえ、生涯続くような行動パターンの変化を、わずか二、三週間で見いだすことはないでしょう。この章の最後にある宿題は、あなたの背景や感情を調べはじめることを手助けしてくれるので、どうして性犯罪を行ったのかについての答えを見つけはじめることができるでしょう。

A　あなたの歴史

「なぜ」という問いに答えることの第一歩は、「なに」を隠さずに正直に見ることです。あなたは人生において、「なに」をしてきましたか。自分自身に正直に向かい合い、「なに」を経験し、「なに」をしてきたかを詳細に思い出すことは、「なぜ」に答えるための第一歩です。自分の性的な発達史について正直に思い出し、完全に打ち明けることは、始めるのに良い開始点です。大部分の性犯罪者は、多くの性犯罪を行っています。恥、困惑、そしてその結果のゆえに、彼らはそれらの犯罪の責任を認めることを恐れます。自分が数多くの犯罪行動を行ったことを認めることは、自分の問題やその深刻さを小さく見せようとする傾向を、克服するのを助けてくれます。また、そのことは、あなたが本気で助けを求めていることを示す方法の一つです。

治療プログラムでは、自分の他の犯罪について話すことができます。自分の犯罪を報告することで被害者を助けることを意識的に決定したのでなければ、正確な日付、時間、場所、名前を言わないことは重要なことです。治療プログラムにおいて聞いた話の限られた情報から、あなたを余罪によって告訴することは誰もできません。再犯しないために言いますが、あなたの、本当の性犯罪の歴史を明らかにすることが重要なのです。そうした場合のみ、あなたの完全で個人用に設計された治療計画を作ることを、先生は手助けすることができるのです。

語るのが辛い経験があなたの人生にはたくさんあります。たとえば、自分が行ってきた多くの性犯罪を考えてみなさい。われわれの経験では、性犯罪者は、逮捕されるまでに、あるいは少年院に来るまでに、非常に多くの性犯罪を行ってきています。一人の被害者に、一度だけでは、めったに少年院には来ないのです。しかし大部分の性犯罪者は、治療を受けはじめたときには、自分が犯した多くの犯罪について嘘をつこうとします。嫌な思いをしたり、真実を直視したくないので、彼らはしばしばこうするのです。しかし、過去の性犯罪について自分の先生に嘘をつくのは、医者に行って自分の体のどこが調子悪いかについて嘘をつくようなものです。もし心臓に問題があるのに胃が痛いと医者に言うなら、医者はその問題について正確に診断することができず、適切な薬を出すことができません。先生に自分の背景について嘘をつくならば、あなたを効果的に手助けすることができません。治療がうまくいかなければ、あなたは再犯を犯して、将来、法的なトラブルを抱える危険性を高めているのです。あなたが隠しごとなく、正直で、自分自身についての情報を明らかにするとき、治療は最もうまくいくのです。

自分の人生や性犯罪のあらゆる部分について進んで話さなければなりません。自分自身を最初に探求しはじめるときは、何が重要かわかっていません。実際、語ることが最も辛かった部分は、「どうして私は性犯罪者なのか」という質問に答えるために最も重要なポイントであることが、後にわかるでしょう。

先生に話すことをためらってはいけません。先生はあなたの背景について、あなたが考える以上に知っています。先生はこれまでに非常に多くの性犯罪者たちを見てきており、多くの性犯罪者の成育史に共通する経験のパターンを見いだすことを、学んできているのです。これらの共通パターンは、性犯罪をやろうと決めることへとあなたを導いた道筋の一部です。家族や友達といった親しい人も、特に犯罪を犯そうとしているときのあなたの行動パターンに、おそらく気づいているでしょう。

B　たくさんの、たくさんの問題

多くの性犯罪者の人生に共通する、いくつかのパターンについて論じます。この説明の大部分があなたの人生にも当てはまるかもしれません。読みながら、自分の生い立ちについて考え、自分にとって何が大切か見いだしてください。これを読みながら自分に当てはまることについて注意深く考えることは、自分の人生についてどうやって話すかについての開始地点となるでしょう。

私たちの経験に基づいて、あなたがどういう人で、あなたの人生がどんなものであったかについて推測するとしたら、おそらく以下のようになるでしょうか。

まず、おそらくあなたは普通の生活をしてきていません。おそらくあなたは、大きな問題を抱えている家族のなかでずっと育ってきているでしょう。両親の一方か両方が酒を飲みすぎたり、非合法な薬物を乱用していたり、あるいは両方をやっていたりすることはありがちなことです。たぶんあなたの両親は、夫婦間の問題を抱えていたか、現在も抱えており、あなたが育つ間、多くのいさかいやあからさまな喧嘩もおそらくあったでしょう。あなたの両親は、少なくとも一回は別居したり離婚したことがあるかもしれません。

また、あなたは両親との関係に問題を抱えており、兄弟や姉妹との関係にも同様に問題を抱えているでしょう。あなたの家族は親密ではありません。おそらくあなたは「のけ者」であると感じており、トラブルを起こしたときは厳しく罰せられましたし、そういうことはしょっちゅうありました。

学校でうまくいっていたことはありそうもないことです。あなたは大部分の時間退屈で、いつも興奮することを探していて、まったく宿題をやりませんでした。成績は悪かったし、高校を中退したり、卒業したとしてもなんとかやっとというところでしょう。学校では、あなたはおそらく同級生との付き合いの面で、さまざまな問題を抱えていたでしょう。

六〇～八〇％の性犯罪者が、子どもの頃に少なくとも一回は性的虐待を受けていたことを、私たちは発見しました。つまり、あなたが若い頃、ある大人があなたの意思に反したり、あなたをそそのかしたりして、あなたに性的に接触したのです。性的虐待に加えて、あなたは身体的あるいは情緒的な虐待を経験したでしょう。性犯罪者の九五％もの多くが、身体的、情緒的虐待や、ネグレクト（養育遺棄）を経験していることが、調査によって示されています。

友達や異性とも、あなたは同じようにうまくいっていなかったろうと推測します。あなたはデートをうまくできず、不安を感じ、結果として他人から引きこもっていたでしょう。あなたが成人に対する強姦犯なら、飲みに行くときだけ外出し、あるいは薬物を乱用するような「一匹狼」として生活していたでしょう。子どもを被害にあわせていたならば、おそらくあなたはとても内気で気が小さいか、何でも秘密にするような生活をしてきたでしょう。なにせ、いたとしてもごくわずかな親しい友達しかいなかったし、あなたが持つことができた他人との関係は、おそらく表面的なものだったでしょう。

あなたは、比較的早い年頃（十二、十三歳）から薬物や酒を乱用しはじめました。物質乱用によってトラブルに巻き込まれたことがあるかもしれません。おそらく、あなたは酒か、薬物に依存しています。私たちが治療する性犯罪者の六〇％以上が、薬物や飲酒といった嗜癖の問題を抱えています。

C　問題は続く

大きくなってからも、子どもの頃に経験したのと同じような情緒的生活を作ってきました。結婚しているなら、離婚に至るに十分なだけ、深刻な夫婦間の問題を抱えてきました。あなたは数回結婚したかもしれません。結婚したことがないなら、あなたの対人関係は情緒的に距離が遠く、問題の多いものでした。いずれの場合においても、あなたはあまり多くの親密な友人を持ちませんでした。

おそらく、あなたは自分の家族を支えることにも問題があったでしょう。臨時の仕事に対する極端なハードワークと無職との間を行ったり来たりする、不安定な職歴だったでしょう。あなたは何か売りになるような職業的技能を持たないでしょう。出院したとき、生計を立てるために何をすればよいかまだわからないでしょう。

おそらく、あなたは法的なトラブルを抱えてきたでしょう。あなたの性犯罪に先立つ犯罪は、（性犯罪を犯すことに比べて）比較的小さなものでしょうが、万引や自転車盗、飲酒運転から、強盗、住居侵入、空き巣、暴行のようなより重大な犯罪まで幅広いものでしょう。

最後に、あなたは人生において、疑いなく性的な問題を抱えてきました。十代のうちに、あなたは性的に逸脱した行動をしはじめました。大部分の性犯罪者は、露出症（他人に性器を露出して見せること）、覗き、ワイセツないたずら電話などを経験してきています。加えて、最初の強姦か最初の幼児の被害者に対する強制わいせつを十代の時に行ったでしょう。あなたはこれらの行動を、十三〜十六歳の間か、あるいはもっと若い頃に始めたでしょう。あなたは現在、まさに重大な性的問題を抱えています。性犯罪を行うことが、あなたの問題の証拠です。おそらく、あなたは自分の性的能力について何度か疑問視したり、性的能力に不安感や不十分さを感じたり、性的な行動や性的ライフスタイルについて、さまざまな問題を経験してきたことでしょう。

D　その問題は何を意味しているのか

あなたのように人生において問題ばかり抱えてきた人は、普通自分はとても不幸だと感じている人です。自分の成育史におけるすべての苦痛や欲求不満は、自分がどうして問題を持つようになったかを説明するのに、十分な理由だと考えるかもしれません。自分の問題の歴史を理解したときに、あなたは、「どうして私は性犯罪者なのか」という疑問に対する答えへと、一歩を踏み出したのです。しかし、それは完全な答えではありません。あなたの場合、問題に満ちた背景は犯罪や攻撃的行動に行き着いたのです。しかし、同じような背景を持ちながら、トラブルに至る前に助けを求めて受け取り、自分の問題を正した他の多くの人がいるのです。すべての人生において、深刻な問題とともに生きながらも、暖かく共感的な人間となるために自らの経験を用いてきた人たちさえもいるのです。自分の成育史を理解することは、「どうして私は性犯罪者なのか」という疑問に対する答えを見つけるための、長い過程の最初の一歩にすぎないのです。この疑問に対する答えと、「どうしたら逸脱した性行動をやめることができるのか」という次の重要な質問は、性犯罪者に対する特別の治療プログラムに積極的に参加することを通じてのみ、見いだすことが可能です。少なくとも、このワークブックをやり遂げることで、これらの疑問に答えるためのスタートに着くことはできます。

◇6 宿 題◇

【宿題♯14　性加害のリスト】

RPノートに、自分が行った全種類の性犯罪のリストを作りなさい。強姦や幼児わいせつと同様、露出、覗き、獣姦、わいせつないたずら電話も含めなさい。それらの犯罪に取りかかったが未遂であった場合でも、同じようにリストに加えなさい。それぞれの犯罪の横に、それぞれのタイプの犯罪を何回やったのか、そのとき何歳だったのかを書き記しなさい。この宿題は将来の治療において役立つでしょう。以下のリストは、多くの異なるタイプの性犯罪や逸脱した性行動を定義しています（注：性的に逸脱した行動のすべてが犯罪であるわけではありません）。完全な成育史を作るためにそれを使いなさい。

《逸脱した性行動のさまざまなタイプ》

・フェティシズム――ブラジャーのような、特定の物への性的な興味。
＊窃視症――「覗き見」、他人を性的にこっそり探ること。
＊露出症――他人の意思に反して自分のペニスを露出すること。
＊ちかん――「誰かに触ること」、他人の意思に反して性的に触ったりつかんだりすること。
＊わいせつ電話――迷惑な性的電話をかけること。
・獣姦――動物とセックスすること。
・服装倒錯――性的快感のために自分と反対の性のように装うこと。
・異性化願望――反対の性になることを熱望すること。
＊死体性愛――死んだ人間とセックスすること。

＊性的サディズム――強い性的な苦痛を他人に与えることで性的快感を得ること。
＊幼児性愛――幼児と性的な接触を持つことを願望したり、実際に持ったりすること。
・マゾヒズム――苦痛を通じて性的な興奮を得ること。
・他のタイプ――ここに触れたものの他にもさまざまなタイプの性欲があります。糞便嗜好症（糞便を性的興奮のために用いること）、尿嗜好症（尿を性的興奮のために用いること）、浣腸嗜好症（浣腸を性的興奮のために用いること）等です。

（＊印がついている性的逸脱は、犯罪行動でもあります）

【宿題＃15　性ファンタジーのリスト】

A　宿題＃14で挙げたような性犯罪や性逸脱行動を行うことについての、さまざまなファンタジー、白昼夢、考えを書きなさい。ここでは、実際に行った性犯罪の詳細を書くのではありません。想像したことを書くのです。さらに、偏ったファンタジーを持つために、自分に対してする言い訳を書きなさい。偏ったファンタジーとは、たとえば、「私は女を強姦することを空想した」「下着を盗みに人の家に侵入しようと思った」「私は女をしばって殴ることを想像した」「小さい女の子にお兄ちゃん大好きと言われ、キスすることを思った」等々です。

B　上記のリストは、想像はしたけど実際にはやらなかった性犯罪であることを確認したうえで、あなたのファンタジーについて以下のことを書きなさい。
（1）そうした想像をしはじめた年齢
（2）そうした想像をするとき考えること、感じること
（3）そのファンタジーはあなたにどんな影響を与えるか（罪の意識を感じるか、性的に興奮するか、自慰をするか、隠すか、等々）

この宿題を行う参考として、あなたが感じるかもしれない感情のいくつかを例として挙げておく。
＊空虚さ　＊心配　＊不安　＊がっかり　＊気が狂いそう　＊怒り　＊悲しみ　＊喜び　＊性的興奮
＊抑うつ感　＊幸せ　＊リラックス　＊退屈　＊愚かさ　＊混乱　＊高揚　＊悪い　＊良い　＊何も
＊見捨てられた感じ　＊一人ぼっち　＊拒否された感じ　＊醜い

7　私の過去、現在、将来

あなたの抱えている問題が他の性犯罪者たちととても似ているということを、あなたはすでに学びました。それは性犯罪者が共通の人生体験をしてきたし、多くの似たような決断をしたからだということも学びました。あなたは、あなたの個人的問題は相互に関連しているということも知りました。つまり一つの問題が別の問題をもたらし、影響するということです。それらの問題は円環（サイクル）になっていて、バラバラに扱うより、一連の出来事としていっぺんに取り組むほうがいいことにも気づきました。

あなたの問題は、ほとんどの部分は、あなたが子どもだった頃や、十代のころにおそらく始まっています。この時代に、あなたは性的に逸脱した犯罪行為に至る決断をすることを学びはじめたのです。これらの行動は学習されたもので、あなたは犯罪につながるような選択をしてきたのです。あなたは、性的に逸脱した犯罪行為をどうやって選ぶかを学んできたのです。これらの学習された行動の根っこのいくつかは、あなたの過去にあります。

A　子ども時代の虐待

多くの性犯罪者に共通している体験の一つは、彼らが子どもの頃受けた虐待です。虐待は身体的、情緒的、性的、どれでもあり得ます。それは快感だが混乱させるものでもありうるし（十代の少年が年長の女性や男性にセックスを教えられるなど）、非常に不快なものでもあり得ます（子どもが殴られたり、レイプされたりするような）。

身体的虐待あるいはネグレクトは以下のように定義されます。両親あるいは保護者がしたこと、あるいはしなかったことによって子どもが受ける多様な傷害。この定義は、食事、寝床、衣服、医療などを与えないことや、殴ったり、過酷な労働をさせたり、極端に厳しい躾をすることを含みます。

性的虐待は以下のように定義されます。自立していない、性的に未成熟な子どもや少年を以下のような性行為に巻き込む。①十分に理解できない、②インフォームド・コンセント（理解したうえでの同意）ができない、あるいは、③家族の役割という社会的タブーを破り、また法律に反する。この定義は以下のことを含みます。あらゆる近親姦、子どもの売春、子どもを性行為に巻き込むこと。定義の重要な部分は、「十分に理解したうえでの同意を与えることができない」です。これは、子どもは性行為の結果について十分に知ることはないし、性行為を真の意味で自主的に選択することはできないということを意味します。たとえば、ある子どもは性行為をすればご褒美をあげるよと言われます。その子が知っているのは、これをすればご褒美がもらえるということだけです。その子は、性病になるかもしれないとか、何度も同じことをさせられるかもしれないとか、売春を教えられるとか、そういったことは何も知らないのです。これらの定義に従えば、多くの性犯罪者が、虐待されてきたということがわかります。

B　過去はあなたの現在を支配しない

このことは、あなたの今の問題を過去のせいにしてよいということではありません。性犯罪を行ったことに関して、子ども時代や両親、親戚、貧しさといったことのせいにはできないのです。人のせいにすることは防衛機制の一つであって、なぜあなたがそうした選択をしたのかという説明にはなりません。防衛機制についてはすでに「4　治療教育とは」で学んだので、必要があれば読み返すことができます（「10　あなたの逸脱サイクル」でも防衛機制について論じられます）。現在の問題と行動に関してあなたができるのは、自分で責任を負うことだけです。あなたは必要な助けを求めなかったのです。虐待されるのはどんな気持ちかを忘れました。どうすれば誰も虐待されないかということを考えることを学びませんでした。そして、あなたは、自分が辛い体験をしたとき、他の人を強姦し、わいせつ行為をし、性的に虐待するという選択をしはじめたのです。あなたが性犯罪を行ったときには、あなたのしていることが間違ったことであり、違法であることを知っていました。あなたは警察官の前では決して性的虐待をしなかったでしょう。つまりあなたの選択の責任は、すべてあなた自身にあるのですが、あなたの過去の体験は、あなたが成熟した決断をする方法を学ぶのに障害となったのでしょう。

多くの人が、成人に達するまでに何らかの虐待を受けています。たとえば、信頼できる研究によれば、十八歳までに四人に一人の子どもが性的に虐待されていることが示されています。この割合が妥当なら、何らかの性虐待を受けた子どもの数は圧倒的です。虐待された人のほとんどは犯罪者あるいは性犯罪者になりませんが、ほとんどの性犯罪者は子ども時代に虐待を受けています。この虐待の種類や程度はさまざまです。ネグレクト、身体的、性的、情緒的虐待であり得ます。虐待は直接あなたに向けられたものでもあれば、間接的なものでもあり得ます。もしあなたの両親が薬物やアルコールに嗜癖があるなら、あなたはおそらく間接的に虐待されています。あなたがアルコール嗜癖者の家族で、虐待され、ネグレクトされて育てられたなら、あなたはしばしば解決しなければならない問題を持つでしょう。あなたが問題解決を学ばなければ、あなたはこれらの問題を破壊的行動や情緒で扱うことになるのです。これらの情緒の不適切な使い方は、変えようと努力しない限り、時を経て悪化するのです。

C　過去の虐待は現在に影響する

虐待されたことによって多くの影響が生じます。それは何年も続く傷痕を残しうるのです。虐待を受けた人のほとんどは、彼らに起きたことを恥ずかしいと感じます。多くの被害者は、非合理的な怒りを伴う慢性的な恐怖と問題を抱えたまま取り残されます。理解や説明のできないさまざまな情緒に混乱を感じる、虐待のサバイバーもいます。感情を内に押し込め隠すことによって、麻痺することを覚える被害者もいます。虐待への共通の反応としては以下のようなものがあります。罪責感、否認、憎しみ、混乱、恥、当惑、麻痺、その他もろもろの感情。

これらの感情や情緒が生じたとき、強さや頻度に関わらず、さまざまな固着した反応となり得ます。これらの固着した反応は習慣になります。習慣とは、異なる状況に自動的に反応することです。喫煙家がわれ知らずタバコに手を伸ばすように、固着した情緒を持つ人は、われ知らずある情緒をつまみあげるのです。これらの自動的な情緒は、状況に適切に反応できないということを意味し、不適切な反応はしばしば更なる問題を引き起こします。固着した情緒的パターンを持つ虐待の被害者は、経験を積んだ専門家によって、人生との関わり方を変えるよう援助されなければなりません。

こうした人びとが問題に関する援助を受けないと、しばしば、薬物乱用、売春、人との関係性の問題、低い自己評価、あるいは攻撃といった行動を通して、自身の人生に反応しはじめるかもしれません。たとえば、あなたの犯罪の被害者も例外ではなく、今これらの問題と戦っています。

混乱した不適切な情緒が、虐待への反応としてしばしば生じます。反社会的行動は、しばしばこれらの感情とそれに伴う思考に対処する一方法です。再びこれらの不適切な行動は、何度も何度も行われ、組み込まれた習慣となります。後に、それらの行動は、行動に関して打ち立てられた信念体系になります。一つ例を挙げます。

マサヒロは三十歳の男性である。彼の両親は飲酒しては彼を殴りつけ、互いに喧嘩した。彼は両親にこのように扱われたときには、恐れ、傷つき、当惑した。彼らは彼に愛していると言いながら、次には彼を酷く取り扱った。彼は罪の意識を感じ、自分に愛想をつかした。彼は、悪いやつとして扱われるには、何か悪いことをしなければならないと感じた。次第に、彼は友達も彼には何か間違ったところがあると知っているに違いないと感じた。マサヒロは恥ずかしいと感じ、友達から引きこもった。マサヒロが引きこもると、友達はそれに気づいた。友達は、マサヒロに話しかけようとすることは、かえって彼を苛立たせるだけだと感じた。それで彼らは彼の気持ちを尊重して彼を煩わせるのをやめ、一人にさせた。マサヒロははっきり考えていたわけではない。彼の情緒は混乱した。彼は皆に拒否されたと感じた。彼は自分にはちゃんとやれないと考えて、さまざまな活動からも身をひいた。長く引きこもると、マサヒロには友達も、やることもなかった。彼が何か新しいことを始めようとすると、予期した拒否あるいは失敗に遭遇した。彼は、人びとが本当の彼を知ったら彼を嫌い、あざ笑うだろうと思って、人びとを恐れるようになった。彼には自尊心がなく、自身を負け犬だと思った。彼は気が滅入り、独りぼっちだった。十六歳のとき、シンナーが彼の気分をよくしてくれることを知った。彼はまた、ラリっていれば他の薬物乱用者と話せることに気づいた。次第に彼は、より強い薬物をよりたくさん使うようになった。彼は「人への恐怖と自尊心の欠如」への嗜癖から、薬物への嗜癖になった。彼はさらに人びとと権威者を恐れるようになった。彼の人生は見るべきものもなく、彼はもはや自分自身さえ信用しなかった。信頼は彼の人生からは去り、疑いに置き換えられた。このパターンが何年も続いた後、マサヒロは怒りに満ち、独りぼっちで、恐れおののく、人生の敗北者となった。

マサヒロが治療を受けはじめたとき、今最大の問題は彼の現在の行動であるということを、理解できませんでした。マサヒロが虐待されたとき、彼は自身を敗北者たらしめ、拒否されたと感じさせつづける行動のサイクル

虐待　→　否認、恐れ、怒り等　→　低い自己評価、不全感、非安全感　→　引きこもり、孤立　→　拒否　→自身を失敗者、敗北者、嫌われ者と見る　→　さらなる虐待、失敗、拒否へと構えを作る

図3　拒否へのサイクル

が始まったのです（図3参照）。彼のパターンは自己破壊的になり、それぞれの自己破壊的行為は彼の問題を悪化させるだけでした。彼の失敗と混乱ゆえに、彼は自身を被害者と考えるようになりました。彼の運命が、他人の意見や他人がコントロールする状況に拠っていると感じはじめたとき、彼はさらに一層無力になりました。

例は、自身が被害者であった性犯罪者を含め、虐待被害者の典型的行動を述べただけです。もしあなたが子どものころ虐待されたり、アルコール依存の両親を持っていたり、養育を放棄したような家族の出身であったなら、他の人たちに対して不健康なやり方で反応することを覚えてきているかもしれません。あなたはそれを、人びとの行動が予測不能であることから学習しました。彼らは恐ろしく、信頼できないと感じられていました。その結果、あなたは自分の欲求を適切に満たしてほしいと、自己主張しなくなりました。基本的欲求を健康な方法で満たすことができなければ、自分が劣っていると感じてしまいます。もしあなたが虐待されてこなかったのなら、何らかの他の理由でこう感じるように学習したのでしょう。恐怖、怒り、拒否、不信、低い自己評価、不全感、そういった情緒は、あなたが取り組まなければならない治療課題なのです。

これらの行動は過去に学習されたものではありますが、すべて現在あなたのなかにあり、動いているものであることをあなたは知りました。あなたの情緒、感情、思考は、あなたが誰であり、どう行動するかに直接影響しています。感情、思考、行動の古い習慣は、低い自己評価とうまくいかないというサイクルにあなたを落ち込ませるのに役立っています。あなたは、これらの古くて歪んだ感情、思考、情緒を正し、それらがあなたの将来の健康的な生活を、邪魔しつづけないようにする必要があるのです。

D　現在の行動は将来の行動に影響する

古いけれど、言い得て妙な言葉があります。「過去の行動を見れば将来の行動が一番よくわかる」というものです。あなたはこれを信じたくないかもしれませんが、あなたにとっても他のすべての性犯罪者にとっても真実です。もしあなたが過去に強姦や強制わいせつをしたことがあるなら、またやる確率は非常に高いのです。歴史と統計がこれが真実であることを証明しており、**あなたとて例外ではありません！**　一つだけあなたの将来を変える道があります。それは治療を受けて、あなたの行動と思考のパターンを変えることです。

あなたは過去について考えはじめ、将来に向けて取り組みはじめたのだから、やり続けることです。あなたの過去にあなたの将来を支配させてはなりません。過去を変えることはできませんが、あなたは、どのような感情、思考、行動を**現在**の自分に許すかによって、将来を左右することができるのです！

◇7　宿　題◇

【宿題♯16　被虐待体験】

多くの性犯罪者は、自身が性的虐待あるいは性的暴行の被害者です。もしあなたもそうなら、以下のことを書きなさい。

（1）あなたが体験した異なるタイプの虐待の数
（2）各タイプの虐待が生じた回数
（3）そのときのあなたの年齢
（4）あなたを虐待した人びとの年齢と性別

（5） 虐待者とあなたの関係

【宿題♯17　虐待されて感じたこと】

ほとんどの性犯罪者は、何らかの虐待やネグレクトの被害者でした。虐待が身体的であれ、性的であれ、情緒的であれ、あなたの問題は虐待の結果生じています。虐待のあなたへの影響を知るための一つの方法は、子どもとしてどう感じていたか、そのときどんな決断をしたかというのを思い出すことです。

以下に、虐待された子どもに共通の考えや気持ちを例示する特徴のリストを記します。ノートに、自分にも当てはまるなと思う子ども時代の感じ方、考え方をリストアップしなさい。それぞれに例を挙げること。

・何でも自分を責める。
・誉められるのを拒否する。
・他の人たちと違っていると感じる。
・「私はあまりよくない」と思う。
・「他の人たちが自分のことを悪く言っている」と思う。
・理由もなく罪と恥を体験する。
・自分を被害者だと感じる。
・死にたくなる。
・完璧主義――自分がやることはすべて完璧でなければならない。
・拒否を恐れる。だからやってみることさえしない。
・自己主張しない。
・個人的な問題は話せない。
・問い詰められると嘘をつく。

・いつも疑っていて、信じない。
・人に過度に頼る。
・自己憐憫。
・依存的な人とだけ関係を持つ。
・良い関係を作るのが難しい。
・しょっちゅう怒っている。
・人や状況を不適切に恐れる。
・たいてい人に気持ちを傷つけられる。
・気が狂うのではないかとよく感じる。
・しょっちゅう退屈している。
・独りぼっちでからっぽだと感じる。
・何もやり遂げないで、すぐに仕事を辞めてしまう。
・感情を閉ざしている。
・自分のことを気にかけない。身なりや食事に気をかけない。
・たいてい必要もないのに心配している。
・無責任。
・自制心を失っていると感じる。
・彼らの失敗ではないことで人を責める。
・人を操作しようとする。
・人に支配されていると感じる。

・気が滅入り、とても悲しい。
・自分を押し通すために、人を脅したり強制する。
・変化を恐れる。
・しばしば人や状況に苛立つ。
・強迫的行動。
・愛とセックスを等しく考えている。
・両親や兄弟姉妹を虐待する。
・ユーモアを欠く。
・なかなか決断できない。
・苦痛な感情を笑ってごまかす。
・いつでも性的問題を抱えている。
・暴力的に振る舞う。
・酒や薬物を乱用する。
・わなにかかったような気がする。
・誰にも理解されないと感じる。
・たいてい疲れている感じがする。
・個人的関心や趣味を持たない。
・自分のために小さなことをしても、罪悪感を感じる。
・たいてい自己中心的である。
・しょっちゅうアホのように感じる。

・何も達成できないように感じる。

【宿題＃18　今でも感じること】

今宿題＃17で作ったリストを見て、あなたが大きくなった今でも存在する考えや感じに、「×」をつけなさい。

【宿題＃19　虐待にまつわる感情、思考、行動】

あなたの思考、感情、行動、体験はお互いにどのように関係していますか。あなたの思考、感情、行動を、あなたの性犯罪行為を記述するサイクルに当てはめなさい。このサイクルを、あなたの実際の犯罪の少なくとも一つについて作りなさい。

8　虐待されたらどうするか

A　虐待とは何か

虐待はわれわれの社会で大きな問題であり、さまざまな形で現れます。このワークブックでは、虐待は以下のことを意味することとします。「結果として、身体的、精神的あるいは情緒的害を与えた行為および行動（あるいは行動しないこと）」。この定義は、一時的あるいは永続的な情緒的、心理的、身体的傷跡を与えうる、法律違反ではない性行為も含みます。子どもの虐待の典型例は以下のようです。殴打あるいは拷問（身体的虐待）、子どもに過重な労働を強いること（身体的および情緒的虐待）、十分な医療、食事、衣服を与えないこと（ネグレクト）、絶え間ない批判や精神的拷問（精神的虐待）、性行為や子どもにポルノ等を見せることによって不適切に性にさらすこと（性的虐待）、過度に厳しい躾（身体的、情緒的、精神的虐待）。これらはすべて、子どもたちがどのように虐待されるかという単純な例です。

子ども時代の虐待は、子どもへの暴力です。それは新聞で読むような街での暴力よりずっと悪いのです。たいていは秘密にされていて、何年も続き、われわれの社会の最も無防備な人びとに影響を与えます。虐待はわれわれの社会の大きな問題です。なぜなら虐待の影響は非常に長く続き、回復は非常に困難であるからです。もしあなたが虐待された経験があるなら、本章は、あなたが子ども時代の虐待から回復を始めるのにとれる、最初のステップの幾つかを明らかにするでしょう。

B　虐待は勘弁ならない

性犯罪者はしばしば子ども時代に虐待を受けています。日本の少年院に在院している少年の約七〇%が、上述した虐待のうち一つか二つを受けていました。彼らのほとんどは虐待について話したがりません。秘密を明かすのは、信じてもらえないとか、からかわれるとか、弱いあるいは男らしくないと思われ、拒否される恐れを感じさせるからです。しばしばそれは処遇が開始するまで秘密にされ、職員に聞かれてはじめて、あるいは他の少年が彼らの虐待体験を語るのを聞いてはじめて自身も虐待されたことを認め、それを語ることの重要性を理解しはじめるのです。

しかし、子ども時代の虐待が、あなたを性犯罪者にしたわけではありません。子ども時代の虐待について学ぶにつれ、現在の問題を虐待のせいにしたくなるでしょう。背景にある虐待は、今日のあなたになる選択をするのに影響を与えた、多くの要因の一つにすぎないのです。それでも子ども時代の虐待は、あなたにとって理解するべき大切な分野です。あなたが「7　私の過去、現在、将来」を読んだなら、虐待は長期的問題を生じさせることを知っているでしょう。健康な生活を送るためには、これらの問題に打ち勝たなければなりません。本書の情報や宿題を、あなたがどのように虐待に影響されているかを知る手助けに使うことができます。これらの影響を理解したとき、あなたは解決しなければならない問題をよりよく理解するでしょう。自身についてのこの情報を発見することは、あなたの犯罪が被害者にどのように影響したかを理解する助けになるでしょう。

C　あなただけがそう感じているのではない

時々虐待の被害者は皆、似たような気持ちや反応を持ちます。あなたが体験した苦痛、痛み、欲求不満は、虐待の被害者の多くに共通しているのです。回復のための目標は、過去の虐待体験に、もうこれ以上現在の生活を支配させないサバイバー（乗り越えた人）になることです。

D　回復へのステップ

回復への最初のステップは、体験したことが実際にあったことだと認めることです。次のステップは、適切な人にあなたの虐待について話し、感情を表現することを学ぶことです。この二つのステップは、虐待体験に直面し、同時に一人ではないということを知ることができる単純な方法を示しています。

虐待について話すことは、治療の非常に重要な部分です。性的逸脱からの回復同様、それを隠し、無視していては、決して虐待から回復しないでしょう。虐待の隠された歴史を明るみに出す一つの方法は、それについて話すことです。共感的な友人たちや先生に率直に話すことは、虐待があなたに与えた影響を知ることを少しは容易にさせてくれるでしょう。虐待について話すと、より詳細に思い出します。話すにつれ、苦痛で耐えがたい情緒、感情、記憶をも体験するかもしれません。これらの感情が生じたら、どう感じているかを友人たちに話すことによって、分かち合い続けることです。信頼できる人たちと感情、記憶、欲求不満、苦痛を分かち合うことは、回復への一つのステップです。分かち合うことは辛い感情を消し去るわけではありませんが、耐えることを少しは容易にさせてくれるでしょう。

もしあなたが一人で取り組んでいるなら、話す代わりに書くことを勧めます。虐待の歴史と、それに対する反応を書くことは、有益な宿題です。書くことは、過去に起きたこと、起きなかったことについてよりはっきりさせます。しかしそれは、分かち合うことのできる友達や先生を持つことほどには、効果的ではありません。友達や先生はフィードバックや理解を与え、あなたがより正直に自分の人生を振り返ることができるようにさせる、的確な質問をすることができます。もしあなたが一人で取り組んでいるなら、書いたものをとっておくことを勧めます。後で誰かに話す機会ができたとき、思い出すのに役立つでしょう。

虐待された歴史を詳しく思い出すことは、重要なステップです。問題が何かを知っていなければ、それを解決することはできません。子ども時代の虐待のなごりである問題を解決しはじめるためには、まず虐待の詳細を思い出さなければならないのです。そのときした、あらゆる決断を思い出してください。これは簡単に聞こえますが、実際には非常に困難です。あなたは恐らく子ども時代の多くを忘れ、抑圧し、歪めています。起きたことの正確な像と、どう感じたかを思い出すのは、ゆっくりとした過程なのです。虐待に関する真実を見つけることは、それに見通しをつけるために、思い出すこと、考えること、分析すること、書くこと、そして話すことといったすべての技能を要求するでしょう。あなたの過去と長く苦しい取り組みをした後にさえ、時として新たな記憶に驚かされることがあり得ます。

E　最初から始めること

子ども時代を思い出すときには、あなたが虐待されたやり方全部を考えるようにしてください。多くの人が見落としてしまう虐待の最もよくある例は、両親の飲酒や薬物問題に伴って生じる虐待です。両親が精神状態に影響する物質を使っていることによって生じる子どもの虐待は、それについて考えてみるまでは虐待とは思えないかもしれません。家の生活費を薬物や酒に使ってしまう両親や保護者は、しばしば家族から、食物、医療、衣服、時には住む場所さえ奪います（これはネグレクトであり、虐待の一つの形態です）。多くのアルコールあるいは薬物依存の両親は、怒りや欲求不満を抑えることができず、蹴ったり、殴ったり、あるいは厳しい罰を家族に科します（これはしばしば身体的あるいは情緒的虐待です）。両親が酒や薬物に酩酊した状態で、子どもにわいせつ行為をすることは珍しいことではありません。少なくとも、アルコールあるいは薬物依存の両親は、しばしば適切な役割モデルとなり得ず、養育を放棄する傾向があり、子育ての技能が乏しいのです。こういう両親はしばしば指導に一貫性を欠き、子どもと「心理戦」を行いますが、それは精神的虐待の一形態です。薬物乱用は明らかに子ども虐待の道具です。ツヨシの体験を考えてみましょう。

ツヨシのお母さんはアルコール依存である。彼女はしょっちゅう酔っ払ってツヨシに幼い弟妹の世話を任せる。ツヨシはまだ十歳でうまくやれないこともあるが、彼が失敗すると母は彼を殴りつける。ツヨシは失敗して罰せられるのが怖くて、新しいことをやってみることができない。

自分の人生を振り返るにつれ、アルコール、薬物、精神障害、ギャンブル、セックス、怒り、あるいはいわゆる宗教への傾倒といったものが、虐待に含まれているかもしれません。虐待を思い起こすとき、怒りに身を任せてはいけません。時に人は、過去の虐待を思い出すと、取り返したいという気持ちを持ちます。落ち着いてください。自分がどう感じるのかよく見るのです。これらの感情が虐待を受けたときの感情に似ているか、自身に問いかけるのです。過去のそうした感情に対してあなたは何をしたのでしょう。あなたが子どもの頃とったかもしれない、否定的で社会的に逸脱したやり方をしっかり思い出してください。性犯罪者に共通してありがちなことは、自分がいかに両親に虐待されたかということはこまごま思い出しても、自分がいかに両親や妻子を虐待してきたかということは忘れがちだということです。自身の過ちに心を留めることは、しばしば他を許すことを学ぶ助けとなるでしょう。

F　虐待はどのようにあなたに影響しているか

あなたが回復するための次のステップは、虐待があなたに与えてきた影響を考えることです。虐待の主な影響のいくつかは、信頼を蝕み、恐れを生じさせ、しつけを破壊し、自己評価を低下させ、利己的考え方を生じさせるといったことです。なぜなら虐待された人は、「ボスを警戒して」生き延びなければならないと考えるからです。アルコールと薬物依存は、ここでも虐待の影響を示す非常に一般的な例を提供します。こうした依存は、しばしばうまく機能しない家族、個人の実力低下、失敗という結果をもたらします。あなたがアルコール依存者の家庭（あるいは他の乱用）で育ったなら、以下のような影響を受けているかもしれません。

（1）自己評価が低いので、楽しみを見つけるのが難しい過度にまじめな人であるかもしれない。何でも深刻に受け止めすぎる。

（2）自己評価が低いので、良い仕事なんてできっこないと思っている。それで、計画や望みを粘り強く追求し続けることが難しくなる。

（3）自分を信じていないので、自分自身に非常に厳しいかもしれない。自身を厳しく裁き、成功するのに必要な時間、忍耐、柔軟性といったものを自分に許さない。

（4）低い自己評価なので、自分が普通か普通でないか迷っている。少なくとも自分は他の人と違っていると思っていて、それを他の人と違うように行動することの言い訳に使う。

（5）利己的なので、欲しいものを手に入れるために嘘をつくかもしれない。自分の嘘を信じはじめることさえある。自分でついた嘘をごまかしきれるかもしれないし、きれないかもしれない。

（6）疑い深いので、人と親密な関係を作ることが難しい。特に異性とは。

（7）疑い深く自信を欠いているので、さまざまな性的問題を体験するかもしれない。
（8）疑い深いので、他人を信用できないかもしれない。
（9）疑い深く自信を欠いているので、人といると危なく落ち着けないと感じるかもしれない。
（10）自信がないので、常に人からの承認や受容を求めているかもしれない。
（11）利己的で疑い深いので、しょっちゅう怒っていて、事態や出来事に過度に反応しているかもしれない。
（12）利己的なので、すべてとは言わないまでも、ほとんどの生活場面で無責任であるかもしれない。
（13）あなたの役割モデルが薬物やアルコールを使っていたので、薬物やアルコールの使用に頼りすぎるかもしれない。毎日の生活で感じるストレスに対処しようとして、酒や薬物を使う。
（14）躾を受けていないので、あなたは強迫的か衝動的か、あるいは両方かもしれない。
（15）利己的で躾を受けていないので、しょっちゅう混乱し、欲求不満を感じているかもしれない。
（16）疑い深く自己評価が低いので、しょっちゅう人から引きこもるはぐれ者かもしれない。
（17）利己的で躾不足なので、自分の財産を責任を持って扱わないかもしれない。
（18）信頼感と自信を欠いているので、人との破壊的関係を求めるかもしれない。あなたの対人関係は、依存あるいは他の不健康な魅力に基づいている。
（19）利己的で疑い深いので、他を愛せないかもしれない。
（20）利己的で自尊心を欠いているので、弱いとみれば、他を搾取し虐待する。
（21）自信、信頼感、躾がないので、あなたは浅薄で未成熟な人だろう。
（22）疑い深く利己的であるので、いつでも葛藤状態にいるかもしれない。
（23）上記のすべてのため、人生をコントロールできないように感じているかもしれない。無力だと感じ、ときには気が狂いそうにさえ感じるかもしれない。

アルコールや薬物を乱用する家庭で育ったことによるこれらの長期的影響は、他の形態の虐待やネグレクトの影響と同様です。性的虐待があれば、これらの影響はさらに深刻になりさえするかもしれません。これらはたくさんある虐待の影響のいくつかにすぎません。あなたが機能不全家庭で育ったなら、これらの影響の多くを体験しているでしょう。虐待の影響と思われる、より恐ろしい結果を、他にも体験しているかもしれません。

G 今何をするか

虐待を扱うことの一つは、起きたことを受け入れることを学ぶことです。上記のリストは、虐待の結果として持っているかもしれない、あなたの人生におけるいくつかの問題を理解するのに、役立つかもしれません。問題を理解することは、解決への重要なステップです。多くの人がそうしているように、あなたは虐待された過去の影響から自分自身を癒すことができるのです。しかしそのためには、それと取り組むことを選ばなければなりません。

虐待についてより多くを学ぶにつれ、それがあなたの人生にいかに影響していたかについて否認していたことに気づくでしょう。否認は、虐待の被害者に比較的共通する体験です。否認とは、何も起きていない、あるいは自身に影響を与えていないというふりをすることです。それは一般に、人が虐待に（あるいは他の暴力に対しても）対して最初にとる反応です。しょっちゅうそれを使っていると、後には否認があなたの生き方になります。否認はしばしば、思い出すのが非常に苦痛な感情や思考を隠す方法です。ゴローの場合を考えてみましょう。

ゴローは虐待された。父親は彼を五年間、性的にもてあそんだ。時として父親が彼の性器を愛撫すると、ゴローはそれを楽しんだ。性的感覚は気持ちよかった。しかし後で彼は嫌になり、それを憎んだ。彼は自身を憎んだ。なぜなら、情けないと感じる状況に何度も何度も関わったからである。彼は子どもだったので、成人のおじも彼にわいせつ行為をしはじめたとき、それを止めることができなかった。ゴローは自分の人生に関して無力だと感じた。彼は虐待の結果、ホモになるのではないかと恐れた。ついにゴローは虐待から逃れるために家出した。彼は、もう誰にも馬鹿にされたり弱いと思われたりしないと決めた。誰かが彼を馬鹿にしたら喧嘩をするようになった。自分にふさわしいと思うようなものを与えられないと、すぐ仕事を辞めた。関わる人すべての上に立とうとした。その間彼は自分にこう言い聞かせていた。「俺はタフだ。誰にも俺を馬鹿にはさせない」。とうとう彼は逮捕され、大きな問題を抱えていることを認めさせられ、いやいや刑務所に入れられた。最初彼は、自分が弱かったことがあるとか、人生の責任を引き受けていないとかという可能性を否認した。後になって、彼は虐待されている数年間は無力な被害者だったことを認めはじめた。さらに後になって、彼が必死に強く支配的であろうとしたのは、被害者にならないためであることを理解した。否認が破れてやっと、彼は自分の虐待体験について話せた。それから彼は、被害者にならないための健康で適切な方法を学びはじめた。

ゴローは後に、他の多くの被害者同様、自分自身の周りに無関心・無感動の壁を作り上げていたことを知りました。彼はそうすることによって他者から遠ざかり、以前に経験したような情緒的な苦痛や失望をそれ以上感じないようにしていたと理解したのです。この壁あるいはシールドは、しばしば情緒的絶縁体と呼ばれます。もしあなたが虐待されたなら、自分を孤立させておくためのたくさんの絶縁体を、おそらく持っているでしょう。詳細を思い出し、それを友人たちと分かち合い、困難な作業を行う勇気を持つことは、あなたを虐待の影響から解き放つために必要なことなのです。

◇8　宿　題◇

もしあなたが虐待の被害者であったなら、自身の否定的なパターンを理解し、回復に向けて取り組むのに以下の宿題が役立つでしょう。

【宿題＃20　回復の目標】

回復の目標について考えなさい。人びとを遠ざけておくために、あなたはどのような情緒的絶縁体を身につけていますか。この絶縁体はあなたが目標に到達しようとするとき、どのように影響しますか。あなたの情緒的絶縁体は、自身が受けた虐待に関係がありますか。もしあるならどのように？

【宿題＃21　好きな性質、嫌いな性質】

(1) 他の人たちのなかであなたの好きな性質を挙げてリストを作りなさい。
(2) なぜこれらの性質が重要だと思うのか理由を挙げなさい。
(3) 他の人たちのなかであなたが嫌いな性質のリストを作りなさい。
(4) なぜこれらの性質が嫌いなのか理由を挙げなさい。
(5) あなた自身が持ちたい性質のリストを作りなさい。
(6) なぜこれらの性質があなたにとって重要だと思うのか書きなさい。

健康になることの一つは、自身をじっくり、正直に見ることです。それから、好きではない自分を変えようと取り組むことです。他の人にある嫌いな部分に関する性質が、自分のなかにもあるだろうか。これらの性質が好きでない理由について、あなたのリストを見なさい。あなたが持ちたい性質に気づいたなら、よくない性質を、リストに挙げた欲しい性質に置き換えるよう、ゆっくりと取り組むことができるのです。

9　被害者

あなたが処遇を受けなければならないのには、決定的な理由があります。それは、他者を傷つけ、性暴力の被害者にしたということです。被害者はまた、あなたの将来の生活においても非常に重要となる、最終的な基準でもあります。つまり、もうこれ以上被害者を出さないということが、回復に成功したか否かを測る尺度になるのです。たとえ自分の人生に満足していないとしても、被害者を出さなければ、それは回復したことを意味します。一方、対人関係に満足し、仕事で成功し、人生をより楽しめたとしても、一人でも被害者がいれば、結局あなたは実際には少しも進歩していないということです。人に与えてしまった危害や自分の過ちを認めるのは、とてもしんどく、勇気がいることです。しかし、ここを乗り越えることが、自分と人の人生に責任を負う第一歩となります。

まず、父親に性被害を受けてきた少女の手記を読んでみてください。

近親姦――もしこの言葉を醜悪と思うなら、そのインパクトに目を向けて

私はよく、「お父さんにされたことを話してみて」と言われる。父が私に何をしたかを話すのは、私が自分に何をしたかを話すよりは簡単だ。それは母が神経症で入院したとき、私が七歳の頃に始まった。父は私をそばに座らせて、どんなに私を必要としているかを語り、私を愛撫した。はじめは気にしなかった。それくらい私はさびしくて、優しくしてほしかった。

母が戻ってきたとき、私はもう父に触ってもらう必要はなかったし、触られたくなかった。でも、周りの大人にわかるように助けを求めるには私は小さすぎた。恐怖し、うんざりし、怒れるようになった十五歳ま

で、それは変わらず続いた。

最初は、父はベッドの傍らに立って私に触っているが、その後ベッドに入ってきた。はじめは優しく触っているが、時間が経つにつれて、段々乱暴になる。父は私が痛がり、あざができても無関心だった。私は、父が母を殴っているのをしょっちゅう見ていて、父が母を殺してしまうのではないかと恐かった。父に到底かなわないことはわかっていたし、私がやられていることは、母が受けている暴力よりはいくらかましだと思っていた。

夜をやりすごすために、私は何も考えないという方法をとるようになった。父が部屋に入ってきたときには、私は自分の心に築いた壁の中に入り込み、寝ているふりをした。父がしていることに目を向けず、自分の痛みに注意を向けて、泣き叫んだこともあった。性交が始まったときには、あまりの身体の痛みに耐えることができず、心と身体を切り離すことができなかった。そのとき私は十一歳くらいだった。私は徐々に身体の痛みに鈍感になっていき、自身に身体的痛みを与えることが、外に表せない心の痛みを表す手段となっていった。

私は、病気になろうとしたり、身体を傷つけようとした。本当に病気なら、誰も私を傷つけなくなるかもしれないと自分に言い聞かせていた。目にヘアスプレーをかけたり、かなづちで足を折ろうとしたりした。私が傷ついているのを見て、誰かに心配してほしかった。でも、私が病気で学校を休んで家にいると、かえって一日中父に虐待されるだけだとわかった。私は病院に入りたくて、家を飛び出した。

意識が怒りのほうに向いていったのは、十二歳のときだったと覚えている。私は、激しい怒りを感じて、誰かを傷つけずにはいられなかった。そして、あまりに無力な自分に嫌気がさし、自分を傷つけた。タバコの火で、自分の腕をたくさん焼いた。私は、誰でもいい、誰かに私の苦しみを見て、知ってほしかった。でも、誰も私の苦しみに気づいてくれなかった。私は、苦しみから逃れるためにマリファナを吸い始め、それはうまくいった。薬物は、私の大切な現実逃避の方法となった。ハイになるためにはなんでもやった。薬物をやっているときはいい気分で、幸せで、人生をコントロールできるように感じた。ハイになっているときは仲間もいた。皆が覚せい剤をやっていると、自分は二倍、あるいはもっとやった。そうすることで、自分に何が起きるかびくびくしているのではない、強くて、大きな人間になった気がしたのだ。

覚せい剤と一緒に酒も飲んだ。酒は私に苦しみを思い出させ、苦痛と怒りとを表現させてくれた。酒を飲んでいるときには、いつもにも増して自己破壊的になった。飲んでいるときには、大きな痛みにも耐えられた。わざと喧嘩をしかけ、彼氏に私を殴りつけるように仕向けたりもした。自分はそうされる人間なんだと感じていた。それでいて人との関わりも切望しており、どんな種類の接触であろうと、人が自分に注意を向けてくれる証拠だと思っていた。

酒や覚せい剤を買ってくれる人を探した。それは、たいてい男性で、それもセックス目当ての人ばかりだったので、いつもセックスをして手に入れた。結局、男たちは、どこでも私を乱暴に扱うということがわかった。だから、売春に対しては、「どうしていけないの？」という態度をとっていた。どうせセックスさせられるのだし、それならセックスして何かもらって何がいけないのだろう。私は、父とセックスした分を、男たちに払ってもらうつもりだった。彼らが何をしようとへこたれなかった。しばらくして、私は父からも、お金や欲しいものを巻き上げるようになった。家を出てからも、私は父の秘密を握っているということで、父より優位に立っていた。本当に欲しいものは父からもらえないにしても、少なくとも物質的なものなら奪い取れるだろうと思っていた。

男性が求めているのはセックスだけだと思っていたので、関係のなかでパワーを得たと唯一感じることができるのは、金を払わせることだった。それが私の唯一の支配力だった。かなり幼い頃から身体と心とを切り離していたので、セックスの間のほんの短い時間、自分を忘れるなんてことは簡単だった。他の女の子たちが売春をしないのを見ると、なんてバカなんだと思っていた。知らない人からお金を受け取ることは、たとえそれがお金だけであったとしても私を気にかけているのだと、歪んで受け取っていたのだと思う。

あまりに絶望していたので、こんな苦しみは早く終わってしまえばよいと、よく考えていた。初めてアスピリンを大量に飲んで死のうとしたのは、まだかなり小さい頃だった。自殺するのとこのまま生き続けるのと、どちらがより辛いかを決めるのは、おそろしく難しいことだった。たいていは薬を飲んで死のうとしたが、ときどきは手首を切ったりもした。あるときは、(ついに誰かが私にどんな苦しいことがふりかかったか気づいてくれたと期待して)目を覚ましてほっとし、他のときには自分がまだ生きていることを知ってひどく失望した。

私の怒りと行動化は、何年もの間生き延びるための戦術になっていた。自己破壊的行動のなかにもそれらの戦術があり、生き延びるための他の方法を見つけるまでは、やめられなかった。私は、最終的に、私の話すこと、そして話さないことも聞いてくれる人たちを見つけることができ、幸運だったのだと思う。私は、そのときどんなに死に近かったかを今では理解している。(*Victim Impact Classes/Panels for Offenders : Training Seminar–Teacher's Manual.* By Barbara Myers and Kee MacFarlane から引用)

この少女の加害者は父親です。「自分は娘を虐待したわけではない。自分はこんなにひどいことはしていない」とあなたは心のなかで言い訳をしたかもしれません。多くの加害者は、「相手は嫌がっていなかった」「たいした害は与えていない」「暴力は振るってない」といった言い訳をして性暴力を犯します。しかし被害者は、あなたの考え方、感じ方とまったく違う、感じ方、考え方を持っています。あなたが性犯罪者としてどのように感じているとしても、あなたの性暴力の結果として被害者に与えた悪影響を、完全に理解することは決してできません。もし、性犯罪者として刑務所に入れられ、そこで十年間生活したとしても、あなたの被害者が生涯受け続けることと比べれば、ほんの少しの罰を受けているにすぎないのです。人の尊厳を踏みにじる性暴力は、癒しがたく、根深い傷跡を残すのです。辛くても被害者の言うことに耳を傾け、言い訳を自分に許さず、二度と性暴力を起こさないことが、あなたにできることです。

被害者は、情緒的および／または肉体的な障害を負うでしょう。憔悴しきってしまうでしょう。性犯罪の結果として愛する者を皆失ってしまうかもしれません。性犯罪が与える被害者への悪影響のいくつかとしては、悪夢、不眠、性的問題、統制できない不安、売春、摂食障害、自信欠如、薬物乱用、自尊心の欠如、心気症、アルコール依存、混乱して適切な選択が不可能になる、非行・犯罪、抑うつ、長続きする安定した対人関係を形成することが不可能になる、自傷行為等があります。すぐれた処遇プログラムの下で、あなたは自分の犯罪の詳細な影響を学ぶでしょう。もしあなたが自分自身について学んでいるのなら、被害者があなたの犯罪の結果として経験したこと、および現在も経験していることについて、考え、その痛みを感じなければなりません。

治療を受けて進歩したかどうかの最終的な基準は、自分自身および自分の生活にどれだけ満足しているかということではありません。あなたがどれだけうまく人と関われるようになるか、ではないのです。自分自身を理解し、人に理解してもらうことではないのです。最終的基準とは、**あなたが自分の逸脱した考え方、振る舞い方、感じ方を変えたか。あなたが二度と、誰も再び被害者にしないと、あてにしてよいかということなのです。**

『沈黙をやぶって――子ども時代に性暴力を受けた女性たちの証言』森田ゆり（著）、『子どもと性被害』集英社新書　吉田タカコ（著）を読むこと。

◇9 宿　題◇

【宿題#22　私の犯罪が被害者に与えた影響】

あなたの犯罪について考えなさい。あなたが被害者に対して何をしたか熟慮しなさい。犯罪をしていたとき、あなたの犯罪後最初の数時間、犯罪後しばらくの間、そして現在どのような影響を与えたか、それぞれについて考えなさい。

（1）あなたは被害者に対して、どのような身体的影響を与えたか書きなさい。
（2）あなたは被害者に対して、どのような情緒的影響を与えたか書きなさい。
（3）あなたは被害者に対して、どのような精神的影響を与えたか書きなさい。

【宿題#23　私が被害者から奪ったもの】

あなたの被害者の行動は、あなたの犯罪後、数カ月ないし数年でどのように変わっただろうか記述しなさい。少なくとも以下の領域にわたること。

（1）性的行動および性関係
（2）友情
（3）家庭生活
（4）仕事または学校
（5）親密な対人関係（夫、両親、など）
（6）信頼
（7）財産（または両親の財産）

（8）自信

10　あなたの逸脱サイクル

あなたは多くの性犯罪者に影響する、共通の問題について学びました。これらの問題がジグソーパズルのピースのように、お互いに関係することも学びました。あなたは今や、性犯罪を行うことは一連の関連したステップの結果であり、それが行動のサイクルを作り出すことを知っています。つまり、性犯罪はある一つの問題から生じるのではないということです。性犯罪は、犯罪を犯す前にあなたが経験していた、誤った考え、ねじれた感情、そして「病的」行動のサイクルから生じるのです。あなたが犯罪を行うときはいつでも、ゆがんだ思考、混乱した感情、そして異常な行動のサイクルを回っているのです。その一連の出来事の連鎖全体が、逸脱サイクルと呼ばれます。

自分の生活を詳細に検討しないと、逸脱サイクルにおそらく気づかないでしょう。行動のサイクルを発見するには時間を要し、自分自身をじっくりと見つめ、人があなたをどのように見ているかフィードバックを受けることが必要です。

A　あなたの犯行前サイクルとは

わかりやすくするために、逸脱サイクルを二つの大きな部分に分けます。犯行前サイクルと犯行サイクルです。犯行前サイクルは、一連の些細な行動、思考および感情からできています。それらが、必ず犯罪行動に結びつくというわけではありませんが、しばしば犯行サイクルを始める準備段階となります。すなわち、あなたとあなたの周りの人にとって、犯行前サイクルの構成要素は、早期に警戒を発するものとなります。それらは、あななたの考え方、振る舞い方、または人生についての感じ方の何が間違っているかを示すのです。もし自分の犯行サイクルに陥ることを避けたいのなら、まだ犯行前サイクルにいる間に問題を認め、それを修正することです。以下は、犯行前サイクルに見られる一般的な警報のいくつかです。

(1) 財政上　あなたは自分自身を良いと感じることができないとき、おそらく金銭に関して無責任になります。結果として自分の金銭管理ができなくなりはじめます。それは以下のような問題に表れます。請求書の支払いをしない、薬物に金銭を使う、つまらないことに金銭を使い、ばか騒ぎに浪費し続け、クレジットカードで買いまくる等です。

(2) 仕事上　問題が生じはじめると、あなたは仕事を怠けはじめ、強い不満を抱き、職を転々とするか、他の仕事のあてもないのに仕事を辞めるでしょう。雇い主に対して非常に腹を立て、自分の不満を述べて雇い主を非難ばかりするでしょう。あなたは、仕事を辞めたり、「やり返す」ための言い訳として、自分の不満を使うのです。仕事に行かないことを言い訳し、目立って遅刻し、仕事中に薬物を使用し、または生産性が著しく低下します。

(3) 社会上　犯行前サイクルの間、おそらく社会上の問題も生じるでしょう。あなたはおそらくあまり友達がおらず、犯罪行動に近づくにつれて引きこもり、より一層孤立します。何日も独りでただ家にいて、電話や来客を拒否するでしょう。あなたは家族を無視しはじめるか、けんかや口論をしかけて、自分を一人にさせておくでしょう。

(4) 教育上　もしあなたが学生なら、学業に真剣味を欠きはじめ、ついにはますます成績を落とすか、学校を中退するでしょう。授業をさぼり、宿題をやらず、または自分の望むように先生が自分を扱ってくれないとして怒るでしょう。

（5）**薬物とアルコール**　あなたはたぶんアルコールまたは薬物を使用しはじめるでしょう。これらの化学薬品の使用は、明晰かつ理性的に考える能力を損なわせ、良心をなくさせてしまいます。あなたはより暴力的になるでしょう。アルコールや薬物をしばらく使用していれば、使用量は増加していきます。おそらく毎日（ときには日に何回も）使用し、薬物に金銭を費やし、一時的に意識を失うことを経験し、単独で使用しはじめ、薬物を売りはじめ、または攻撃的な嫌われ者になり、言い争いを引き起こしはじめるでしょう。

（6）**結婚生活／デート**　もしあなたが結婚または同棲しているなら、犯罪を行う前にはこの関係に、大きな問題が生じているでしょう。おそらく妻や彼女から離れるための言い訳を見つけます。しょっちゅうけんかや言い争いをしていて、妻や彼女を些細なことでがっかりさせはじめるでしょう。あなたは深刻な性的問題を抱えはじめ、性逸脱行動を始めるでしょう。

（7）**余暇活動**　もう一つの犯行前サイクルに陥る黄色信号は、余暇活動に関係する――つまり、暇なときに何をするかです。あなたは適切な余暇の過ごし方を知らない可能性が高い。その証拠に、あなたは逸脱行動に陥らないために大切な、趣味や関心事を持っていないでしょう。テレビばかり見ているとか、酒を飲んだり薬物を使って気晴らしをしたり、予定も目的もなくドライブする、家族や良い友達と一緒に遊ぶのを避ける、そして新しい計画、趣味、関心事を学んだり取りかかろうとしないことのすべては、余暇の過ごし方に問題があることを示し、あなたが犯行前サイクルにいるだろうことの黄色信号です。

（8）**健康と見た目**　あなたが逸脱サイクルに陥るとき、一般に健康と見た目が落ちるでしょう。髭剃りや入浴を毎日しなくなり、だらしない服や同じ服を着て、ほとんど食べないか、ジャンクフードしか食べず、体重が大きく減るか増えるかするでしょう。

これらの要素は、多くの犯罪者の犯行前サイクルに共通する部分です。あなた自身がどのように振る舞うとき、逸脱したやり方で行動しはじめるかということを正確に知るためには、過去の生活を綿密に検討する必要があるでしょう。この犯行前サイクルを理解することは、あなたの逸脱行動にどのように介入するかを学ぶうえで非常に重要であり、あなたが完全に回復するための本質的な部分となります。

B　あなたの犯行サイクルとは

犯行前サイクルには犯行サイクルが続きます。すべての性犯罪者は犯行サイクルを持っています。それはいくつかの構成要素からできています。

（1）あなたが行う犯罪（しばしば暴行、わいせつ、強姦と呼ばれます）
（2）犯行前にあなたが抱く感情
（3）犯行前に自分自身が行っているのを観察できる行動
（4）あなたの感情と行動に伴う思考

a　犯　罪

犯罪はあなたが行う逸脱行動です。たとえばあなたが強姦犯なら、供述は以下のようでしょう。「私は十九歳から三十五歳の成人女性を強姦する。私は深夜彼女らが寝ている間に彼女らの家に侵入し台所から包丁を盗む。彼女らの寝室に行き、手を彼女らの口の上に置き、起こす。騒げば殺すと脅す。私は彼女らにオーラルセックスとアナルセックスをするよう強要する」。

もしあなたが幼児わいせつ犯なら、以下のようでしょう。「私は七歳から十一歳くらいの男の子に性的いたずらをする。私はたいてい公園に独りでいる男の子を探す。私は樹の上に小屋がある所を知っていると言って、彼を森の中に誘い出す。誰もいないところに連れて行くと、男の子を言いくるめて、彼の性器をしゃぶらせてもらう。逆に彼に私の性器をしゃぶらせて、射精する。終わった後、私は黙っていろと言って二百円渡す」。

b　感　情

犯行サイクルの第二の要素は、あなたが犯罪に近づいたときに抱いている感情です。これは、抑うつ、怒り、拒否、無気力、その他さまざまな感情であり得ます。これらの否定的感情は、すべてあなたが性犯罪を行ううえで不可欠です。性犯罪を起こす直前に、自分の生活について楽観的で熱心であることは、ほとんどあり得ません。

c　行　動

次の要素は、あなたの行動です。あなたが負の感情におぼれているとき、それはあなたの行動を観察すれば容易にわかります。たとえば、以下のものです。

- 沈んで見える。
- 視線を合わせることを避ける。
- 異様に静かになる。
- 床を歩き回り、指の爪をかむ。
- 身体が緊張して硬くなる。
- より隠し立てをするようになる。
- 極端に心が動揺したり、怒ったときににやにや笑う。

・傷ついたまたは混乱した感情を、笑顔でおおい隠す。
・顔が紅潮し、こぶしを握り締める。
・皮肉で議論がましくなる。
・話しかけられたときに返事をしない。
・情報を歪める。
・間が抜けるかぼんやりとしはじめる。
・過度に受動的または受動・攻撃的になっている。
・孤立して他者を避けている。
・薬物とアルコールを使用している。
・ポルノ雑誌を読んでいる。
・他者を脅迫している。
・不敬な言葉の使用が増えている。
・閉じこもりの増加。
・卑怯で嘘つきになる。

あなたは犯行サイクルにおける自分の行動を発見するために、自分の生活を注意深く見る必要があるでしょう。そして、いったんそれらを発見したら、それらの行動の順序を見つけるよう試みる必要があります。そうすれば、あなたはそれらの行動を、自分が犯行にどれだけ近づいているかを知るための、道路地図のように使うことができます。危険なサインを見つけたら、あなたは自分のサイクルが進行するのを邪魔して止めることができます。

d　思　考

最後の要素は思考です。あなたは自分の犯行サイクルを維持するために思考を使っています。すべての性犯罪者は、自分の逸脱サイクルの一部分である認知または思考過程を持っているのです。あなたも同じです。犯行前サイクルを維持する思考の多くが「誤った思考」です。以下は、犯行サイクルの間、性犯罪者の心をしばしばよぎる、思考の誤りの例です。

- 私はセックスしたければしてよい。
- もっとセックスができれば、私は気分が良くなる。
- 私はしたいときにはいつでもセックスをする必要がある。
- 私は自分の生活に対処できないと感じている。
- 私は不安定だと感じている。
- 私は復しゅうをしたい。
- 人びとはわざと私を侮辱する。
- 友達は私を拒否している。
- 何にしても私は失敗するのだから、やってみるまでもない。
- 少なくとも私は性的空想を楽しむことはできる。
- 女性は決して私を好きにならないだろう。
- なぜこのようなことばかり私には起きるのか。
- 私は決して間違っていない。

・他の者はみな私よりうまくやっている。
・もし私がうまくやれば、うまく逃れることができる。
・私は捕まらないだろう。
・私は魅力がない。
・私は愚か者だ。
・私は失敗者だ。
・私は自分自身をかわいそうに感じても当たり前だ。
・人びとは善良ではない。
・思い通りにいかないとすれば、間違っている。
・私が最高で、彼らはみな知的障害者だ。
・もし私が性犯罪者なら、楽しめばいい。
・私の被害者たちは私にされたことを、本当は好きだったのだ。

C　防衛機制

思考の誤りは逸脱サイクルに不可欠な部分です。それらは「防衛機制」とも呼ばれます。防衛機制は、人びとが真実または現実を扱うことを避ける方法です。それらは小刻みに性犯罪の実行に接近させます。はしごの段を上るように、一つひとつ階段を上ることは、あなたが罪の意識を乗り越えて性犯罪を行うことのできる地点にあなたを近づけます。防衛機制の一般的な例は、以下のようなものです。合理化、知性化、否認、最小化および宗教化。

（1）**合理化**　合理化をするとき、あなたはたとえ自分のやっていることが間違っているとわかっていても、自分の行動を正しいと言い訳をします。たとえば、「女は皆『される』のが好きだ」または「おれは彼女にセックスを教えてやっただけだ」。

（2）**知性化**　知性化をするとき、あなたは抽象化または理論化をして問題を言い抜けようとしており、現実を避けています。あなたは現実の問題と感情を扱うことを避け、それが非常に逸脱していたとしてもＯＫと思われるように試みます。たとえば、（六歳の女の子にいたずらする言い訳として）「私は、あらゆる女の子は、彼女を愛し理解している誰かからセックスについて学ぶべきだと感じる」。

（3）**否認**　否認は、あなたの犯罪またはあなたの持っている問題に関して真実を認めることを、あなたが拒否するときに行われています。否認は性犯罪者には非常にありふれています。否認は、簡単に言えば、真実を認めないことです。「私は決して彼女を強姦していない」は一つの例です。

（4）**最小化**　あなたが自分の行動を最小化するとき、あなたはそれを現実よりも深刻さがないように見せようとします。あなたはわざと状況についての事実を軽く言うのです。（幼児誘拐について話しているとき）「私は彼女を車に乗せただけだ」、または「私は彼女に触っただけだ」。

（5）**宗教化**　多くの性犯罪者は、捕まった後で、急に過度に信心深くなります。私たちは、あなたが神に触れ、生きることの精神的な面を発達させるよう励まします。真の精神性は人生において責任を負うことを支えます。しかし、宗教化はあなたの信仰または精神性を、責任の回避に使用するのです。信仰を誤って使用する性犯罪者もいます。彼らは信仰を治療を受けないための言いわけにしようとします。彼らは、「私は、今はキリスト教徒であり、神と共に歩まなければならない。私は治療を必要としない。なぜなら私は救われ許されたからだ」と言うのです。このタイプの思考は、信仰を不適切に使うことによって、個人的責任を逃れようとするのです。信仰は、現実生活の事柄と問題を扱うのを避けるための松葉杖ではなく、あなたが現実と直面することを助ける支えと慰めになるものです。

治療があなたの信仰と共に機能し、信仰が治療によって支えられるよう、あなたの精神性を賢明に使ってください。もしあなたが自分の宗教と治療に葛藤や問題を見つけたら、聖職者または宗教と性的逸脱の両方について詳しい人に相談することです。

あなたは犯行前および犯行サイクルの要素について読みました。これらの部分がどのようにして一緒になり、全体になるかということを、あなたはまだ知らないかもしれません。それぞれの段階は次の段階を導きます。犯行前サイクルの段階は犯行サイクルの段階を導くのです。それぞれの性犯罪者は自分自身の独特のサイクルを持っています。あなたの治療が軌道に乗ったら、自分のサイクルを探求し、サイクル図を作ることに時間を費やすことになります。本章の宿題は、あなたが自分の犯行前サイクルおよび犯行サイクルを探求することを助けるでしょう。

◇10　宿　題◇

【宿題＃24　私の思考の誤りリスト】

あなたがどのような「思考の誤り」あるいは防衛機制を使っているか考えなさい。これまで読んだなかからもいくつか見つかるでしょう。あなたがよく使っているもののリストを作るのです。これらの思考の誤りを、あなたがどのように使っているかを示す具体例を少なくとも一つ示しなさい。

【宿題＃25　私の性犯罪サイクル】

本章で記述された犯行前および逸脱サイクルを参考に、あなた自身の犯行前サイクルおよび性犯罪サイクルを作りなさい。必ず、思考、感情および行動というそれぞれの段階を入れること。よくできたサイクルには多くのステップが述べられているでしょう。あなたの犯行一つについて、少なくとも七つのステップを記述するよう努力しなさい。

11　再犯防止（RP）――変化のためのモデル

再犯防止（以下RPと略す）処遇は、性犯罪者の再犯を防ぐための効果的なアプローチです。RPのテクニックは、数年にわたって性犯罪者に用いられているほか、アルコール依存、薬物依存者に対しても数十年にわたって用いられています。あなたもRPの技能を学び、再度性犯罪を行うのを防止する効果的な手だてとして活用しましょう。

RPモデルでは、性的逸脱は「治らない」ものだと考えます。つまり、あなたがどれだけ強く性犯罪を繰り返さないと感じているかどうかにかかわらず、もしあなたが間違った選択をして、歪んだ思考や感情、行為にふけるようなことがあれば、性的な問題が再燃すると考えているのです。ただし、以下のRPモデルのステップを踏めば、犯罪とは無縁の社会生活を送ることが可能です。

A　再犯の可能性

矛盾しているように見えるかもしれませんが、まずあなたがすべきことは、自分の再犯可能性をきちんと認識するということです。事実、性犯罪の再犯率は、他のあらゆる犯罪に比べて、最も高いのです。最も高く見積もっている統計的予測によれば、十人に六人が再犯すると言われています。もちろん、あなたがこの六人には入らない可能性もありますが、そう考えることが本当に適切なのでしょうか。どんな場合でも自分は二度と再犯しないと考えれば考えるほど，逆に昔の行動パターンに戻りやすく，新たな犯罪のおそれが大きくなるのです。

自分の再犯可能性を認めない人は，たとえば「私は自分のアルコール問題を克服した」と考えるアルコール依存症者と似ています。そう考えた人は，すぐに再びバーに行き，友達と飲もうとするのです。ひとつ飛びにこう考えず，「少し克服しただけだ」と考える人は，第一ステップとして，いつも再発する可能性があることを意識し，再びアルコールを飲まないように注意し，防衛策を取るのです。性的逸脱についても，まったく同じです。性的な問題が再発するおそれは，どうしても大きいのです。だからあなたは，「備える」ことを学ぶ必要があります。RPアプローチは，将来の問題を避けるために備えることを手助けするものです。

この治療プログラムでは，あなたには，自分の行動を洞察する力が身につきます。そして，自分の行動の原因を理解し，性的な加害行為を避けるために使うべき手立てを見つけることができます。すべての情報が，大変大切なものです。あなたは，サイクルについて，防衛機制について，問題と思考の誤りとの関係について，すでに学びました。これらの情報が，RPプランを作るにあたっての材料として使われていくことになります。

B　第1ステップはすでに始まっている

RPの第1ステップは，逸脱のサイクルに気づくことです。すでに「10　私の逸脱したサイクル」で学んだように，逸脱のサイクルは，いくつかのステップが集まったシリーズになっていて，これが性的暴行へとつながっていくのです。あなたのサイクルを動かし，ステップを一つ，また一つと進めていくのは，防衛機制であるということも，すでに学びました。ここでは，RPのもう一つのステップについて学びましょう。**ハイリスク（危険性の高い）状況やきっかけ**についてです。これらの状況や行為，情動は，あなたが再犯の道をたどりはじめたことに気づくサインになります。こうしたサインは，あなたが逸脱サイクルに入ったことを知らせてくれるでしょう。

C　ハイリスク状況

ハイリスクな（再犯の危険性が高い）状況や出来事は、さまざまな形で現れます。あるものは、あなたの外側（身の周り）で起こる実際の状況でしょうし、あるものはあなたのなかで起こる内的な情動の状態でしょう。

内的なリスク状況の例としては、強い否定的な情動が、あなたの感じ方や考え方に影響を及ぼすことが考えられます。また、あなたのストレスに対する反応も、リスク状況になり得ます。たとえば、職場や家庭に問題があった場合、あなたは張りつめたり、不安になったりするでしょう。張りつめているときには、性的なファンタジーにふけることで、気持ちを和らげようとするかもしれません。

また、別の内的リスク状況としては、怒りが挙げられます。多くの犯罪者が、怒りを感じたとき、不適切な考え方をしはじめることを報告しています。彼らは、「彼女が自分を誘っている」とか、「やつらがセックスを楽しんでいて、おれだけが楽しめないのは不公平だ」と考えはじめるのです。明らかに、この種の思考や行為は、性的な行動を起こす機会を増やします。そういう意味で、これらはリスク状況です。

外的なリスク状況というのもあります。ある活動や状況が、あなたの不適切な感じ方を増大させるのです。たとえば、ポルノ映画を見ることによって、多くの性的ファンタジーやセックスに関する逸脱したアイディアが生み出されます。外的なリスク状況のほかの例を挙げると、少年を性対象と見なす問題を持つ人は、散歩に行こうと「ふと思い立つ」状況に自分を置き、魅力的な少年が大勢いるようなビデオ店のアーケードに「偶然」たどり着くということがあります。強姦犯の例では、「あてのないドライブ」がこれに当たるでしょう。そうすることで、被害者を見つける可能性が高くなるのです。次の例は、ハイリスク状況を描いたものです。あるアルコール依存者に、次々とハイリスク状況が訪れます。アルコールの問題を持つ人は多いので、この例はリスク状況の理解を深めるうえで役に立つでしょう。そして、同じ原則が性的逸脱にも当てはまります。

テツヤは、アルコール濫用の既往を持っており、アルコール依存症と診断されていた。彼はアルコールの治療プログラムに通って、飲酒をやめた。すでに六カ月間、シラフでやってきた。しかし、テツヤは飲酒をやめてから、ときどき「何もすることがなくて、暇だ」と思うことがあった。今日彼は、心寂しく、退屈だった。彼は散歩に出かけ、古くからの飲み友達であったヒデキにばったり会った。ヒデキが「飲みに行く」ことを好む男だということは忘れていなかったし、テツヤとヒデキが会うときは、いつも飲んでいたことを思い出していたが、テツヤは心寂しかったので、ヒデキに会えて単純にうれしかった。彼らは道端でしばらく立ち話をした。ヒデキは、「どこか座れるところでゆっくり話そう」と言い、テツヤは「もちろん」と答えた。どこへ行くとも言わないまま、ヒデキは「居酒屋呑み助」に足を向け、二人は歩いていった。居酒屋に到着したとき、テツヤは「中に入ってはいけない」と思ったが、ヒデキに飲酒問題のことは話さないでおこうと思っていた。テツヤは恥ずかしかったし、ヒデキに弱いやつだと思われたくなかったのだ。その代わりに「ただ、飲まないよ、と言えばいいや」と心の中で思った。彼らは店に入り、座ると、ヒデキは店員に飲み物を頼んだ。彼はテツヤの好きなものを知っていたので、テツヤに聞かないままテツヤの分もオーダーした。テツヤは、遅れをとった。ヒデキの親切を断って、ヒデキを傷つけるか、それを飲むか。彼は「よし、一杯だけ飲もう」と心の中で思った。数時間後、テツヤは居酒屋を出た。彼は酔っ払っており、またフリダシに戻っていた。

D　テツヤに何ができたか

この状況でテツヤがしたことに、いくつか間違いがあります。先を読み進める前に、少なくとも六つ、テツヤの犯した浅はかな選択を挙げてみましょう。先を読む前に、紙に書いておいてください。さあ、あなたの挙げた点と比べてみましょう。

第一に、テツヤは治療の終わった時点で、禁酒によって生じる「これまでの生活」と「これからの生活」のギャップを埋めておくべきでした。彼は新たな健康的な活動を見つけなければならなかったのです。ただ飲酒（または性的逸脱）をやめるだけでは不十分です。あなたは、しばしばぽっかり空っぽの気持ちになり、それを持て余すことになるのです。アルコール（性）につながっていたすべての時間とエネルギーとを、健康的な活動につなぎ直さなければならないのです。

第二に、テツヤはヒデキとの会話を早めに終わらせるべきでした。治療を行ううえで、ときには昔の友達をあきらめなくてはなりません。この「友達」は、危険な過去への愛着を伴い、悪い影響を及ぼすのです。テツヤは過去の経験から、ヒデキがおそらく酒を飲む場所と機会とを探していることを知っていました。彼はヒデキに、「じゃ、待ち合わせに遅れそうだから」と言って走り去ることもできたのです。そうすれば、会話は終わったでしょう。

第三に、自己主張し、どこか安全な場所（コーヒーショップのような）に行こうと提案することなく、テツヤは受動的にヒデキについていっています。彼はここで、よく考えていません。もし考えていれば、おそらくヒデキが飲みたがることを思い出したはずです。

第四に、テツヤはもう酒を飲まないということをヒデキに話すのを、恥ずかしがるべきではありませんでした。率直で正直になることで、テツヤは自分自身をトラブルから守れたし、ヒデキを助けることにさえなったかもしれないのです。

第五に、ヒデキが連れてきた店がわかったとき、テツヤは中に入るべきではありませんでした。居酒屋で酒を飲まないということは非常に難しい。居酒屋に座り、目の前に酒を出されたとき、テツヤの理性的な禁酒の志は敗れ去りました。

第六に、どんなプレッシャーがあったにせよ、テツヤは一杯目を飲むべきではありませんでした。一杯でも飲めば、たちまち以前の場所、以前の雰囲気、以前の感じ方、ヒデキから感じるプレッシャーなど、いずれもが簡単によみがえってきます。テツヤにとっては、一杯も十杯も実はほとんど変わらないのです。

これらの六つのポイントは、テツヤと同じ問題を持った人にとってのハイリスク行動の例です。性的逸脱の過去を持つあなたにも、間違った決断をさせるようなハイリスク状況があります。マサヒコという名の小児わいせつ犯の例を見てみましょう。

マサヒコは、九歳と十歳の二人の男の子に対するわいせつ行為をし、保護観察中である。彼の保護観察には、性犯罪者の治療プログラムを受けることが条件づけられていた。マサヒコはすでに、数カ月の治療を受けていた。この期間、彼は性的逸脱行為をしていなかったが、代わりに、心寂しく何をするにも興味が持てない状態が続いていた。ある日マサヒコは、女友達を訪ねようと思い立った。彼は彼女の家に行き、彼女が新しいルームメイト、サナエと住んでいることを知った。サナエはそこに、五歳の女の子、九歳の男の子の二人と一緒に住んでいた。寂しかったので、マサヒコは友達の誘いを受けて家に上がり、コーヒーを飲んだ。サナエは、新しい車を買ったこと、その乗り心地について話していた。しばらくして、彼女は「ほんのちょっとの間」、二人で車の試運転に行きたいので、子どもたちの面倒を見ていてもらいたい、とマサヒコに頼んできた。マサヒコは、彼女を喜ばせようとして、いいよ、と言った。すぐに彼は、小さな子ども二人と、家に残された。女性たちが車で出て行く音がすると、子どもたちは彼を見にきた。彼は笑顔で、「こんにちは」と言った。すぐに子どもたちはソファーに飛び乗り、彼に絵本を読んでくれとせがんだ。彼は本を取り上げ、子どもたちを抱き、本を読み始めた。

さて、マサヒコは、居酒屋に座ったアルコール依存症が回復しつつある、テツヤと同じような立場にいます。

彼にとって、次のステップに進み、再犯するのは簡単なことです。マサヒコは、ハイリスク状況に至るまで、いくつかの浅はかな選択をしています。先を読み進める前に、それを紙に書いてみましょう。

E　マサヒコに何ができたか

マサヒコをリスク状況へと導いたのは、以下の点です。

第一に、マサヒコは家の中に子どもがいることを発見したとき、すぐに失礼するべきでした。友達には、また来るよと言えばよかったのです。

第二に、女性たちが出かけると言ったとき、彼は家に残らず一緒に出かけるべきでした。

第三に、女性たちがマサヒコと子どもたちを残していこうとしたとき、彼は「できない」と言い、もう帰らなければならないと伝えるべきでした。

第四に、マサヒコは、子どもたちと一緒にソファに座るのを避けるべきでした。

F　RPの要点

RPの背景には、二つの主な考え方があります。一つは、細心の注意と大きな努力で、あなたはリスク状況を避けることができる、というものです。二つ目の考え方は、あなたが回避プランを用意しておくことができる、というものです。もしリスク状況に立っていることに気づけば、いち早くそこから立ち去ることができます。さもなければ、あなたはトラブルに巻き込まれ、リスクは大きくなるばかりです。リスク状況にいる時間が長くなればなるほど、そこから抜け出すことが難しくなります。これまでの例を見てわかるように、再犯をする前に立ち止まり、ハイリスク状況から抜け出す機会は、各ステップ（何かをするたび）にあります。もしあなたが立ち止まらなければ、再犯のリスクは大きくなっていくのです。

マサヒコのケースを見てみましょう。彼は、治療プログラムを受けており、何のリスクも抱えていませんでした。しかし、二人の女性が子どもたちの面倒を見ているという家に足を踏み入れた途端、彼のリスクは増していきます。彼が家に足を踏み入れることで、次のステップが起こりやすくなっているのです。そしてついに彼が家に二人の子どもたちと取り残されたとき、さらに大きなリスクを抱える結果となったのです。これをテツヤのケースと比べてみましょう。テツヤは友達と道端で話しているときには、飲酒のリスクをもっていませんでした。しかし、「居酒屋に入る」ということで、次の不健康なステップに近付く状況へと進みました。

リスク状況にいることに気づいたときには、これまで学んだ手だてを使うために、いったん立ち止まって考える時間をとることとです。素早く介入し、問題を立て直すほど、事態は簡単です。反対に、長く機会をうかがっていると、よりリスクの大きい状況がやってきて、そこから抜け出すことが難しくなります。マサヒコは、家に入る前であれば、簡単に「やめとくよ」と言えたのです。テツヤは、ヒデキが居酒屋に向かう前であれば、「コーヒーを飲みに行こう」と言えたのです。

別の角度から見れば、リスク状況は、あなたを馬鹿な真似をしやすいほうへ導くとも言えます。一回目にリスク状況に入ったとき、立ち止まらなかったとしても、問題にはならないかもしれません。しかし、二回目、三回目の頃、あなたはだんだんいい気分になっていて、リスク状況にいるということを忘れてしまうでしょう。つまり、トラブルが始まると、不意にそこに巻き込まれ、周りが見えなくなるおそれがあるということです。それもあって、リスク状況が進んでいくと、そこから抜け出すことが難しくなっていくのです。マサヒコのケースでは、子どもたちに絵本を読んで聞かせる時点では、わいせつ行為には及んでいません。しかし、子どもと一緒に座る状況が続けば、あるいは、子どもたちと三人で取り残されているということのリスクを忘れはじめてしまえば、彼が子どもにわいせつ行為をするおそれが、大きくなっていきます。

G　あなたはリスク状況にいるか

自分がリスク状況にいるということを、どうやって認識すればよいのでしょうか。まず、自分の逸脱サイクルのあらゆる方向性を把握することです。そのためには、逸脱行動に至った過去の特定の場面を思い出し、特定する作業が必要です。次に、リスク状況に留まることを後押しするような、思考、感情、行動について知っておくことです。それぞれに、数え切れないくらいの例があります。以下はそのいくつかです。

a　リスク状況（これらは、しばしば個人に特有のものです）

- 海岸に行く。
- ベビーシッターをする。
- 目的のないドライブをする。
- ぶらぶらし、公園で女性や子どもを眺める。
- ポルノショップに行く。
- 性に逸脱的な友人を訪ねる。

b　思考（これらは、あなたがリスク状況に留まることをOKするものです）

- 私はどうにかできる。
- 私がここにいるのは、大したことではない。
- 私がいても、誰も気にしない。
- 私は失敗者だから、あえて挑戦するのだ。

・私はうまくいってない、だからむしろ楽しむのだ。
・私は強くない、だからあなたは私に……を期待しない。

c　感情（これらは、思考を強化することを助けるものです）

・抑うつ
・怒り
・困惑
・退屈
・不安
・欲求不満
・心寂しさ
・恐怖

d　行動（これらは、リスク状況を悪化させるものです）

・逸脱したファンタジーを持つ。
・薬物を濫用する。
・他者から孤立する。
・酒屋に行く。
・被害者を探す。
・自己の責任を無視する。

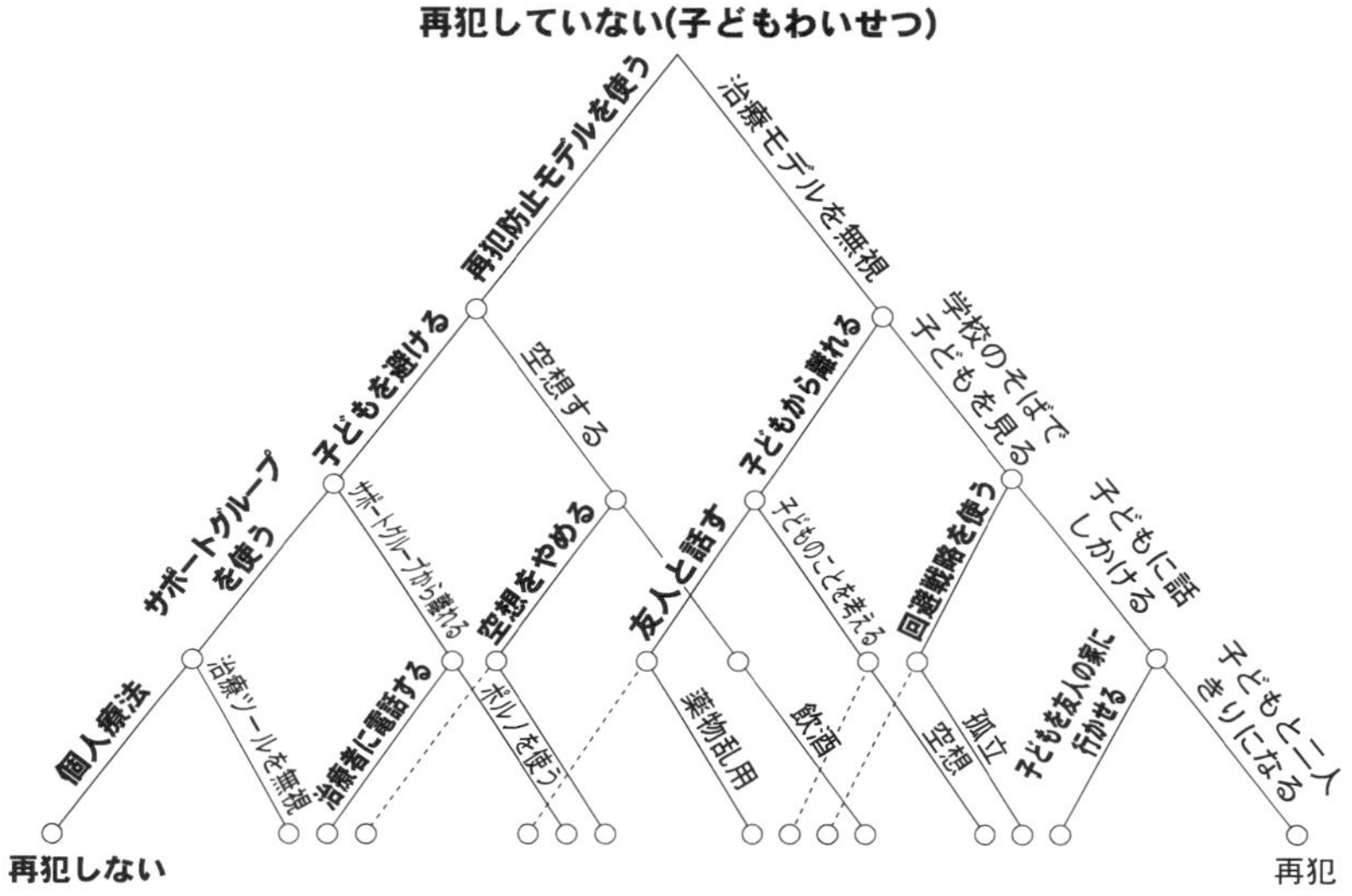

○は選択の分岐点を示す

図4　ダイヤグラム

・口論または、けんかする。

これらの例は、多くの性犯罪者が再犯に至る過程を描いたものです。彼らは警報や赤信号を無視しはじめ、逸脱した思考や行動をし、状況を悪くさせます。

H　いつでも使える簡単な手だて

RPは、「気づき」を扱うだけではなく、あなたが立ち止まるために使える特定の手だてを身につけることを目的としています。たとえば、「ハイリスク状況に入り込むことを避ける方法」など、大抵はとても単純な介入方法です。小児わいせつ犯の基本的な回避方法は、道で子どもを見かけたら、よそを向くか、道を渡ってしまえ、です。強姦犯の回避方法は、はっきりとした目的や目的地を頭に描かないまま、ドライブに行くな、です。ほかの性犯罪者のケースでは、逸脱した性的思考やファンタジーが始まったら、より強力な介入（たとえば、友達やセラピストを呼ぶ）を使え、です。

ダイヤグラム図（図4）は、次のことを示しています。

（1）再犯は、急に起こるものでも、一つの判断ミスの結果でもない。時間を経て、過程を経た結果である。

（2）再犯に近づいていくようないくつかの判断を重ねても、良いほうへと向きを変える機会はいつでも存在する。

（3）それぞれの選択が、再犯しないあるいは再犯へと近づく重要な決断となる。

（4）大部分の性犯罪者は、ダイアグラムの中間地点あたりに位置している（コントロールの結果、あるいはコントロールに失敗した結果）。

図4のなかで太字で記載されている決断は、再犯をしないためにあなたが取るべき治療ルートを表しています（再犯しないへと続く）。細字で記載されている決断は、健全なルートからハイリスク状況へとはずれ、再犯へと近づいていくぞという警報となる行動や感情です。あなたの目標は、再犯へのルートに乗ったときにはすぐに気づき、素早く介入することを学ぶことにあります。

性犯罪者は誰でも、本当に正直に考えてみれば、自分が逸脱行動へのサイクルに滑り込む瞬間を経験しています。あなただけではありません。そういうことは、今後もしばしば起こるでしょう。そういうとき、パニックになったり、あきらめたりするのではなく、新たな犯罪を行う危険性のなかに自分の身を置いていることをきちんと認識し、すぐに介入できるようになることが、あなたの目標です。一貫してこうした対応を取っていれば、深刻なトラブルに陥るのを避けることができるでしょう。鍵となるのは、自己理解と、良い行動に結びつく自己意識です。

ＲＰについて学ぶことは、随分たくさんあります。この治療についての関心が高まったら、もっと詳しく尋ね、これらの手だてをあなたの日常生活のなかでどのように使うかを学びはじめると良いでしょう。今の時点では、随分大変な仕事のように見えるかもしれませんが、治療を通じて、新しい技能を使う練習を始めてみれば、これらの原則がもっと自然で、もっと簡単に使えるものになっていくでしょう。

◇11　宿　題◇

【宿題＃26　ハイリスク状況のリスト】

過去の経験を振り返って、再犯の危険が高い状態にあったときのことを、行動、場所、思考、感情の面からリストアップすること。指導の先生と、このリストについて話し合いなさい。

【宿題＃27　介入プラン】

宿題＃26に戻る。あなたが書き出したそれぞれの項目について、あなたが使えそうな介入方法を少なくとも一つ書き出すこと。介入方法とは、あなたが再犯するリスクを増すことを、自分で防ぐようなものである。この介入方法について、先生と話し合うこと。あなたが使える介入方法には、その状況を避けること、脅かすものから遠ざかるか、脅かすものを遠ざけること、または自分で行動をやめるように言い聞かせること、良い仲間を見つけて、あなたの問題について話し合うこと、などが含まれるでしょう。

12　回復へのステージ

ここまでで、あなたはこの教材のほとんどを読み終え、たくさんの宿題をしました。あなたが学んだことは、何らかの形で、あなたに影響を与えてきているはずです。さらにもう一歩進むために、回復に向かっていく過程は、いくつかのステージになっているということについて学びましょう。このステージは、一度通ってそれで終わりというわけにはいきません。繰り返し通ることになります。おそらく、第1ステージから、次のステージへと進んでいく過程で、再び第1ステージに戻ったように感じることもあるでしょう。それが当たり前です。たとえそうであっても、一つのステージを繰り返すごとに、抱えている問題をスムーズに扱えるようになっていたり、もっと早く課題を乗り越えられるようになっているはずです。成功は、絵に描いた山に登るごとく、まっすぐな稜線をたどっていくようにはいかないのです。そうすると、意外にもあなたはかえって遅れをとっているでしょう。むしろ、山の三百六十度を巡り、蛇行しながら登っていくほうが良いのです。各周回をゆっくりと巡り、まっすぐな稜線に戻ったとき、あなたは前よりも少しだけ高い位置にいることに気づくでしょう。十分に巡ることで、あなたはきっと頂上にたどり着くことができるのです。

A　ステージ

a　ステージ1（不安と疑い）

処遇は、新しい考えなだけに怖いものでもあります。性的逸脱からの回復のはじめのうちは、あなたは疑いや不安を感じるでしょう。特に、あなたが治療グループに入っているなら、一層そう感じるでしょう。他の加害者たちと部屋に足を踏み入れる瞬間は、最悪なものです。もしあなたが一人でこの本を読んでいるなら、ここに書いてあることは本当に役に立つんだろうか、と疑問に思うでしょう。こうした反応は、当然のものです。だから、あなたの第一の課題は、とにかく読み続けること、試み続けること、です。素直な気持ちになること、忍耐強くなるように努力することが大切です。間もなく抵抗感が薄れて、ステージ2に進む準備が整うでしょう。

b　ステージ2（楽観と希望）

この時期になると、あなたはすでにいくらかこの本を読み、面接を受け、処遇がどんなものかわかってきています。このステージにくると、大抵楽観と希望が生まれているものです。慣れてくると、処遇の先に何があるかを学ぶことや、他の人と素直に話し合うことを通じて、自分のやっていることが正しいと感じて、すべてがうまくいきそうな気持ちになります。このステージは楽で、処遇を続けていくうえで、あなたが何度も戻ってくるものになるでしょう。このステージでのあなたの課題は、これをきちんと活かすことです。考えを深く掘り下げ、素直さを手に入れ、宿題をして、あなたの考えを話し合うことです。注意すべきは、最初から、多くを期待しすぎないことです。他の人と比べる必要はありません。ただ、あなたの課題に集中すること。あなたが手に入れたものをきちんとつかんで、前に進むことです。

c　ステージ3（前進への戦い）

このステージは、あなたの最初の熱意が衰えはじめる頃にやってきます。時に、気ぜわしくてうんざりした気分や、退屈さを伴います。新しいプログラムへの興味が失せてきます。コツがわかってしまって、びっくりするような新しいことはもうなさそうだと感じるのです。これが処遇のふんばりどころです。多くの者が、このステージで脱落しはじめます。だんだん面倒くさくなりはじめ、最初の頃には簡単にできた課題が、大変に感じるようになってきます。この大変さを避けようとして、急に批判的になったり、処遇の欠点ばかりに目を向けて、宿題の手を抜くようになります。このステージでのあなたの課題は、目標にしっかり目を向け続ける姿勢と、ゴールを目指して着実にワークを続ける姿勢を身につけることです。このときこそ、この本で学んだことや周囲からの助けを総動員するときです。

d　ステージ4（確かな進歩）

このステージは最も大切なものです。ステージ3をクリアすることは非常に難しいが、これを乗り越えれば、あなたには、はっきりとした変化が訪れていることでしょう。今こそ報われるときです。あなたへの報酬は、お金でも、自由でも喜びでもありません。内的な力、パワーです。あなた自身の、あなたの感情の、あなたの思考のパワーです。つまり、あなたは目的を達成し、満足いく生活を送れるくらいに、あなたの人格を成長させたということです。このステージでは、ワークが興味深いときも、そうでないときも、怒りや恐れに打ちのめされることなく、地道に課題に取り組めるようになっています。時にはがっかりするし、時にはわくわくしますが、どんな気持ちでいるかにかかわらず、ワークを続けることができるようになっているのです。これが真の、パワーある状態です。

B　回復途上によくある体験

特定の宿題をするとき、ある感情のパターンを経験したでしょう。このパターンは、特定の宿題をするときの反応として起こる、特定の感情のシリーズになっているものです。これらの感情は、四つのステップをたどるサイクルの一部分をなすものであることが多いのです。被虐待の過去についてワークを行うことは、あなたが前進しようとしたとき、どんな感情に直面しやすいかを知るうえで有効です。

a　困惑（混乱）

あなたが子ども時代に虐待を受けた経験について思い出そうとすると、まずはじめに困惑を感じるでしょう。特に、虐待者が親、保護者、またはあなたの身近な人で、あなたが信用していた人のときには一層混乱が激しいでしょう。信用していた人が、それを利用してあなたを傷つけようとしたとき、その反応として通常は困惑します。あなたは相手を信用しており、その信用ゆえに傷つけられたから、というのが多くの場合の理由です。また、フラッシュバックや悪い夢を経験すること、虐待のことを考えることが、あなたの困惑を増幅させます。困惑は、情報が錯綜して、あなたが何を信じてよいのかわからないと感じたときに訪れます。

b　怒り

あなたが次に経験する局面、あるいは反応は、怒りです。虐待を受けた多くの人は、虐待者か、自分自身か、あるいはその両方に対して怒りを感じます。あなたの怒りは、あなたの傷つけられた経験そのものからくるかもしれません。あるいは、恐怖や怒り、苦痛を解き放つ方法がないことへの欲求不満からくるのかもしれません。あなたは、怒りを不健康な方法で解き放とうとし、その結果、より大きなトラブルを背負い込んでいるのではないでしょうか。これは、怒りを増幅させるだけでなく、さらなる混乱をも招きます。

c　最小化

虐待の経験によってもたらされた怒りと欲求不満に対する反応は、虐待を最小化することです。あなたはこんなふうに考えます。「これくらいならマシなほうだ」「別にいつもいつもってわけじゃないし」「何か理由があってそうしているに違いない」「きっと自分が悪いんだから仕方ない」。あなたの知っている人、愛する人、信用している人（親のように）が虐待者であった場合には、あなたはその人物から守られてもいるだけに、怒りを感じると同時に、虐待を最小化しようとするでしょう。恐ろしい事実が一層彼らを深く傷つけるために、彼らにとって大切な人を悪く思うまいとするのは、ごくふつうのことです。あなたを傷つけた人の行動を最小化することで、彼らを悪く思うまいとし、虐待の事実から顔を背けるという方法を取るのです。

d　曇った記憶（よく思い出せない）

虐待の結果からくる問題を解決しようとしたときに起こりやすいもう一つの反応は，記憶を不透明なものにすることです。あなたがどんなに思い出そうとしても，その記憶は，不透明でぼんやりしたものになりがちです。あなたは，虐待されている間，何が起こっていたのかを，よく覚えていません。起こった出来事の断片を覚えているかもしれませんが，全体像はよく見えないでしょう。ただし，あなたが思い出そうとすれば，この島状の記憶がはっきりしてくるものです。少しずつ少しずつ努力を重ねることで，長年の否認の雲が晴れていきます。ある場面だけを思い出すようにしてみるとよいでしょう。たとえば，あなたが叩かれていたのであれば，なるべく細かく，そのときの場面，そのときの瞬間を思い出していくようにすると，やがて全体像が現れてくるでしょう。ゆっくりと記憶を取り出して，それについて話してみましょう。話をすることは，呼び起こされる記憶を拡大していく一つの方法です。それぞれの記憶は，一つを完全に思い出すことで別の記憶を導く，というようにつながっていくのです。そして，いよいよ，おそらくとても辛い事実を受け入れる時がきます。援助者がいれば，彼らにどんどん頼りましょう。あなたが独りぼっちではないということを，忘れないでください。

C　破壊的な役割

虐待に対する他の反応として，あなたは特定の「病んだ」役割や，役に立たない行動を身につけている可能性があります。これらの役割は，ある意味ではあなたを守っており，生き抜くための術であることもあります。虐待が長期にわたってあなたに及ぼしてきた影響を克服するためには，たくさんのワークをする必要があることにきちんと目を向けてください。この気づきは，時に圧倒的な強さのもので，ここであなたはくじけてしまいそうになるかもしれません。しかしくじける必要はありません。このワークは，大変なものであっても，とても興味深く、解放的なものにもなり得ます。だから、きちんと目を向けて、思い出してください。

回復へのステージに加えて、昔からの役割のいくつかを変える必要があるでしょう。あなたが取りやすいかもしれない役割の例を次に挙げます。

a　はずれ者（孤立者）

よくあるパターンとして、あなたは「はずれ者」あるいは「孤立者」になっている可能性があります。あなたは自分に価値がないと思い込み、人びとから隠れようとし、人の注目を集め**ない**ことに大きな力を使います。そして、おそらくこう考えるでしょう。「一度被害者になった者は、いつまでも被害者なのだ。誰が僕を必要とするだろう。どうでもいい。誰も気にしていない」。あなたの自尊感情は非常に低くなっていて、どんな犠牲を払ってでも、他者との交流を避けようとします。このパターンは、時に非常に大きな孤独感につながり、注目を集める手段としての逸脱行動を引き起こします。

b　タフガイ（強い男）

性犯罪者に多く見られる第二の役割は、「タフガイ」です。これらの役割は、彼の「誰も俺を傷つけることはできない！」という信条からきています。もしあなたがこのタイプの人であれば、自分の恐れと不安を隠すためならば、どんなことだってするでしょう。どこにだって行ける、誰とだって戦える、どんな罰でも恐くない、というそぶりを見せるでしょう。そして、これらの行動に伴う痛みを麻痺させていくのです。苦痛を麻痺させる手段としては、薬物やアルコールがよく用いられます。「タフガイ」イメージもまた、他者から距離を取り、他者を寄せつけようとしない方法の一つです。

C　時限爆弾

性犯罪者が取りやすい第三の役割は、「行動化」のパターンです。これらの人びとは、「歩く時限爆弾」と呼ばれたりします。彼らは、すべての苦痛、欲求不満、怒りを持ち歩いており、いつでも「爆発する」準備ができています。些細な問題、出来事、刺激でも、彼ら自身、あるいは周囲の人に対する行動化のきっかけとなり得ます。あなたがこの役割をとってきた人であれば、多分、ほとんどの時間を怒りながら過ごしているでしょう。爆発し、激昂することの言い訳となるような、言い争いやけんかをいつも探していることに気づくでしょう。

これらの役割の一つかそれ以上身につけてきたことを認識すると、手に負えないと感じるかもしれませんが、子どもの頃の虐待に関するワークを行っているときがチャンスです。これまでに挙げたような役割は、あなたが外界と接すること、あるいは自分自身の内面を扱うことを助けるために、自身が自然に身につけてきたものです。そうはいっても、これらを変えなければなりません。これらの役割を続けることは、あなたがもっと良い気分で生活することの助けにはならないからです。これらは、虐待に対する反応なのです。かつての目に見えない問題に対する反応を続けていれば、あなたは決してより良い気分で生活できるようにはなりません。

あなたに何が起こったのかを理解しはじめ、なぜそのように生きてきたのかのルーツを探り、何ができるかを考えるためには、かつての虐待に対する反応を乗り越えなければなりません。あなたは、回復への新しい局面に入る必要があるのです。

D　回　復

あなたが問題に対して努力しはじめると、問題が軽減されていく感覚が始まります。それは、あなたが回復しはじめたことを示すサインです。回復とは、簡単に言えば、かつての「病んだ」生き方を捨て去り、新しい健康的な生活を始めることです。問題を解決しはじめれば、あなたは、かつてのような虐待の影響を深刻に受けた状態とは別の場所に行き着くことができます。この地点までたどり着くためには、このワークブックに示されたすべてのステップを使うことが必要です。回復の結果、あなたは出来事に支配されることなく、あなたが生活を支配する力を身につけることができます。回復すれば、あなたは自分の思考や感情について、十分理解ができるようになります。回復するためには、たとえリスクを背負っても、自分自身を十分に助けることができるということを信じることが必要です。

最後に言っておきたいことがあります。この章では、あなたの虐待経験に焦点を当てましたが、あなたの被害者、あるいは被害者たちも、同じく恐ろしい結果を招く経験をしたということを、忘れてはなりません。あなたはたくさんの可能性ある人生を、あなたの性的逸脱によって、歪めてしまったのです。治療を通じて、あなたは被害者の苦痛を共感的に理解することを学ぶことにも、多くの時間を使うことになるでしょう。この過程のステップ一つずつが、あなた自身のものでもあることを、どうか忘れないでください。

本章の最後についている宿題は、あなた自身の回復のために有効な基本的なステップを示したものです。さらにワークブック第2巻を読むことは、あなたが虐待とあなた自身の回復についてワークすることをさらに助けてくれるでしょう。

◇12　宿　題◇

【宿題＃28　否定的思考を肯定的思考に置き換える】

否定的な信条を抱いてしまったとき、以下の手続きを用いれば、あなたは新しい肯定的な信条を確立することができます。

（1）快適な場所に座ってリラックスする。
（2）目を閉じて、頭の中に白いスクリーンをイメージする。
（3）空っぽにした頭の中に否定的な信条が浮かんだら、しばらく浮かぶままにさせておく。たとえば、自分は失敗者であるという信条を使うなら、その思考を、頭に浮かぶままにしておく。
（4）さて、その思考を止めなさい。思考を止める方法としては、頭の中で「止まれ」と言ったり、頭を真っ白にしたり、否定的な信条を肯定的なものと置き換えたり（肯定的な思考を否定的なものと置き換える方法について、必要があれば、課題＃5、＃8で作ったあなたの肯定的な要素のリストを見ること）するものがあるだろう。
（5）理想的な状態で、この思考-停止練習を続ける。
（6）その後、日常生活を送るなかで、思考を止めるようにする。
（7）あなたの経験を貯めていくようにする。

文　献（アルファベット順）

●はじめに

Andrews, D. A., & Bonta, J. (1998) *The psychology of criminal conduct*, 2nd ed. Anderson.

Barbaree, H. E., Marshall, W. L., & Hudson, S. M. (1993) *The juvenile sex offender*. Guilford Press.

DiClemente, C. (2003) *Addiction and change : How addictions develop and addicted people recover*. Guilford Press.

藤岡淳子（二〇〇三）「行動化とマネジメント——心理療法に反するか？」『青年期精神療法』第三巻第1号、三四-三八頁

藤岡淳子（二〇〇四）「少女非行——被害者として加害者として」『臨床心理学』第四巻第三号、四〇八-四一二頁

Laws, D. R. (ed.) (1989) *Relapse prevention with sex offenders*. Guilford Press.

Miller, W. R., & Rollnick, S. (2002) *Motivational interviewing: Preparing people for change*, 2nd ed. Guilford Press.

森田ゆり編著（一九九二）『沈黙をやぶって——子ども時代に性暴力を受けた女性たちの証言＋心を癒す教本』築地書館

Perry, G. & Orchard, J. (1992) *Assessment and treatment of adolescent sex offenders*. Professional Resource Press.

Ryan, G. & Lane, S. (ed.) (1997) *Juvenile sexual offending: Causes, consequences, and correction*. Jossey-Bass.

●第1章

American Psychiatric Association (1994) *Diagnostic and statistical manual of mental disorders : DSM*-IV, 4th ed. American Psychiatric Association.

Andrews, D. A., & Bonta, J. (1998) *The psychology of criminal conduct*, 2nd ed. Anderson.

Barbaree, H. E., Marshall, W. L., & Hudson, S. M. (1993) *The juvenile sex offender*. Guilford Press.

Correctional Service of Canada (1990) *An introduction to the assessment' treatment and management of the sex offender*. Correctional Service of Canada.

藤岡淳子（二〇〇二）「性非行臨床における課題」『こころの科学』一〇二号、八一-八六頁

藤岡淳子（二〇〇四）「女性の発達臨床心理学　少女非行：被害者として、加害者として」『臨床心理学』第四巻第三号、四〇八-四一二頁

ガートナー、リチャード著、宮地尚子監訳（二〇〇五）『少年への性的虐待――男性被害者の心的外傷と精神分析治療』作品社

ハーマン、ジュディス著、中井久夫訳（一九九九）『心的外傷と回復』みすず書房

法務省法務総合研究所編（二〇〇四）『犯罪白書』国立印刷局

板谷利加子（二〇〇〇）『御直披――レイプ被害者が闘った、勇気の記録』角川文庫

カーンズ、パトリック著、内田恒久訳（二〇〇四）『セックス依存症――その理解と回復・援助』中央法規出版

ケリー、リズ（二〇〇一）「性暴力の連続体」ジャナル、ハマー・メアリー、メイナード編　堤かなめ監訳『ジェンダーと暴力――イギリスにおける社会学的研究』第4章　明石書店

木原正博ほか（二〇〇〇）「日本人のＨＩＶ／ＳＴＤ関連知識、性行動、性意識についての全国調査」『教育アンケート調査年鑑下2000』創育社

小林玲子（二〇〇五）「釧路市思春期保健事業レポート（2）――高校生の性行動調査を視点にして」『現代性教育月報』二十三巻、一-五頁

小西聖子（一九九七）「日本の大学生における性被害調査」『日本性研究会議会報』第八巻第二号、二八-四七頁

小西聖子（二〇〇一）『トラウマの心理学――心の傷と向きあう方法』ＮＨＫライブラリー

Loeber, R. & Farrington, D. (ed.) (1998) *Serious & violent offenders: Risk factor and successful interventions*. SAGE.

マクニール、サンドラ（二〇〇一）「露出行為――女性への影響」ジャナル、ハマー・メアリー、メイナード編　堤かなめ監訳『ジェンダーと暴力――イギリスにおける社会学的研究』第7章　明石書店

マルコム、ブルース（二〇〇五）カナダにおける性犯罪者処遇について　七月十一日大阪合同庁舎における法務省招聘講演

森田ゆり編著（一九九二）『沈黙をやぶって――子ども時代に性暴力を受けた女性たちの証言　心を癒す教本』築地書店

中根晃・牛島定信・村瀬嘉代子編『詳解　子どもと思春期の精神医学』金剛出版（印刷中）

Newburn, T., & Stank, E. (ed.) (1994) When men are victims: The failure of victimology. *Just Boys Doing Business?: Men*

Masculinities and Crime. Routledge. pp. 153-165.
Newman, G. (1976) *Comparative deviance: Perception and law in six cultures.* Elsevier.
ＮＨＫ「日本人の性」プロジェクト編（二〇〇二）『ＮＨＫ日本人の性行動・性意識——データブック』日本放送出版協会
日本家族計画協会（二〇〇四）「性に関する知識・意識・行動について」『教育年鑑（下）』
野坂祐子（二〇〇五）「高校生の性暴力被害調査——実情とその課題」『Sexuality』二十一巻、六〇-六五頁
大河原美似（二〇〇四）『怒りをコントロールできない子の理解と援助——教師と親のかかわり』金子書房
Perry, G., & Orchard, J. (1992) *Assessment and treatment of adolescent sex offenders.* Professional Resource Press.
Rafter, N. H., & Heidensohn, F. (ed.) (1995) The development of feminist perspectives on crime. *International feminist perspectives in criminology: Engendering a discipline.* Open University Press. Pp. 1-14.
Ross, J. (1994) The continuum of sexual aggression. アメリカ心理学会第一〇五回大会配布資料
Ryan, G. & Lane, S. (ed.) (1997) *Juvenile sexual offending: Causes, consequences, and correction.* Jossey-Bass.
Stanko, E. A. (1985) Ordinary experiences. *Intimate Intrusions : Women's Experience of Male Violence.* Routledge and Kegan Paul. Pp. 9-19.
スタンコ、エリザベス（二〇〇一）「典型的暴力と標準的予防」ジャナル、ハマー・メアリー、メイナード編　堤かなめ監訳『ジェンダーと暴力——イギリスにおける社会学的研究』第9章　明石書店
吉田タカコ（二〇〇一）『子どもと性被害』集英社新書
吉岡隆・高畠克子編（二〇〇一）『性依存——その理解と回復』中央法規出版

◎第2章

Ackerman, M. J. (1999) *Essentials of forensic psychological assessment.* Wiley.
米国精神医学会編、高橋三郎・大野裕・染矢俊幸訳（一九九六）『ＤＳＭ-Ⅳ精神疾患の診断・統計マニュアル』医学書院
藤岡淳子・今村洋子・寺村堅志・橋本牧子・浅野恭子・今村有子・毛利真弓（二〇〇六）「性非行少年の査定・治療について」『児童思春期精神医療・保健・福祉の介入対象としての行為障害の診断および治療・援助に関する研究　平成十七年度厚生労働

科学研究費補助金・こころの健康科学研究事業報告書』
Hoge, R. D., & Andrews, D. A. (1996) *Assessing the youthful offender: Issues and techniques*. Plenum Press.
Perry, G., & Orchard, J. (1992) *Assessment and treatment of adolescent sex offenders*. Professional Resource Press.
Prentky, R. P. & Righthand, S. (2003) *Juvenile Sex Offender Assessment Protocol-II (J-SOAP-II) Manual*. Office of Juvenile Justice and Delinquency Prevention's Juvenile Justice Clearinghouse.
Ross, J. (1994) Thinking error of sexual offenders. 第一〇五回米国心理学会大会配布資料

●第3章

Barbaree, H. E., & Marshall, W. L. (eds.) (2006) *The juvenile sex offender*, 2nd ed. Guilford Press.
Correctional Service of Canada (1991) *An introduction to the assessment, treatment and management of the sex offender*. Correctional Service of Canada.
DiClemente, C. (2003) *Addiction and change: How addictions develop and addicted people recover*. Guilford Press.
Freeman-Longo, R. (1988) *Who am I and why am I in treatment? : A guided workbook for clients in evaluation and beginning treatment*. Safer Society Press
藤岡淳子（二〇〇〇）「塀の中の性犯罪者治療――日本の現状と課題」『アディクションと家族』第一七巻三号
藤岡淳子編著（二〇〇五）『被害者と加害者の対話による回復を求めて――修復的司法におけるVOMを考える』誠信書房
橋本牧子（二〇〇六）「新法における改善指導について（その3）」『刑政』一一七巻三号、五二-六六頁
Laws, D. R. (ed.) (1989) *Relapse prevention with sex offenders*. Guilford Press.
Marlatt, G. A., & Gordon, J. R. (eds.) (1985) *Relapse prevention: Maintenance strateges in the treatment of addictive behaviors*. Guilford Press.
Miller, W. R., & Rollnick, S. (2002) *Motivational interviewing: Preparing people for change*, 2nd ed. Guilford Press.
森田ゆり編著（一九九二）『沈黙をやぶって――子ども時代に性暴力を受けた女性たちの証言＋心を癒す教本』築地書館
名執雅子（二〇〇六）「新法における改善指導について（その2）」『刑政』一一七巻二号、八三-一〇一頁

澤田健一（二〇〇六）「新法における改善指導について（その1）」『刑政』一一七巻一号、八八-九四頁
性犯罪者処遇プログラム研究協議会（二〇〇六）保護観察所における性犯罪処遇プログラム（未公刊：保護観察所部内資料）
ワクテル、テッド著、山本英政訳（二〇〇五）『リアルジャスティス――修復的司法の挑戦』成文堂
山下京子（二〇〇二）『彩花へ「生きる力」をありがとう』河出書房新社
吉田タカコ（二〇〇一）『子どもと性被害』集英社新書
ゼア、ハワード著、西村春夫・細井洋子・高橋則夫監訳（二〇〇三）『修復的司法とは何か――応報から関係修復へ』新泉社

索　引

著者紹介

藤岡淳子（ふじおか　じゅんこ）

1979年　上智大学文学部卒業
1981年　上智大学大学院博士前期課程修了
1988年　南イリノイ大学大学院修士課程修了
府中刑務所首席矯正処遇官，
宇都宮少年鑑別所首席専門官，
多摩少年院教育調査官，
大阪大学大学院人間科学研究科教授を経て，
現　在　大阪大学名誉教授，㈳もふもふネット代表理事，臨床心理士，公認心理師，博士（人間科学）
著訳書　J. エクスナー『エクスナー法ロールシャッハ解釈の基礎』岩崎学術出版社　1994，『非行少年の加害と被害——非行心理臨床の現場から』誠信書房　2001，『包括システムによるロールシャッハ臨床——エクスナーの実践的応用』誠信書房　2004，『被害者と加害者の対話による回復を求めて——修復的司法におけるVOMを考える』誠信書房　2005，『犯罪・非行の心理学』有斐閣　2007，M. S. アンブライト『被害者 - 加害者調停ハンドブック——修復的司法実践のために』誠信書房　2007，T. J. カーン1『回復への道のり　親ガイド』2『回復への道のり　パスウェイズ』3『回復への道のり　ロードマップ』誠信書房　2009，他

性暴力の理解と治療教育

2006年 7 月 25 日　第 1 刷発行
2025年 2 月 25 日　第 8 刷発行

著　者　藤　岡　淳　子
発行者　柴　田　敏　樹
印刷者　西　澤　道　祐

発行所　株式会社　誠　信　書　房
〒112-0012 東京都文京区大塚 3-20-6
電話　03 (3946) 5666
https://www.seishinshobo.co.jp/

あづま堂印刷　協栄製本
検印省略

ISBN978-4-414-40028-1 C3011